La storia oltre i manuali. Come usare testi storiografici e testi di finzione storica

a cura di
Daniela Dalola e Maria Teresa Rabitti

MNAMON

Indice

Presentazione
di *Daniela Dalola* e *Maria Teresa Rabitti*   p.   9

PARTE PRIMA
Scritture della storia

Dai documenti al romanzo
di *Carlo Simoni*   »   23
Come film e canzoni 'scrivono' la storia
di *Maurizio Gusso*   »   35
Laboratorio. L'uso di film e canzoni
nell'insegnamento/apprendimento della storia
coordinato da *Maurizio Gusso*   »   55
Finzione e storia: distinzioni/indistinzioni
di *Ernesto Perillo*   »   71

PARTE SECONDA
Come insegnare ad apprendere e
scrivere storia con testi storiografici e
testi di finzione

Apprendere e far apprendere con testi
storiografici e con le opere artistiche a sfondo
storico
di *Ivo Mattozzi*   »   99

5

Un curricolo di copioni rappresentati
di *Luciana Coltri* » 131
Come ti disegno la storia...
di *Antonina Gambaccini* e *Ciro E. J. Saltarelli* » 155
Laboratorio. Il fumetto storico nel processo di apprendimento: costruzione dello storyboard a partire dal testo storiografico
coordinato da *Antonina Gambaccini* e *Ciro E. J. Saltarelli* » 165
Facciamo finta che... Imparare con la fantasia
di *Mattia Scacchi* e *Marco Tibaldini* » 171
Laboratorio. Inventare giochi didattici da utilizzare in classe
coordinato da *Mattia Scacchi* e *Marco Tibaldini* » 183
Predatori di un tempo perduto. Come raccontare l'archeologia attraverso il cinema
di *Lucio Tribellini* » 189

PARTE TERZA
Altri laboratori

Mettere in scena un quadro di civiltà
coordinato da *M. Giuseppina Biancini* » 211
Racconti horror al sapore di zolfo
coordinato da *Ombretta Bucci* e *Maria Cristina Petronilli* » 215
Entrare nella storia attraverso realtà e finzione
coordinato da *Gabriella Bosmin* » 223
Menù per usi didattici dei testi divulgativi e di finzione di storia
coordinato da *Monica Bussetti* e *Elena Monari* » 235
Insegnare a scrivere racconti storici di finzione
coordinato da *Carla Salvadori* » 243

La storia siamo noi. I cantautori italiani raccontano la storia. De Gregori e l'emigrazione
coordinato da *Maddalena Marchetti* » 253

Presentazione

di Daniela Dalola e Maria Teresa Rabitti

Sappiamo che il passato storico è rappresentato non solo dai testi degli storici e degli autori di manuali, ma anche con linguaggi artistici differenti: documentari audiovisivi e racconti letterari, film, graphic novel e videogiochi che contestualizzano trame immaginarie in periodi e ambienti storici o le intrecciano con vicende storiche accertate. Il problema didattico affrontato in questo libro – *La storia oltre i manuali. Come usare testi storiografici e testi di finzione storica* – è come può essere messo a frutto la molteplicità delle rappresentazioni artistiche della storia per proiettare la mente degli alunni oltre la manualistica, verso un sapere storico più affascinante e più formativo.

Il volume conclude un biennio di ricerca e si pone in continuità con gli atti della Scuola Estiva di Arcevia del 2015[1] e propone una riflessione a più voci sulle diverse modalità di scrittura della storia e sul rapporto tra scrittura storiografica e opere di finzione.

Tali rappresentazioni della storia sono diffuse dai mezzi di comunicazione di massa, e a noi insegnanti tocca fare i conti con questa esuberante presenza della storia nelle opere finzionali.

---

1. *Incroci di linguaggi. Rappresentazione artistica del passato nella didattica della storia*, a cura di Paola Lotti e M. Elena Monari, edizioni Mnamon, 2016.

Per compiere un'azione didattica e disciplinare efficace dobbiamo in primo luogo tener conto del contesto storico e sociale nel quale viviamo ed agiamo e delle peculiarità della società nella quale svolgiamo la nostra attività di docenti; dobbiamo capire come introdurre nell'insegnamento e nell'apprendimento i testi finzionali e come rendere gli studenti abili ad usarli e a criticarli.

Nel testo sono presenti saggi e laboratori che dimostrano come sia possibile usare i testi finzionali come fonti, per esempio film, canzoni d'autore, fumetti. Come l'analisi accurata di tali tracce renda possibile ricavare informazioni storiche, ricostruire eventi, contesti, personaggi storici e compiere un'operazione critica di distinzione tra elementi storici e finzione. Altri saggi e laboratori invece prendono in esame testi storici, documenti, fonti iconografiche, come un affresco medievale, ricerche storico didattiche su beni del patrimonio, come la zolfatara di Cabernardi, o reperti museali, per poi giungere come prodotto finale, alla costruzione di un'opera di finzione: un testo narrativo, una storia horror, un fumetto.

Operazioni tutte che facilitano l'apprendimento della storia, permettono di comprendere come si costruisce la storia, coinvolgono gli allievi e li rendono operativi.

Da qui la necessità di tornare a riflettere sul tema della scrittura storica e della scrittura di opere di finzione, chiedendoci quale rapporto esista tra l'operazione dello storico e quella del romanziere o dello scrittore di canzoni o di fumetti; quale intreccio e quali interferenze tra documento, immaginazione, fantasia, interpretazione; tra "verità storica" e produzione finzionale.

Gli autori dei vari interventi intrecciano un dialogo tra loro per fornire possibili risposte.

Carlo Simoni evidenzia, a partire dalla sua esperienza di ricercatore storico e di narratore di racconti a sfondo storico, quali processi attiva uno scrittore per passare dal documento storico alla scrittura letteraria, al romanzo, inteso come *"possibile sviluppo del verosimile"*. Lo fa confrontando il lavoro dello storico con la pratica del narratore: afferma che il lavoro dello storico è «comparare e trarre conclusioni», ma la vicenda ricostruita dallo storico, non si esaurisce e rimane come in attesa:

«in attesa di essere rivisitata con altri strumenti, impiegando un registro diverso, quello della narrativa. Come se fossero – la vicenda stessa ma anche i luoghi e i personaggi, a partire dal protagonista – portatori di significati che il ripercorrere i fatti sulla base dei documenti non era bastato a restituire o, per meglio dire, a ricreare. Ho così sperimentato il passaggio dallo spiegare e dall'argomentare al descrivere e al raccontare.»

Tra i due mestieri dello storico e il creatore di opere di fiction non vi è però contrapposizione ma, anzi, una dialettica aperta:

«finzionalità non rappresenta tanto un'aggiunta, una complicazione, non è un ricamare sopra i dati certi innestandovi fatti immaginati: l'inventare si rivela piuttosto – nel senso etimologico della parola, invenire – un trovare, nel senso che a volte è intuizione dettata proprio dai documenti.»

Non una contrapposizione o una confusione tra il "vero" della storia e il "falso" della finzione. Sia lo storico che il romanziere praticano una scrittura narrativa. I confini tra i due mestieri sono labili ed è utile contrastare nei ragazzi l'idea dell'obiettività della storia, «per educare invece a distinguere il vero dal verosimile e dal probabile, così come dall'inverosimile e dal falso (intenzionale e non)».

Il saggio di Perillo ripropone l'analisi della relazione tra le due tipologie di scrittura e, seguendo Topolski, indica gli elementi che caratterizzano e quelli che distinguono il racconto storico da quello di finzione. «La differenza tra un romanziere e uno storico è che il romanziere è libero di inventare i fatti [...] mentre lo storico non inventa i fatti».[2] Il racconto storico, però, può comprendere elementi di finzione purché appartengano a «mondi possibili... accettabili per il lettore in quanto credibili, verosimili, concepibili». Gli elementi finzionali devono avere «una base fattuale assicurata dalle fonti».

Lo storico deve possedere la consapevolezza del limite tra «regno della realtà e quello in cui è la finzione a esercitare un pieno potere, senza quella consapevolezza, non è possibile avere alcuna storia».[3]

Se la storia, come sostiene Pomian, non ha solo la funzione di far conoscere e di comprendere il passato, ma anche di far sentire il passato, il ricorso alla finzione è inevitabile.

Far sentire il passato impegna lo storico nella costruzione di una narrazione e una descrizione degli stati affettivi dei protagonisti, nell'intrecciare realtà documentaria, immaginazione, costruzione del verosimile, invenzione, per colmare i vuoti, i silenzi delle fonti e dare senso alle informazioni. Perillo fa ricorso a Duby:

«L'intervento personale è inevitabile persino quando la documentazione abbonda, poiché bisogna smistare, separare dalla massa gli elementi significativi. In ogni modo, lo storico è tenuto a imbastire l'intreccio poiché, lo si è visto, ogni esposizione storica è un racconto.»

La domanda spontanea che pone Perillo è dunque: lo storico,

2. A. Momigliano, *Sui fondamenti della storia antica*, Torino, Einaudi, 1984, p. 479, citato da J. Topolski, *Narrare la storia*, Milano, B. Mondadori, 1997.
3. K. Pomian, *Che cos'è la storia*, Milano, B. Mondadori, (1999), 2001, p. 7.

allora, è come il romanziere e il poeta? Sì e no. Il racconto storico e quello di finzione raccontano una qualche verità umana, ma ciascuno segue differenti "regole del gioco". «In un processo mai concluso di avvicinamento e approssimazione alla verità che ogni rappresentazione del passato esibisce».

Il saggio di Perillo ci offre significativi esempi di narrazioni storiche in cui è evidente l'intervento e l'immaginazione dello storico nel colmare il silenzio delle fonti.

Nella seconda parte del volume, Mattozzi ci propone la riflessione sulla polisemia del termine "storia" che implica sia la storia fatta e subita da gruppi umani, sia la rappresentazione dei fatti del passato prodotta nell'ambito della storiografia da storici specializzati. Ci racconta come la storiografia accademica sia nata nell'Ottocento prendendo origine dai romanzi storici, come i romanzieri abbiano insegnato a scrivere la storia agli storici e quali siano stati nel tempo i debiti reciproci e le interferenze tra storiografia ottocentesca e narrativa romanzesca, tra quest'ultima e la rappresentazione della storia in corso.

«La concorrenza che la narrativa di ambientazione storica fa alle rappresentazioni del passato prodotte da storici professionali non è mai cessata e si è fatta più intensa con l'avvento di nuovi mezzi di comunicazione come il cinematografo, il *graphic novel* e i videogiochi.»

Le conoscenze sul passato, ribadisce Mattozzi, oggi possono essere apprese dai testi degli storici o da testi divulgativi e manuali, ma anche da narrazioni finzionali ad ambientazione storica, in quanto contribuiscono, non solo a creare motivazione ed interesse, ma anche a stimolare comprensione e creatività favorendo l'apprendimento critico. Con esempi significativi ci mostra quali processi cognitivi, quali conoscenze, abilità e processi di immaginazione creativa abbiano attivato alcuni

13

allievi dell'università per trasporre testi storici in testi di finzione. Poi con la progettazione di unità di insegnamento offre due modalità di uso didattico: il primo centrato su un testo misto di divulgazione e di racconti finzionali; il secondo su un testo di alta divulgazione storiografica.

Nel ribadire l'importanza e l'implicazione della fantasia e dell'immaginazione nel processo d'apprendimento, anche storico, Tibaldini e Scacchi si rifanno a studi di filosofia, di pedagogia, di psicopedagogia cognitiva contemporanea che definiscono

«l'immaginazione e la fantasia come dei processi cognitivi di base, che consentono di acquisire delle informazioni dall'ambiente circostante e di rielaborarle attraverso una forma di pensiero che non segue legami logici, ma che si presenta come riproduzione ed elaborazione libera del contenuto di un'esperienza sensoriale.»

I nuovi studi di psicologia cognitiva di area anglosassone sostengono che il processo cognitivo dell'immaginazione influisce sulle nostre possibilità e capacità di apprendere ciò che sperimentiamo nella realtà. L'immaginazione e la fantasia creano i collegamenti fra le nozioni, costruiscono ipotesi interpretative, proprio mentre queste vengono acquisite, non in un secondo momento, in una fase di rielaborazione;

«la percezione delle informazioni visive non è una sorta di fotografia del mondo esterno ottenuta passivamente dal discente per poi essere rielaborata, ma un processo attivo di ricognizione e individuazione di informazioni...»

La fantasia è quindi una facoltà di base della mente umana che concorre alla costruzione del sapere, di ogni sapere e quindi anche del sapere storico; «la possiamo utilizzare nella creazione dei copioni, nella tematizzazione e nella localizzazione, così come anche nella strutturazione di un contesto storico e di un quadro di civiltà».

È l'immaginazione, intesa anche come processo mentale per colmare i vuoti informativi, che viene sollecitata nei giochi didattici creati nel laboratorio. Giochi che sollecitano operazioni cognitive, facilitano processi d'apprendimento per avvicinare gli studenti allo studio della storia.

Il contributo di Maurizio Gusso entra nello specifico del nesso tra storia/documento storico e produzione filmica e canzoni a forte spessore storico. Evidenzia come siano utilizzabili come fonti nella didattica interdisciplinare della storia. Tutti i film e le canzoni sono tracce che possono diventare fonti se si sottopongono ad un questionario e ad una critica. Gusso prende in esame alcuni film importanti per la storia del cinema e per la storia culturale, la mentalità e le idee di un certo periodo, con attenzione particolare alla tematica della storia del lavoro nell'Italia repubblicana. Infine, sottolinea i vantaggi dell'uso didattico della canzone d'autore: la brevità del testo, la facile reperibilità, la diffusione nel mondo dei ragazzi.

Gusso dimostra tutto quanto illustrato nel testo nel dettagliato reportage del laboratorio che segue.

Nel suo intervento Coltri tenta una proposta curricolare di copioni per favorire negli studenti lo studio della storia non solo sui testi scolastici e finzionali, ma anche con una riflessione su ciò che sta accadendo e che appartiene alla loro esperienza. In questa proposta l'autrice ribadisce continuamente l'importanza dell'esperienza agita direttamente dagli studenti per favorire in loro la configurazione di copioni mentali e suggerisce agli insegnanti ulteriori percorsi: l'uno volto alla trasformazione dei *copioni mentali* in *copioni rappresentati*, l'altro a quella dei *copioni rappresentati* (presenti in testi storici, scolastici, fumetti, romanzi, film, documentari, …) in *copioni mentali*.

La sua ricca presentazione di possibili copioni da presentare nei diversi ordini di scuola risulta efficace per chiarire l'idea curricolare sottesa e per sottolineare l'importanza dei copioni nella costruzione di concetti, che Ivo Mattozzi definisce «interpretativi».

Tra le possibili scritture artistiche della storia si colloca il genere del fumetto a sfondo storico. Ciro Santarelli e Antonina Gambaccini ci raccontano, in modo organico e appassionato, l'esperienza fatta dalla rete di storia di Corinaldo, di ideazione e produzione di un fumetto, con nove classi e allievi di età differente. "Come ti disegno la storia" è il racconto di un progetto pluridisciplinare che ha messo in moto conoscenze storiche delle vicende da rappresentare, comparazioni di testi storici – «un'adeguata analisi del testo storiografico è risultata indispensabile per una corretta trasposizione storico-fumettistica» – competenze immaginative, logiche e organizzative per compiere la trasposizione, riflessioni collettive e abilità di costruzione di un racconto con il linguaggio specifico del fumetto. Il coinvolgimento emotivo e la partecipazione costante degli insegnanti e degli allievi al progetto, la partecipazione interessata anche di allievi con qualche difficoltà, ha dimostrato che la storia appresa e poi raccontata o costruita con opere artistiche e linguaggi creativi permette maggiore espressività e partecipazione da parte di ciascun alunno, sa motivare e incuriosire i giovani studenti e può costruire conoscenze e competenze storiche solide.

Tale percorso è stato riproposto anche nel laboratorio da loro condotto.

Il contributo di Lucio Tribellini "Predatori di un tempo perduto. Come raccontare l'archeologia attraverso il cinema", presenta una selezione di temi e materiali per una possibile attività scolastica finalizzata a rappresentare la storia dell'archeologia, dai primordi avventurosi ad oggi, usando come fonti alcuni film, spezzoni e immagini significative. Il percorso è cronologico: dall'analisi dell'archeologo avventuroso, Indiana Jones, nel film *I predatori dell'arca perduta* passa a commentare «i primordi avventurosi e "pirateschi" dell'archeologia», i primi archeologi cacciatori di tesori, poi presenta il modo in cui l'archeologia è usata nei film horror ed erotici, e conclude la rassegna col film più recente *Viaggio in Italia* di Rossellini che presenta, intrecciato a problemi affettivi e familiari, il lavoro di un archeologo nello scavo di Pompei. La produzione filmica su questo tema, afferma Tribellini, è comunque limitata (una decina circa di film o poco più), ma può essere usata nella scuola per fornire appigli e spunti per stimolare curiosità ed emozioni. «**La cinematografia come** *icebreaker*, un rompighiaccio dotato di sinteticità ma evocativo, motivazionale e, perché no, proiettivo».

Nella parte terza, il volume propone riflessioni, esperienze di sperimentazione e attività laboratoriali di unità di insegnamento e di apprendimento per i vari ordini di scuola. Attività finalizzate all'uso di opere storiografiche e di finzione con l'applicazione delle diverse didattiche del curricolo delle operazioni cognitive e delle conoscenze significative ideato dall'Associazione Clio '92.

In particolare, il laboratorio "Mettere in scena un quadro di civiltà", coordinato da Giuseppina Biancini, ci presenta un'originale proposta in cui didattica dei quadri di civiltà, dei copioni e della ricerca storico didattica entrano in sinergia per costruire conoscenze su civiltà dell'oggi e del passato, quale base significativa per la stesura del copione di uno spettacolo teatrale.

"Racconti horror al sapore di zolfo" e "Entrare nella storia attraverso realtà e finzione": due laboratori complementari

Nel primo, le conduttrici Ombretta Bucci e M. Cristina Petronilli fanno costruire testi finzionali (poetici e narrativi) sulla base delle conoscenze fattuali prodotte con un percorso di ricerca storico didattica sulla grande e importante miniera di zolfo sita a Cà Bernardi, nel comune di Sassoferrato.

Nel secondo Gabriella Bosmin ha coinvolto le partecipanti a produrre unità di apprendimento destinate a impegnare gli alunni a far seguire alla lettura di racconti di finzione storica, l'analisi per distinguere gli elementi accertabili grazie alle fonti, da quelli immaginari. Ma, innanzitutto, ha introdotto anche alla procedura della creazione di racconti di finzione ispirata dalla osservazione e analisi di tracce del passato locale. Ed ha usato come esempi di racconti di finzione quelli realizzati da insegnanti partecipanti al laboratorio della Scuola Estiva del 2015 basati su tracce presenti nel Museo Archeologico Statale di Arcevia.

Anche l'attività laboratoriale proposta da Carla Salvadori "Insegnare a scrivere racconti storici di finzione" si innesta in questa tipologia di percorsi didattici. L'intento particolare di questa proposta è quella di "smontare" la complessità della produzione di una narrazione collocata in un contesto storico e basata su informazioni prodotte mediante fonti o immagini di fonti. La coordinatrice guida a una progettazione dettagliata e alla produzione di un apparato didattico volto a sostenere e accompagnare il processo di produzione in un intreccio di analisi di fonti (in modo particolare di uno dei tanti affreschi chiamati *Il trionfo della morte* o *Danza macabra* del XV secolo e dalla mappa che rappresenta il bombardamento del porto di Ancona del 1915) e di apprendimento mediante consultazione di testi storiografici.

Le emozioni sono ampiamente messe in gioco nel laboratorio coordinato da Maddalena Marchetti, che utilizza le canzoni di De Gregori per far conoscere la storia dell'emigrazione italiana dal 1876 al 1914. L'analisi delle canzoni dell'album *Titanic* per ricercare marchi di storicità e elementi retorici, porta a far riconoscere le potenzialità formative dei testi musicali nella costruzione della conoscenza storica ed è la molla per ricercare altre fonti utili alla ricostruzione di una parte della nostra storia.

Queste conoscenze possono favorire negli studenti una sensibilità ad avvenimenti del presente e fanno rilevare la valenza di questo percorso interdisciplinare anche dal punto di vista dell'educazione alla cittadinanza.

Gli strumenti prodotti in laboratorio e i suggerimenti didattici forniscono un'utile guida per chi volesse adottare le canzoni come testi finzionali, pur non essendo un esperto di musica.

Con "Menù per usi didattici personalizzati dei testi divulgativi e finzionali di storia", le coordinatrici Bussetti e Monari ci fanno conoscere un'efficace strategia per la didattica inclusiva, che permette di personalizzare il percorso d'apprendimento in relazione ai bisogni, agli stili d'apprendimento ed alle potenzialità dei singoli alunni.

Tutte le strategie proposte nei laboratori rilevano quanto il racconto di finzione da produrre o da leggere e analizzare sia uno strumento molto stimolante per arricchire le modalità di insegnamento e sollecitare la motivazione degli alunni, per coinvolgerli e interessarli alla ricerca e per favorire le abilità di analisi critica nello studio della storia.

È dall'attenzione a queste strategie che gli insegnanti dovrebbero partire per costruire percorsi di insegnamento che inducano la mente degli alunni a pensare la storia oltre i manuali e l'uso delle conoscenze oltre le interrogazioni.

PARTE PRIMA
Scritture della storia

Dai documenti al romanzo

di *Carlo Simoni*

Il motivo per cui sono stato invitato a portare un contributo a questo incontro non è quello di illustrare posizioni teoriche sul rapporto fra storia e letteratura. Credo piuttosto sia utile raccontare la mia esperienza di autore di romanzi nella maggior parte dei casi ambientati nel passato, riferire di come sono passato dallo studio del documento alla scrittura del romanzo, a una scrittura letteraria, quindi, cui mi sono dedicato alla fine di un percorso che mi ha portato dall'insegnamento e dall'esperienza di qualche corso di formazione per gli insegnanti, alla ricerca storica locale e infine alla progettazione e all'allestimento di una quindicina di musei storico-etnografici (esperienza, quest'ultima, che mi ha obbligato a immaginare – secondo una concezione museografica aggiornata – *percorsi narrativi* fatti di documenti, scritti, ma soprattutto materiali, ed è stata quindi per me decisiva).

Farò riferimento a un paio d'autori di testi sulla scrittura del saggio storico e quella del romanzo (Ricoeur e Veyne), senza tuttavia pretendere di arrivare a conclusioni circa l'argomento, per altro trattato diffusamente in due *Quaderni di Clio '92* (n. 14 del marzo 2015 e n.15 del marzo 2016), nei quali ho trovato alcuni assunti di fondo, nei quali mi riconosco, sulla base appunto dell'esperienza che mi ha portato a confrontare il lavoro dello storico con la pratica del narratore.

Farò anche qualche cenno ad alcune dei romanzi in cui ho sperimentato questo percorso, ma mi soffermerò in particolare su un racconto che ho pubblicato di recente e credo si presti alle considerazioni che si intendono sviluppare in questa sede. Come nei casi che l'avevano preceduto, anche questo lungo racconto è stato ispirato da una ricerca storica. Quasi 25 anni fa, infatti, iniziavo un saggio dedicato a *Economie, paesaggi, identità del Garda (1797-1914)* rifacendomi ad alcune pagine del *Viaggio in Italia* di Johann Wolfgang Goethe, relative alla sua sosta a Malcesine e all'avventura che in questo paese è costretto a vivere, scambiato per una spia tedesca mentre fa uno schizzo del castello scaligero ma capace di trarsi d'impaccio con disinvoltura e di sorridere, a conti fatti, dei pregiudizi e della dabbenaggine dei malcesinesi.

Partivo quindi da un documento, in questo caso autobiografico, per contraddire l'idea – spesso richiamata nella saggistica locale e non solo – che l'avvento del turismo, che ha rappresentato, assai più dell'industrializzazione, la via alla modernizzazione della regione gardesana, potesse essere fatta risalire al passaggio di Goethe. Più in generale, l'idea che il turismo sia frutto di un'evoluzione lineare che prenderebbe le mosse dal *Grand Tour*. Se è vero che i termini turista e turismo rimandano a *tour*, non si può non cogliere la profonda discontinuità fra i due fenomeni: il cambiamento rappresentato dal turismo così come lo si è inteso da oltre un secolo a questa parte consisterà – scrivevo – non in

«un semplice incremento quantitativo dei visitatori, quanto piuttosto in un mutamento della loro identità sociale, dei loro gusti, degli scopi del loro viaggio e del loro soggiorno, dei mezzi infine che li avrebbero condotti ai paesi rivieraschi».

Saranno borghesi, i futuri turisti, che cercheranno nel Garda un ambiente favorevole alla cura dei loro nervi malati, *stressati* – diremmo oggi – dalla vita urbana, giunti al lago con il treno della linea Milano-Venezia che faceva e fa ancora fermata a Desenzano, nel basso lago, o con quello che un tempo collegava la linea Brennero-Verona con Riva, nell'alto lago. Certo si sarebbero usate ancora imbarcazioni, ma si sarebbe trattato non di barche di pescatori – come quella che aveva portato Goethe a Malcesine – ma di piroscafi a vapore appositamente attrezzati per i turisti.

Questo il punto di vista dello storico, il suo mestiere di comparare e trarre conclusioni.

Senonché, in questo come in altri casi in cui mi sono imbattuto quando mi dedicavo alla ricerca storica locale, la vicenda non mi è sembrata esaurita dalla sua ricostruzione, ed è rimasta come in attesa. In attesa di essere rivisitata con altri strumenti, impiegando un registro diverso, quello della narrativa. Come se fossero – la vicenda stessa ma anche i luoghi e i personaggi, a partire dal protagonista – portatori di significati che il ripercorrere i fatti sulla base dei documenti non era bastato a restituire o, per meglio dire, a ricreare.

Con il racconto che prendo a spunto di questa comunicazione (uno dei tre che compongono un libro, *L'ombra dei grandi*, in cui compaiono anche Klimt e Stifter, pure loro in diverso modo calati nel paesaggio dell'alto Garda) ho così sperimentato il passaggio dallo spiegare e dall'argomentare al descrivere e al raccontare. Credo che, in proposito, sia utile aver presente la tesi, autorevole e suggestiva, di Karl Jaspers, il quale sosteneva che «si può spiegare qualcosa senza averlo compreso» e che «ciò che non ci è dato sapere, può forse essere *sentito* attraverso il racconto». O, per restare più vicino a noi, possiamo ricordare un aforisma coniato da Umberto Eco sulla scorta di quello tanto citato di Wittgenstein («Di ciò di cui non si può parlare si deve tacere»).

Compariva nella prima edizione del *Nome della rosa* e l'ho ritrovato citato da Cristina Cocilovo nella presentazione al n. 14 del *Quaderno di Clio '92*: «Di ciò che non si può teorizzare – spiegare sulla base di assunti di metodo storiografici, potremmo dire noi – conviene narrare».

I romanzi che ho scritto sono per la maggior parte frutto dell'adesione a questo modo di vedere: la ricostruzione storica, basata sui documenti – il tentativo di spiegare, appunto – ha preceduto il racconto. Avevano preso forma di saggi prima di ispirare romanzi alcune vicende come la creazione di un polo produttivo – una città ideale, per certi versi – in una penisoletta sperduta nell'alto Garda ad opera di un mercante imprenditore; le avventure imprenditoriali di una generazione di cartai che vive la trasformazione dei sistemi produttivi dalla carta nella "Valle delle cartiere" a Toscolano, sullo stesso lago; la vita tormentata e appassionata di uno scienziato vissuto a cavallo fra Sette e Ottocento, Giambattista Brocchi, sostanzialmente dimenticato, eppure ai suoi tempi noto a livello europeo e ispiratore addirittura del grande Darwin.

I tre romanzi dedicati a queste vicende – rispettivamente, *L'orizzonte del lago*, *Il segreto dell'arte* e *I tempi del mondo* – si possono definire romanzi storici, a patto però che si tenga conto di quanto diceva Marguerite Yourcenar nei *Taccuini* che accompagnano le *Memorie di Adriano*:

«Ai tempi nostri il romanzo storico, o quello che per comodità si vuol chiamare così, non può essere che immerso in un tempo ritrovato: la presa di possesso d'un mondo interiore».

Romanzi in cui l'evocazione non è tutto, perché ciò che sta a cuore all'autore è trattare delle «cose della vita», anche della propria vita. È la stessa posizione che ho ritrovato anche in Italo Calvino: «Il romanzo storico può essere un ottimo sistema per parlare dei propri tempi e di sé». Il nesso fra passato e presente è dunque garantito, nelle storie che ho scritto, dalla presenza di un motivo di carattere esistenziale, *filosofico* se si preferisce, ancora attuale: tramite fra l'oggi e il passato in cui è collocato il racconto, molla della motivazione stessa a scrivere, una motivazione autobiografica, ricavata dalla propria diretta esperienza. Nei tre romanzi, che richiamavo, questo motivo è rappresentato dalla ricerca del senso. Del senso del mondo, della vita, della propria esistenza. E dall'impressione – a volte improvvisa, angosciante – di non saperlo più ravvisare.

Ulteriore motivo, rintracciabile in altri romanzi, si richiama al ruolo svolto (o che dovrebbe svolgere) in una vita il *desiderio*: desiderio inteso come *grande* desiderio, come vocazione, ma in senso lato: chiamata non a una missione religiosa, ma una fedeltà a se stessi, all'impegno coerente a divenire ciò che si è. Questo il tema de *L'incompleto conoscersi* (in cui personaggio scatenante di questo desiderio, nel giovanissimo protagonista, è niente meno che Thomas Mann, frequentatore come tanti altri letterati mitteleuropei del Garda).

E infine, l'*ombra*, il lato oscuro che nascostamente agisce anche nei creatori di opere immortali, è il motivo che ricorre nei tre racconti riuniti ne *L'ombra dei grandi*, fra cui appunto quello su Goethe a Malcesine. Ma che cosa c'entra il grande scrittore tedesco con questa faccenda dell'*ombra*? Klimt era notoriamente tormentato da un'immagine del femminile che oscillava fra l'idealizzazione e la demonizzazione, fra l'adorazione e il terrore; Stifter da un'inibizione – nei proprio comportamenti, nelle scelte che avrebbero potuto soddisfare i suoi desideri – tanto marcata da rasentare una vera e propria vocazione all'infelicità. Ma Goethe?

27

La mia sensazione – il tratto saliente della mia *relazione* con Goethe: si intrattiene qualcosa di molto vicino a un rapporto personale con gli autori che contano per noi – è che fosse affetto da una forma molto evidente, addirittura esibita, anche se inconsapevolmente, di narcisismo, che come sappiamo è una dimensione necessaria della nostra personalità, ma che può esaltarsi in un vero e proprio culto di sé (o addirittura divenire atteggiamento diffuso e dominante, come qualcuno sostiene sia avvenuto ai giorni nostri). Ma restando a Goethe, si può ricordare che da giovane amava rispecchiarsi in Apollo e da vecchio in Zeus, così come è bene tener presente il Goethe che ci presenta – con tutto il rispetto possibile ma anche con un'ironia evidente – Thomas Mann in *Carlotta a Weimar*. Di fatto, Goethe ha finito per coincidere – nel mio sentire – con quelle persone, che tutti conosciamo, che si ritengono *beniamini della vita* (di qui il titolo del racconto):

«Gli uomini – nota infatti uno dei protagonisti – si possano dividere tra chi ritiene naturale ricevere i doni che la vita può riservargli e chi invece li accoglie sempre come giungessero insperati e restassero provvisori. Sovranamente incuranti, gli uomini che ritengono innati i propri meriti – e questo, per sua stessa ammissione, era ciò che Goethe pensava di sé – e benignamente disposti nei confronti dei secondi. Affascinati invece, questi ultimi – non invidiosi, si badi, ma felicemente ammirati – davanti a chi sentono camminare con sicurezza là dove loro avanzano, non incerti, ma cauti, mossi da una fiducia in se stessi sempre sul punto di volgersi nello scoramento della disillusione. E pur bisognosi del beneplacito dei primi, forti invece della loro serena convinzione di poter bastare a se stessi e andare per la loro strada senza remore, senza voltarsi a guardare quegli altri. Alla ricerca di altri ancora, piuttosto, che possano saziare la loro inconsapevole, e comunque non ammessa neppur di fronte a se stessi, sete di conferme.»

Lo spunto è rimasto lì, privo di sviluppi, per diversi anni, finché un giorno, mentre facevo una passeggiata sulla montagna che guarda il lago, dalla sponda bresciana, mi è venuta l'idea che a un tipo come Goethe sarebbe potuto accadere di credere di averla convinta, la gente di Malcesine, di non essere una spia, o di volerlo credere, sicuro del proprio ascendente, del proprio fascino, mentre in realtà poteva *verosimilmente* essere accaduto che i malcesinesi avessero continuato a pensare che questo forestiero facesse il doppio gioco e fosse proprio una spia, un agente dell'Impero.

A questo punto ho sentito il bisogno di verificare quel *verosimilmente*, e quindi di tornare alla ricerca storica per verificare se c'erano, non dico prove inequivocabili, ma appigli significativi per la mia ipotesi. Mi sono perciò documentato sulla realtà di Malcesine a fine '700 e sulla biografia di Goethe, in luoghi diversi, dal museo che si trova nel castello di Malcesine, alla *Casa di Goethe* a Roma.

Ed ecco la piccola, ma importante per me, scoperta: in alcune pagine del suo *Diario*, Goethe dà una versione più drammatica di quella proposta nel *Viaggio in Italia*. Parla di vera e propria "aggressione" da parte degli abitanti del paese gardesano, ma soprattutto – nella memoria di un conoscente di Goethe, tale Voss, stesa sulla base di un colloquio avuto con il poeta nel 1804 – si legge che il poeta stesso gli rivelò di aver dovuto sborsare una certa somma di denaro per potersi garantire la libertà. Spunti, questi, dai quali mi sono sentito autorizzato a raccontare quello che avevo immaginato in quanto mi assicuravano che non sarebbe stato, il racconto, costruito dal nulla, ma, appunto, *verosimile*. Si tratta di una differenza sostanziale: se si è in grado di apprezzarla si capisce che la finzionalità non rappresenta tanto un'aggiunta, una complicazione, non è un ricamare sopra i dati certi innestandovi fatti immaginati: l'*inventare* si rivela piuttosto – nel senso etimologico della parola, invenire – un *trovare*, nel senso che a volte è intuizione dettata proprio dai documenti. È allora possibile trarre una prima conclusione:

passare dal saggio storico al racconto non è – quantomeno nella mia esperienza – una giustapposizione o un innesto e tantomeno una confusione fra vero e falso, ma un passaggio graduale, uno sviluppo possibile del verosimile sul terreno del vero e, sul terreno del verosimile, dell'immaginato (cioè attinto al serbatoio dell'immaginario letterario, che è parte del più vasto immaginario collettivo) e dell'inventato (nel senso, appunto, di *trovato*).

Una seconda conclusione è che questi passaggi di piano, di dimensione della realtà, avvengono grazie alla scrittura, *dentro* la scrittura, e che questa circostanza riguarda anche il punto di vista, il *gesto* dello storico.

Ora, pensarla in questo modo non significa affatto esser convinti che la narrazione sia o debba essere l'unica via della scrittura storiografica. Ha ragione Ivo Mattozzi – me lo faceva notare in uno scambio avvenuto in preparazione di questo incontro – a dire che la narrazione, la forma narrativa non esaurisce le risorse comunicative di chi vuole costruire una conoscenza affidabile su fatti del passato. Sono parole che individuano lucidamente la questione e di cui ho naturalmente tenuto conto, e la mia conclusione è che non si può comunque non riconoscere che, anche se certamente non l'unica forma di restituzione, quella narrativa occupa un posto preminente nella scrittura della storia. Vale a dire che sia lo storico che il romanziere praticano – che ne siano convinti o meno, consapevoli o meno – *anche* una scrittura narrativa e, occorre averlo ben presente, questa scrittura nasce *dentro*, non *dopo* la ricerca. Non si tratta naturalmente solo di una convinzione mia: per Ricoeur, il Ricoeur di *Tempo e racconto*, un'opera decisiva sull'argomento che stiamo trattando, la scrittura

«non è esteriore rispetto alla concezione e alla composizione della storia; essa non costituisce una operazione secondaria, dipendente soltanto dalla retorica della comunicazione e che potrebbe essere trascurata come fatto di natura puramente redazionale. Essa è costitutiva del modo storico di comprensione. La storia è intrinsecamente storiografia.»

La questione del rapporti fra ricerca e scrittura della storia è dunque nodale. Perché? Perché è proprio da questo modo di vedere le cose, dal ritenere separate ricerca e scrittura, assegnando alla seconda un puro ruolo strumentale, che discende l'idea di una contrapposizione fra la narrazione e la spiegazione, di uno stacco fra la redazione del testo storico e la sua valenza conoscitiva.

Uno storico che ha molto riflettuto sul proprio lavoro, Paul Veyne – non a caso ampiamente citato da Ricoeur – nel suo *Come si scrive la storia* appare convinto di questo fatto, quando sostiene che «come il romanzo, la storia trasceglie, semplifica, organizza, racchiude un secolo in una pagina», con una sua specificità certamente: quello dello storico è infatti un «racconto vero». Ciononondimeno,

«ciò cui si dà il nome di spiegazione non è nient'altro che la maniera propria del racconto [storico] di organizzarsi in un intreccio comprensibile. [...] In altre parole, spiegare per uno storico vuol dire mostrare lo svolgimento dell'intreccio, farlo comprendere.»

E «qui è l'interesse di un libro di storia, ciò che fa il suo valore letterario».

È vero – ammette ancora Ricoeur – che

«per sua natura, la storia è conoscenza che procede dai documenti. Ma la narrazione storica si colloca al di là di tutti i documenti, giacché nessuno di questi può essere l'avvenimento. Essa non è un fotomontaggio documentario», e non è dunque «possibile distinguere tra racconto e spiegazione».

Tuttavia – ritorno a un'altra incontestabile osservazione di Mattozzi – è pur vero che è necessario, tanto più quando si usa a fini didattici un romanzo storico, poter distinguere e far distinguere le notizie documentate da quelle che non lo sono. A questo proposito, rifacendomi sempre alla mia esperienza, noto che i romanzi che ho scritto dopo aver prodotto saggi storici su una medesima vicenda trovano nel riferimento a quei saggi – esplicitato nella nota conclusiva che di solito inserisco nei miei libri – la chiave per fare quella distinzione: chi ne sente la necessità può consultare il saggio corrispondente e l'apparato di note che lo accompagna.

Non inserisco questa nota finale prevedendo un uso didattico del mio testo. Piuttosto, sento la necessità di mettere in condizione ogni lettore – quali che siano la sua identità e le motivazioni che l'hanno condotto al romanzo che ha in mano – di poter ripercorrere l'itinerario che io ho seguito e valutare in che misura ho utilizzato le fonti o me ne sono discostato.

Nel caso del racconto su Goethe, le pagine del *Viaggio in Italia* dedicate dal poeta alla propria avventura gardesana son riprodotte in appendice. Ma soprattutto, nella nota finale si indicano i saggi storici – non miei in questo caso – dai quali ho tratto spunti e informazioni (saggi di storici locali ma anche quelli dedicati da Thomas Mann a Goethe) e, in particolare, si fa riferimento al *Diario* di Goethe e alla memoria di Voss, le due fonti che – come dicevo – hanno corroborato l'ipotesi su cui si regge il racconto.

Infine, nel racconto sono presenti riferimenti espliciti al metodo dello storico. La vicenda di Goethe, così come il romanzo la propone, non è riferita da un narratore onnisciente, ma da ben due *intermediari*, per così dire: un professore, che ha ricostruito la vicenda su fonti orali – potremmo dire – quando erano ancora vivi a Malcesine i testimoni del fatto, e un allievo di questo professore, suo erede, che appare come il curatore dello scritto del suo maestro, lo commenta e lo contestualizza.

In conclusione, sfuggendo a qualsiasi timore che la storia debba ammettere di non avere uno statuto pienamente scientifico – un'ansia che condivide con altre scienze umane, con la psicanalisi in particolare – io credo sia bene pensare che la narrazione e gli altri modi cui ricorre lo storico per restituire i risultati della sua ricerca non siano in alternativa, ma esista un circolo virtuoso fra storia – anche quella che fa uso di documenti, tabelle, statistiche e altro ancora – e narrazione, che fa tesoro delle acquisizioni della storia, ma la arricchisce portandovi i sentimenti, il vissuto dei personaggi, dei *senza storia* soprattutto, in questo modo colmando, a volte, lacune della ricostruzione storica stessa. Mi viene in mente il recente *Gli anni* di Annie Ernaux, esempio di una storia fatta con altri mezzi quelli letterari, una storia al singolare, un'«autobiografia impersonale», come l'ha definita l'autrice stessa.

È opportuno tener conto anche del fatto che la letteratura riesce, quando è buona letteratura, ad evitare l'anacronismo, nel senso che ci ricorda in ogni momento, in ogni passaggio, che il punto di vista deve essere quello di persone che non sapevano che cosa sarebbe accaduto l'indomani. Un punto di vista cui spesso lo storico sfugge, inconsapevolmente, preso dal desiderio, che è poi tra i suoi scopi principali, di dare un quadro sintetico ed esplicativo.

L'idea di fondo è dunque quella di una dialettica aperta fra mestiere dello storico e mestiere del narratore: una dialettica che rende permeabile la linea di confine fra letteratura e storia. E da questa idea, da questa posizione mi deriva infine una notazione a proposito della didattica della storia.

Credo sia utile mostrare la labilità, l'inconsistenza, il carattere ideologico addirittura, della convinzione che la storia sia raccontare i fatti *proprio come si sono svolti*, per educare invece a distinguere il vero dal verosimile e dal probabile, così come dall'inverosimile e dal falso (intenzionale e non). Credo sia salutare, e didatticamente corretto ed efficace, contrastare nei ragazzi l'idea diffusa che lo storico sia vocato o tenuto per dovere deontologico a un'*obiettività* simile a quella che si pretende possiedano le scienze esatte, e abituarli invece a riconoscere lo storico obiettivo in quello che esplicita i propri metodi e dichiara le sue scale di valori.

Credo sia utile e necessario che – imparando fin da ragazzi a non credere che il discorso dello storico sia nettamente distinto e differente da quello del narratore – si possa divenire consapevoli di come la razionalità sia intrisa di emozioni e di immaginazione e come queste siano un ingrediente essenziale. Nella ricerca scientifica e in ogni espressione della cultura come nella vita.

Come film e canzoni 'scrivono' la storia[1]

di *Maurizio Gusso*

1. Premessa[2]

Questo contributo esamina canzoni e film come specifici casi esemplificativi di un più generale approccio integrato (linguistico-comunicativo, estetico e storico) alle "opere d'arte" e alle "arti" in senso lato: architettura, scultura, pittura, fotografia, letteratura, cinema, musica ecc. (cfr. Gusso, 2016 c: p. 15).

Per limiti di spazio, privilegio **film e canzoni a forte spessore storico** e utilizzabili come **fonti** nella **didattica interdisciplinare della storia**, mettendo in evidenza sia alcuni aspetti metodologici, trasversali riguardo ai vari tipi di "arti", sia le peculiarità dei distinti linguaggi filmici e musicali.

L'articolazione e l'impianto metodologico dello scritto ricalcano quelli della relazione "Le opere d'arte come fonti. Alcuni esempi: testi letterari, film e canzoni" (25 agosto 2015) della Scuola Estiva di Arcevia del 2015, pubblicata nel 2016

1. Versione riveduta e aggiornata della relazione omonima, tenuta ad Arcevia (AN) il 23 agosto 2016; la sua presentazione in *PowerPoint* - con una sitografia e una bibliografia tematica ragionata più ampia di quella riportata qui - è stata pubblicata in Gusso, 2016 e.
2. Sulle opere d'arte come rappresentazioni di aspetti di realtà, sulla pluralità di approcci ai fenomeni "artistici" e sui rapporti fra storia e "finzione" cfr. Gusso, 2016 c: p. 16.

negli atti di quella Scuola (Lotti e Monari, 2016 e in particolare Gusso, 2016 c).

Per evitare doppioni, si rinvia a quella relazione per quanto riguarda l'impianto metodologico generale e i riferimenti alle rappresentazioni letterarie, filmiche e storiografiche delle rivolte per le terre demaniali in Sicilia (1860), mentre in questo scritto si pubblicano le parti della relazione del 23 agosto 2016 più specificamente riguardanti film e canzoni su alcuni nodi della storia del lavoro nell'Italia repubblicana, *focus* di tale relazione.

2. Un approccio storico-interdisciplinare a film e canzoni come "specchi", testi, fonti, "scritture artistiche della storia" e "agenti di storia"[3]

In primo luogo, canzoni e film possono essere utilizzati come "**specchi**" su cui i fruitori possono proiettare liberamente le proprie domande esistenziali e di senso (terreno della motivazione e dell'educazione alla **comunicazione**). Per esempio, la canzone *Vedrai com'è bello* (1967) di Gualtiero Bertelli[4] è incentrata sul contrasto fra la reclamizzazione del diploma di elettrotecnica come «diploma sicuro, / d'avvenire tranquillo» (prima strofa, vv. 3-4) «in una fabbrica di sogno / tutta luce e libertà» (ritornello a partire dalla terza strofa, vv. 3-4), e la dura realtà della «catena di montaggio» (ottava strofa, v. 2) nella fabbrica fordista e della disillusione sull'importanza del diploma: «Tutto quello che hai studiato / dentro qui non serve a niente» (settima strofa, vv. 1-2). Proprio la lunga durata dello scarso riconoscimento del titolo di studio nel mercato del lavoro industriale e post-industriale consente un certo rispecchiamento

---

3. Per un più generale approccio storico-interdisciplinare alle opere d'arte come specchi, testi, fonti, agenti di storia e scritture artistiche della storia cfr. Gusso, 2016 c: pp. 16-18.
4. Per indicazioni discografiche più dettagliate cfr. Gusso, 2016 f: p. 3 (n. 2).

in questa canzone da parte di studenti che vivono in una società post-industriale e nel bel mezzo di una crisi economica globale, che hanno inasprito lo iato tra scuola e lavoro. A maggior ragione, molti studenti attuali possono identificarsi nella protagonista del film di Paolo Virzì, *Tutta la vita davanti* (2008):[5] Marta Cortese (Isabella Ragonese), neolaureata in filosofia, che, non trovando lavoro in ambiti meno lontani dalla sua specializzazione, accetta di fare la *baby sitter* e poi la telefonista in un *call center* di Roma.

In secondo luogo, vanno considerati come **testi** caratterizzati da linguaggi specifici (filmico o musicale) e da una pluralità di codici (terreno dell'educazione **linguistica** ed **estetica, filmica** e **musicale**). In particolare, le **canzoni**, come tutte le arti "dal vivo" o "dello spettacolo" (musica, teatro ecc.), pongono un problema ulteriore: ogni performance è diversa da un'altra. Infatti una stessa canzone (oltre alle *cover*, ossia alle reinterpretazioni da parte di altri interpreti) può presentare differenti versioni: in studio o dal vivo, in piccoli locali o in concerti di massa, o in tv; "standard" o improvvisate; strumentali (con uno o più strumenti) o cantate (a una o a più voci, o corali); accompagnanti titoli di testa o di coda o sequenze di un film; censurate o no (Gusso, 2012 b: p. 176).[6] Perciò serve un'attenzione particolare alle specificità e alle singolarità delle differenti versioni di una stessa canzone: ogni esecuzione/incisione – ancor più nel caso delle performance dal vivo – è diversa da tutte le altre ed è il prodotto di un'interazione complessa tra autori (compositori e/o parolieri) e interpreti (vocali e/o strumentali) della canzone, pubblico, fonici, discografici ecc. Ogni versione è una "traccia" che, per essere trasformata in una fonte storica, deve essere non solo analizzata "globalmente", ma anche contestualizzata storicamente e citata in

---

5. Per indicazioni filmografiche più precise cfr. Gusso, 2016 b: pp. 8-9 (n. 15).
6. Sulle differenti versioni de *L'estaca* (1968) del cantautore catalano Lluís Llach e di *Mury* (1979) del cantautore polacco Jacek Kaczmarski cfr. Gusso, 2007 e 2012 b: pp. 178-200.

modo filologicamente corretto. Proporre ai fruitori una versione di una canzone piuttosto che un'altra non è un gesto neutro, ma una scelta da compiere in base a precisi criteri, che è necessario esplicitare e relativizzare. Si vedano gli esempi di due canzoni di Enzo Jannacci: *Vincenzina e la fabbrica* (utilizzata parzialmente nei titoli di testa e di coda del film di Mario Monicelli, *Romanzo popolare*, 1974) e *Quelli che...* (1975).[7]

In terzo luogo, canzoni e film vanno esaminati come **fonti storiche** (terreno della formazione **storica**).[8]

Soprattutto in alcuni casi canzoni e film (anzitutto, ma non solo, quelli di propaganda) possono fungere anche da "**agenti di storia**".[9]

A parte si potrebbero esaminare le "**scritture artistiche**" della storia.[10]

7. Per un confronto fra varie versioni di Vincenzina e la fabbrica (musica di E. Jannacci; testo di E. Jannacci e Beppe Viola), a partire dalla sua prima incisione nell'omonimo disco singolo (Ultima Spiaggia, ottobre 1974, ZUS 50567; il lato A ne riporta la versione cantata da Jannacci; il lato B una per sola orchestra; ambedue arrangiate da Nando de Luca) e da quella riportata nell'LP *Quelli che...* (Ultima Spiaggia, 1975, ZLUS 55180, A2), cfr. Pedrinelli, 2014: pp. 99-101; il testo scritto della versione del 1975 è riportato in Jannacci, 2005: p. 41. Per un confronto fra varie versioni di *Quelli che...* (musica di E. Jannacci; testo di E. Jannacci e B. Viola), a partire dalla versione riportata nell'omonimo LP cit. e da quella riportata nel lato B del disco singolo di E. Jannacci, *El me indiriss / Quelli che...* (Ultima Spiaggia, 1975, ZUS 50568), cfr. Pedrinelli, 2014: pp. 104-107; il testo scritto della versione incisa nell'LP del 1975 (riportato in Jannacci, 2005: pp. 36-39) può essere comparato con la prima versione del testo scritto, pubblicata in Jannacci e Viola, 1974: pp. 5-9.
8. Cfr. i paragrafi 3-8 di questo contributo. Sulle fonti musicali cfr. Peroni, 2005: pp. 85-152; sulle canzoni cfr. Gusso, 2016 g. Sulle fonti filmiche cfr. Gusso, 2006: pp. 28-30, 2016 c: pp. 18-21 e 26-27; Ortoleva, 1991: pp. 94-168.
9. Sul cinema come «agente della storia» cfr. Ferro, 1980: pp. 19-44. Sulla musica come «agente di storia» cfr. Gusso, 2016 c: pp. 17-18; Peroni, 2005: pp. 37-69; si veda, per esempio, il caso de *La leggenda del Piave* (1918) di E. A. Mario, pseudonimo di Giovanni Ermete Gaeta (cfr. Gusso, 2016 a).
10. Sulla «scrittura filmica della storia» cfr. Ferro, 1980: pp. 157-160; Medi, 2012: pp. 228-230. Sulla musica come «strumento per raccontare la storia» cfr. Peroni, 2005: pp. 71-84.

3. Vari usi didattici possibili di canzoni e film come fonti[11]

L'uso più frequente di canzoni e film nella didattica della storia è quello **illustrativo**: le opere vengono usate strumentalmente a illustrazione e conferma di quanto emerge dall'autorità della storiografia e/o del testo-base espositivo del manuale di storia e/o della lezione dell'insegnante. Un loro uso correttamente illustrativo può essere un utile esercizio di informazione/comprensione, ma non ne sostituisce l'uso documentario.

Canzoni e film (o loro parti/sequenze) possono essere usati pure come *icebreaker*, ossia come rompighiaccio sintetico, evocativo, **proiettivo**, motivazionale e problematizzante. Come esempio, consideriamo la sequenza del film di Giuseppe De Santis, *Roma, ore 11* (1952),[12] in cui, al cancello della palazzina di Largo Circense 37, a Roma, dove si assiepano molte ragazze accorse al richiamo di un'inserzione economica («Cercasi dattilografa primo impiego miti pretese presentarsi ore 11 Largo Circense 37»), Matilde (Paola Borboni) chiede al ragionier Ferrari (Henri Vilbert) «Quanti posti ci sono?» e il ragioniere risponde «Uno». Tale sequenza riassume bene la sproporzione fra offerta e domanda di lavoro d'ufficio femminile nella Roma dei primi anni '50 e può essere usata per problematizzare la rappresentazione mentale di chi immagina che la disoccupazione giovanile sia un problema italiano solo di oggi.

Un uso didattico (anche solo parzialmente) **documentario** di film e canzoni è più complesso e meno diffuso, ma pure più significativo di quelli illustrativo e proiettivo, con cui può essere

---

11. Per un più generale approccio ai vari usi didattici possibili delle opere d'arte come fonti cfr. Gusso, 2016 c: p. 18.
12. Per indicazioni filmografiche più dettagliate cfr. Gusso, 2016 b: pp. 1-2 (n. 2); cfr. Carlini e Gusso, 2002: pp. 182-194.

peraltro utilmente combinato e armonizzato. Un primo esempio è quello di *Giovanna* (1956)[13] di Gillo Pontecorvo:[14] rappresentazione di uno "sciopero alla rovescia"[15] femminile in una fabbrica tessile alla periferia di Prato. Un secondo esempio è la canzone *I treni per Reggio Calabria* (dall'album omonimo del 1976) di Giovanna Marini:[16] il viaggio, invano ostacolato da otto bombe nella notte fra 21 e 22 ottobre 1973, dei treni organizzati dai sindacati metalmeccanici ed edili della CGIL per la manifestazione di solidarietà con gli operai reggini (Reggio Calabria, 22 ottobre 1972) e contro l'egemonizzazione neofascista della "rivolta per Reggio capoluogo" (1970-1971), scoppiata nel luglio 1970 contro la scelta di Catanzaro come capoluogo regionale calabrese.

4. Per quali tipi di storia canzoni e film possono essere considerati come fonti?[17]

Canzoni e film possono essere considerati anzitutto come **fonti** per la **storia** delle **singole "arti"** (cinema, musica...) e per la **storia culturale** (immaginario, modelli culturali, mentalità e idee). Per esempio, i film di Giuseppe De Santis, *Riso amaro*

13. *Giovanna* è stato realizzato per il film in cinque episodi *Die Windrose / La rosa dei venti*, commissionato dalla WIDF (Women's International Democratic Federation) per illustrare la condizione femminile nel mondo e prodotto dalla DEFA (Deutsche Film-Aktiengesellschaft, società cinematografica di Stato della Repubblica Democratica Tedesca), mai distribuito in Italia. *Giovanna* fu proiettato solo, fuori concorso, alla Mostra del Cinema di Venezia del 1956. Il film è stato restaurato nel 2002 a cura di Mario Musumeci e conservato nell'Archivio Audiovisivo del Movimento Operaio e Democratico di Roma.
14. Per indicazioni filmografiche più precise cfr. Gusso, 2016 b: p. 2 (n. 3); cfr. Pontecorvo, 2002.
15. Occupazione di uno stabilimento contro licenziamenti o chiusura, con prosecuzione della produzione da parte delle maestranze.
16. Per indicazioni discografiche più dettagliate cfr. Gusso, 2016 f: p. 3 (n. 4); cfr. Gusso, 2008: pp. 136-138.
17. Per un più generale approccio alle opere d'arte come fonti cfr. Gusso, 2016 c: pp. 19-20.

(1948)[18] e *Roma, ore 11* possono essere inquadrati nella storia del cinema italiano all'incrocio fra Neorealismo, melodramma e attenzione ai mass media; si veda, in particolare, in *Riso amaro*, l'influsso della nuova cultura di massa (dal *boogie-woogie* al settimanale "Grand Hotel") sulla mondina Silvana Melega (Silvana Mangano).

Con prudenza, canzoni e film possono essere considerati anche come fonti per le "**altre storie**" (ambientale, tecnologica, economica, sociale, politica). Si vedano, per esempio, la panoramica sulle risaie inondate e sul lavoro delle mondine in *Riso amaro*, le inquadrature dedicate al "Transatlantico" nella Stazione Centrale di Milano (Gusso, 2016 c: p. 19) nel film *La vita agra* (1964) di Carlo Lizzani[19] e i succitati riferimenti storici de *I treni per Reggio Calabria*.

5. Due esempi di percorsi testo/fonte-serie-contestualizzazione: rappresentazioni musicali e filmiche di alcuni nodi nella storia del lavoro nell'Italia repubblicana[20]

5.1 Rappresentazioni di alcuni nodi della storia del lavoro nell'Italia repubblicana in alcune canzoni d'autore

Il laboratorio *L'uso di film e canzoni nell'insegnamento/apprendimento della storia. Alcuni nodi cruciali nella storia del lavoro nell'Italia repubblicana* (Arcevia, 24-25 agosto 2016),

18. Per indicazioni filmografiche più precise cfr. Gusso, 2016 b: p. 1 (n. 1); cfr. Lizzani, 1978.
19. Per indicazioni filmografiche più dettagliate cfr. Gusso, 2016 b: p. 4 (n. 7); cfr. Carlini *et al.*, 1998: pp. 154-163.
20. Per un più generale approccio al percorso testo/fonte-serie-contestualizzazione nelle opere d'arte cfr. Gusso, 2016 c: pp. 20-21. Per il confronto fra il racconto di Verga, "Libertà" (1882) e il film di Florestano Vancini, *Bronte. Cronaca di un massacro che i libri di storia non hanno raccontato* (1972) e la loro contestualizzazione storica cfr. Gusso, 2015 b, 2016 c: pp. 21-23, 2016 d: pp. 47-50.

da me coordinato, è imperniato sull'ascolto/lettura, sull'analisi, sul confronto e sulla storicizzazione di una rosa di sette canzoni d'autore:[21] *O cara moglie* (1966) di Ivan Della Mea,[22] *Vedrai com'è bello* (1967) di Gualtiero Bertelli, *Gli operai* (1972) di Giorgio Gaber, *I treni per Reggio Calabria* di Giovanna Marini, *Terra dove andare* (1988) di Ivano Fossati, *Eroe (Storia di Luigi delle Bicocche)* (2008) di Caparezza, *La piazza la loggia la gru* (2013) di Alessio Lega e *Le donne piangono in macchina* (2014) di Eugenio Finardi.[23]

5.2 Rappresentazioni di alcuni nodi della storia del lavoro nell'Italia repubblicana in alcuni film

La serata del 23 agosto 2016, nella Chiesa di San Francesco ad Arcevia, si è imperniata sulla proiezione (preceduta da una mia breve presentazione e seguita dal dibattito e dal mio commento) dell'antologia video *Film italiani ed europei sul lavoro dopo il 1945. Panoramica storica* (2016) di Tina Bontempo, Simone Campanozzi, Claudio A. Colombo, Maurizio Guerri, Maurizio Gusso e Daniele Vola (Gusso, 2016 b).

L'antologia video è un montaggio di 26 sequenze (o macrosequenze) tratte da 15 film di fiction di 13 registi: 11 di 10 registi italiani, tre di due registi inglesi e uno di un regista francese:[24] una macrosequenza da *Riso amaro*; due sequenze da

---

21. Una definizione consapevolmente convenzionale di "canzone d'autore" si basa sulla coincidenza fra autore del testo scritto, compositore della musica e interprete (cantante e spesso anche suonatore/strumentista). Il termine italiano "cantautore" è più sintetico ma più impreciso dell'espressione francese "auteur-compositeur-interprète", più esatta e completa; ha, però, il pregio della maggior brevità e della massima diffusione in Italia (Gusso, 2012 b: nota 1 a pp. 173-174, 2016 g: pp. 1-2).
22. Cfr. Gusso, 2008: pp. 131-133.
23. Per indicazioni discografiche più precise rinvio a Gusso, 2016 f: pp. 3-4.
24. Per indicazioni filmografiche più dettagliate cfr. Gusso, 2016 b.

Roma, ore 11; una sequenza da *Giovanna*; due sequenze da *Il tetto* (1956) di Vittorio De Sica;[25] due sequenze da *Il posto* (1961) di Ermanno Olmi;[26] due sequenze da *Renzo e Luciana* di Mario Monicelli (ispirato al racconto del 1958 di Italo Calvino, "L'avventura di due sposi"[27]), atto primo del film in quattro atti *Boccaccio '70* (1962);[28] una sequenza da *La vita agra* (1964) di Carlo Lizzani, dal romanzo omonimo (1962) di Luciano Bianciardi (Bianciardi, 1962); due sequenze da *Made in Dagenham / We Want Sex* (2010) di Nigel Cole, ambientato nel 1968 a Londra; due sequenze da *La classe operaia va in paradiso* (1971) di Elio Petri; due sequenze da *Signorinaeffe* (2007) di Wilma Labate, ambientato a Torino prima e dopo la "marcia dei 40.000" capi, impiegati e quadri intermedi FIAT del 14 ottobre 1980; due sequenze da *Iqbal* (1998) di Cinzia TH Torrini, ispirato alla storia del lavoratore minorile pakistano Iqbal Masih; una macrosequenza da *The Navigators / Paul, Mick e gli altri* (2001) di Ken Loach; due sequenze da *Ressources humaines / Risorse umane* (1999) di Laurence Cantet; due sequenze da *It's a free world... / In questo mondo libero...* (2007) di Ken Loach; due sequenze da *Tutta la vita davanti* (2008) di Paolo Virzì, tratto da *Il mondo deve sapere. Romanzo tragicomico di una telefonista precaria* di Michela Murgia (Murgia, 2006).

Il laboratorio *L'uso di film e canzoni nell'insegnamento/ apprendimento della storia* citato prevede, in linea di massima, la proiezione, il commento, il confronto e la storicizzazione[29]

25. Cfr. Carlini e Gusso, 2002: pp. 236-245.
26. Cfr. Carlini *et al.*, 1998: pp. 107-117.
27. Pubblicato in Calvino, 1958: pp. 394-397, 1970: pp. 87-90, 1992: pp. 1161-1165.
28. Cfr. Carlini *et al.*, 1998: pp. 36-39.
29. Sulla storia del lavoro nell'Italia repubblicana cfr. Musso, 2011 e 2016; sulla parabola operaia nell'Italia repubblicana cfr. Sangiovanni, 2006. Sulla storia del cinema nell'Italia repubblicana cfr. Brunetta, 1982; sulle rappresentazioni

delle sequenze tratte da *Riso amaro, Giovanna, La classe operaia va in paradiso, Signorinaeffe* e *Tutta la vita davanti*.

Un'operazione importante per passare dal piano dell'intratestualità a quelli dell'intertestualità e della contestualizzazione storica è quello della ricostruzione della genesi della canzone o del film esaminati.

Per esempio, la storia della canzone *I treni per Reggio Calabria* è raccontata da Giovanna Marini nella *Cantata del secolo breve* (Teatro Valle, Roma, 15 novembre 2001: Marini, 2005: pp. 201-203). Interessante è la genesi di *Roma, ore 11*, film ispirato a un tragico fatto di cronaca: il crollo della scala interna a una palazzina in via Savoia 31, a Roma (15 gennaio 1951), sotto il peso di molte decine di donne che avevano risposto a un annuncio nella pagina degli annunci economici de *Il Messaggero* del 14 gennaio 1951 per un posto di dattilografa. Come ricorda Giuseppe De Santis (De Santis, 1983: p. 34), Cesare Zavattini, cosoggettista e cosceneggiatore del film, ebbe due idee "zavattiniane". La prima fu quella di mettere un annuncio economico su *Il Messaggero* con la richiesta di una dattilografa che, dopo l'esame, sarebbe stata assunta come dattilografa per il film, ma senza parlare prima del film; si presentò una settantina di ragazze. La seconda fu quella di interrogare la maggior parte delle donne presenti al momento del crollo; Gianni Puccini, cosoggettista e cosceneggiatore del film, consigliò di rivolgersi a Elio Petri, allora cronista a *L'Unità*. La sceneggiatura del film nacque proprio sulla base dell'incontro con la settantina di aspiranti dattilografe e

filmiche del lavoro nell'Italia repubblicana cfr. Calamita e Zanlungo, 2010; Carotti, 1992; Zaccagnini, 2009. Sulla storia della canzone nell'Italia repubblicana cfr. Liperi, 2011; per una rassegna di rappresentazioni del lavoro nella musica leggera italiana dagli anni '60 all'inizio del XXI secolo cfr. Sezzi, 2010; per una rassegna di rappresentazioni di vari mestieri nella canzone d'autore italiana cfr. Zorzi, 2010.

dall'inchiesta di Elio Petri, pubblicata in volume, dopo l'uscita del film, nel 1956 (Petri, 1956).

6. Il "doppio passato" (epoca di ambientazione e di produzione dell'opera). Due esempi

Tutti i film e le canzoni sono "tracce" che possono essere trasformate in fonti storiche sottoponendole alle domande opportune – il «questionario»/«questionnaire» di Marc Bloch (Bloch, 1978: pp. 69-70) – e alla critica delle fonti. Tuttavia, possiamo distinguere le canzoni e i film in base al maggiore o minore scarto temporale fra l'epoca storica (sempre che sia definita) in cui sono ambientati e quella in cui sono stati prodotti (e poi consumati). Alcuni film e canzoni sono stati prodotti quasi contemporaneamente o in epoca non troppo lontana da quella della loro ambientazione. Altri film, invece, come *Signorinaeffe* (2007), ambientato a Torino prima, durante e dopo la "marcia dei 40.000" (14 ottobre 1980) e nel 2007, rientrano nel genere del «film storico di finzione» (Ortoleva, 1985: pp. 59-68). Analogamente, la canzone *La piazza la loggia la gru* (il cui testo scritto è datato «Novembre/dicembre 2010»), incisa nel CD del 2013 *Mala Testa*, contiene un doppio riferimento al 15 novembre 2010 (discesa di alcuni lavoratori stranieri immigrati dalla gru del cantiere Metrobus, in piazza Cesare Battisti, a Brescia, dove erano saliti il 30 ottobre) e alla sentenza di primo grado della terza Istruttoria della Corte d'Assise (16 novembre 2010), che ha assolto, con formula dubitativa, tutti gli imputati della strage di Piazza della Loggia, a Brescia (28 maggio 1974); costituisce, così, una sorta di "canzone storica di finzione". Nei casi delle canzoni e dei film "storici di finzione", occorre analizzare quello che, nel caso del «film storico di finzione», viene chiamato «doppio passato»[30] delle epoche di ambientazione e di produzione delle canzoni (Ortoleva, 1985: pp. 67-68, 1991: pp. 60-72).

Sia nelle canzoni e nei film "storici di finzione" (e comunque in quelli a forte impronta storica), sia negli altri tipi di canzoni e film (di ambientazione pressoché coeva o a scarso spessore storico) possiamo cercare informazioni storiche sia sull'epoca di ambientazione, sia su quella di produzione (e consumo).

7. Tutti i film e le canzoni hanno una loro storicità, ma alcuni hanno uno spessore storico particolare

Un primo esempio è quello di *La classe operaia va in paradiso*: un film sull'alienazione operaia (dal cottimo alla catena di montaggio), consumistica e totale (dalla scuola al manicomio) nell'età fordista.

Un secondo è quello de *I treni per Reggio Calabria*: una cronaca epica della manifestazione sindacale e antifascista nazionale (Reggio Calabria, 22 ottobre 1972) di solidarietà con gli operai reggini, più forte delle bombe contro i treni organizzati dalla CGIL.

8. Storicità e "finzione" nei film e nelle canzoni a sfondo storico. Due esempi[31]

Nelle canzoni e nei film "storici di finzione" (o comunque a forte impronta storica) possiamo cercare di distinguere fra:

---

30. Per un più generale approccio al «doppio passato» nelle opere d'arte cfr. Gusso, 2016 c: p. 24.
31. Per un esempio di analisi degli intrecci fra "storia" e "finzione" nel film cit. *Bronte...* e in "Libertà", cfr. Gusso, 2015 b, 2016 c: pp. 25-29. Sui rapporti fra storia e finzione cfr. Pomian, 2001: pp. 7-50. Su narrazioni storiche e narrazioni di finzione sul passato e su storia, finzione e didattica della storia cfr. Aa. Vv., 2015; Cocilovo, 2015; Cocilovo e Perillo, 2016; Lotti e Monari, 2016.

a. riferimenti su base documentaria a fatti/eventi/processi/personaggi storici effettivi;

b. elementi storicamente verosimili, ma senza riferimenti documentari puntuali;

c. elementi di finzione pura o addirittura anacronismi, errori e falsi storici.

Riso amaro è un primo esempio di intreccio tra finzione e storicità dei riferimenti al lavoro delle mondine. Per esempio, le lunghe calze nere indossate da Silvana Melega per la monda erano effettivamente più popolari e meno costose di quelle grigie, tuttavia vennero usate dalla costumista Anna Gobbi, insieme al cappello di Walter Granata (Vittorio Gassmann), per caratterizzare e distinguere il personaggio di Silvana da tutte le altre mondine, e contribuirono ad affermare la Mangano come *sex symbol* alternativo alle dive di Hollywood.

La piazza la loggia la gru presenta un intreccio fra storicità della protesta di alcuni lavoratori stranieri su una gru a Brescia (30 ottobre-15 novembre 2010) e della strage di Piazza della Loggia a Brescia (28 maggio 1974) e trasformazione finzionale delle otto vittime di tale strage in "angeli custodi" dei lavoratori stranieri scesi dalla gru.

9. Necessità, utilità e sostenibilità di un approccio didattico storico-interdisciplinare a film e canzoni[32]

Un approccio storico-interdisciplinare a film e canzoni è necessario e utile per gettare ponti fra "arti" (come cinema e musica) e storia.[33] Diventa particolarmente sostenibile se si valorizza il

---

32. Per un più generale approccio didattico storico-interdisciplinare alle opere d'arte cfr. Gusso, 2016 c: p. 30.
33. Una strategia utile (e particolarmente indicata per la secondaria superiore) è quella di un insegnamento integrato di lingue/letterature italiana e straniere e storia (Gusso, 2002), a cui agganciare forme di interdisciplinarità con musica e/o

forte spessore estetico e storico di alcuni film e canzoni, riconducibili anche a grandi processi di trasformazione e a conoscenze storiche significative (Gusso, 2017: pp. 56-59; Rabitti, 2009), e se si mette a frutto il doppio «valore aggiunto» che la dimensione storica può apportare alla fruizione di "opere d'arte" (Gusso, 2015 a) – e in particolare di film e canzoni – e che la dimensione estetica (filmica o musicale) può apportare alla conoscenza storica.

L'uso didattico delle canzoni è particolarmente vantaggioso per vari motivi.

Si tratta, anzitutto, della forma d'arte più diffusa (sia come consumo, sia come produzione) fra i giovani e quindi più in grado di gettare un ponte fra persone di diverse generazioni e di diversi ruoli (studenti, insegnanti, genitori ecc.).

In secondo luogo, la breve durata media delle canzoni consente una loro fruizione integrale in breve tempo e l'uso di serie sufficientemente ampie di fonti nella didattica storico-interdisciplinare (in particolare nei laboratori); ciò facilita anche l'individualizzazione (ascolti/letture e approfondimenti individuali).

In terzo luogo, soprattutto nel caso delle "canzoni d'autore", la canzone può essere usata come ponte fra didattica della musica e didattica della letteratura (e formazione storica).

In quarto luogo, registrazioni (e spesso videoregistrazioni dal vivo) delle canzoni sono abbastanza facilmente reperibili nel web, oltre che nelle discoteche delle biblioteche pubbliche e nei circuiti commerciali (e in particolare nell'*e-commerce).*

Inoltre, le nuove generazioni apprendono meglio la storia tramite l'uso di fonti della soggettività come le canzoni, fortemente espressive e multimediali, che facilitano un percorso

storia dell'arte e/o cinema. Sul laboratorio storico-interdisciplinare con le fonti letterarie cfr. Gusso, 2012 a, 2012 c.

presente-passato-presente nella didattica della storia, un approccio storico-interdisciplinare e l'intreccio fra "microstoria" e "macrostoria".

Infine, le canzoni si prestano più facilmente a essere cantate e suonate dagli studenti, il che comporta un passaggio dalla ricezione alla (ri)produzione più agevole che nella maggior parte delle altre fonti "artistiche" e una valorizzazione delle esperienze, delle abilità e delle competenze extrascolastiche degli allievi.

Bibliografia

Aa. Vv., "Narrazioni storiche e narrazioni di finzione sul passato", *Il Bollettino di Clio*, nuova serie, 3, 2015, in www.clio92.it/index.php?area=3&menu=11&page=681.

P. Bernardi e F. Monducci (a cura di), *Insegnare storia. Guida alla didattica del laboratorio storico*, UTET Università, Torino, 2012 (II ed.; I ed. a cura di P. Bernardi, ivi, 2006).

L. Bianciardi, *La vita agra*, Rizzoli, Milano, 1962 (I ed.; poi in L. Bianciardi, *L'antimeridiano. Tutte le opere*, vol. I: *Saggi e romanzi, racconti, diari giovanili*, Isbn – ExCogita, Milano, 2005, pp. 563-732).

M. Bloch, *Apologia della storia o Mestiere di storico*, a cura di G. Arnaldi, Einaudi, Torino, 1978 (VII ed.; I ed.: ivi, 1950; ed. or.: *Apologie pour l'histoire ou Métier d'historien*, Librairie Armand Colin, Parigi, 1949).

G. P. Brunetta, *Storia del cinema italiano. Dal 1945 agli anni Ottanta*, Editori Riuniti, Roma, 1982.

U. Calamita e G. Zanlungo, *La classe operaia non va in paradiso. Il cinema di lotta e di protesta*, Falsopiano, Alessandria, 2010.

I. Calvino, *I racconti*, Einaudi, Torino, 1958.

I. Calvino, *Gli amori difficili*, Einaudi, Torino, 1970.

I. Calvino, *Romanzi e racconti*, ed. diretta da C. Milanini, a cura di M. Barenghi e B. Falcetto, Arnoldo Mondadori, Milano, 1992, vol. II.

F. Carlini, D. Dinoia e M. Gusso, *"C'è il boom o non c'è?". Immagini dell'Italia del 'miracolo economico' attraverso film dell'epoca (1958-1965)*, IRRSAE Lombardia, Milano, 1998 (con una videocassetta).

F. Carlini e M. Gusso, *I sogni nel cassetto. Il cinema mette in scena la società italiana della ricostruzione (1945-1957)*, Franco Angeli, Milano, 2002.

C. Carotti, *Alla ricerca del Paradiso. L'operaio nel cinema italiano 1945-1990*, Graphos, Genova, 1992.

C. Cocilovo (a cura di), "Insegnare e apprendere il passato a scuola tra finzione e storia", *I Quaderni di Clio '92*, 14, 2015.

C. Cocilovo ed E. Perillo (a cura di), "Insegnare e apprendere il passato a scuola tra finzione e storia. Parte seconda", *I Quaderni di Clio '92*, 15, 2016.

G. De Santis, "Vi racconto come andò con Roma ore 11", *Cinema nuovo*, 282, 1983, pp. 32-35.

M. Ferro, *Cinema e storia. Linee per una ricerca*, Feltrinelli, Milano, 1980 (ed. or.: *Cinéma et Histoire*, Denoël/Gonthier, Parigi, 1977).

M. Gusso, "L'Italia narrata. Un percorso integrato di storia e letteratura del Novecento", in C. Brigadeci (a cura di), *Il laboratorio di italiano.*

Esperienze, riflessioni, proposte, Unicopli, Milano, 2002, pp. 19-43, in www.storieinrete.org/storie_wp/?p=1665.

M. Gusso, "I film nel laboratorio didattico di storia. Un approccio interdisciplinare", in B. Rossi (a cura di), *Geografia e storia nel cinema contemporaneo. Percorsi curricolari di area storico-geografico-sociale nella scuola*, CUEM, Milano, 2006, pp. 27-63, versione riveduta e corretta del 25 maggio 2012, in www.storieinrete.org/storie_wp/?p=7474.

M. Gusso, "Storie di canzoni migranti, fra traduzioni, riusi, censure e meticciati", in M. T. Rabitti e M. Gusso (a cura di), "Storia e musica in laboratorio", *I Quaderni di Clio '92*, 8, 2007, pp. 85-127.

M. Gusso, "Cantare l'impegno", in V. Campo (a cura di), *La biblioteca delle passioni giovanili*, Fondazione Arnoldo e Alberto Mondadori, Milano, 2008, pp. 124-149.

M. Gusso, "Il laboratorio con le fonti letterarie", in Bernardi e Monducci, 2012, pp. 157-172 (Gusso, 2012 a).

M. Gusso, "Il laboratorio con le canzoni", in Bernardi e Monducci, 2012, pp. 173-204 (Gusso, 2012 b).

M. Gusso, "Per una didattica laboratoriale storico-letteraria. Racconti del secondo dopoguerra, in lingua italiana, sulle esperienze migratorie dall'Italia e in Italia", 25 maggio 2012, in www.storieinrete.org/storie_wp/?p=7482 (Gusso, 2012 c).

M. Gusso, "Il valore aggiunto della storia. Per un insegnamento integrato di letteratura e storia e un approccio storico-interdisciplinare alle letterature delle migrazioni", versione riveduta, corretta e aggiornata al 18 maggio 2015, in www.storieinrete.org/storie_wp/wp-content/uploads/2012/03/gusso_ecole_editio_maior_2_3_20122.pdf (Gusso, 2015 a).

M. Gusso, "Storicità, fonti, genesi ed attualità di un film storico di finzione: *Bronte* (1972) di Florestano Vancini", in Cocilovo, 2015, pp. 49-67 (Gusso, 2015 b).

M. Gusso, "Un canto della Prima Guerra Mondiale come fonte storica: *La leggenda del Piave* (1918) di E. A. Mario", in Cocilovo e Perillo, 2016, pp. 63-74 (Gusso, 2016 a).

M. Gusso (a cura di), "Antologia video *Film italiani ed europei sul lavoro dopo il 1945. Panoramica storica* di Tina Bontempo, Simone Campanozzi, Claudio A. Colombo, Maurizio Guerri, Maurizio Gusso e Daniele Vola (con la collaborazione tecnica di Igor Pizzirusso), ILSC (Istituto lombardo di storia contemporanea) – INSMLI (Istituto nazionale per la storia del movimento di liberazione in Italia) – IRIS (Insegnamento e Ricerca Interdisciplinare di Storia) – Società Umanitaria, Milano, 2016, B/N e col., 71'. Scheda" (24 febbraio 2016), in https://www.storieinrete.org/storie_wp/?p=16493 (Gusso, 2016 b).

M. Gusso, "Le opere d'arte come fonti. Alcuni esempi: testi letterari, film e canzoni", in Lotti e Monari, 2016, pp. 15-34 (Gusso, 2016 c).

M. Gusso, "Laboratorio Testi letterari, film e canzoni come fonti per la storia del Novecento", in Lotti e Monari, 2016, pp. 35-52 (Gusso, 2016 d).

M. Gusso, "Come film e canzoni 'scrivono' la storia" (presentazione in PowerPoint della relazione omonima del 23 agosto 2016 alla Scuola Estiva di Arcevia/AN), in https://www.icarcevia.gov.it/didattica/scuola-estiva-di-arcevia/2016-xxii-edizione/2016-materiali.html (Gusso, 2016 e).

M. Gusso (a cura di), "Laboratorio per scuola secondaria di primo e secondo grado *L'uso di film e canzoni nell'insegnamento/apprendimento della storia. Alcuni nodi cruciali nella storia del lavoro nell'Italia repubblicana*" (2016), in https://www.icarcevia.gov.it/didattica/scuola-estiva-di-arcevia/2016-xxii-edizione/2016-materiali.html (Gusso, 2016 f).

M. Gusso, "Le canzoni. Traccia della relazione nel Seminario di formazione *Usi didattici di film, opere letterarie e canzoni come fonti per la storia dell'emigrazione* (Società Umanitaria, Milano, 19 ottobre 2016), in https://www.storieinrete.org/storie_wp/?p=17549 (Gusso, 2016 g).

M. Gusso, "Dalla 'storia generale' tradizionale a 'nuove storie generali', fra storiografia e didattica", in C. E. J. Saltarelli (a cura di), *Il sapere storico e la formazione di alunni competenti*, "I Quaderni di Clio '92", 16, 2017, pp. 49-69.

E. Jannacci, *Poetastrica. Canzoniere ragionato*, a cura di V. Mollica e V. Pattavina, Einaudi, Torino, 2005.

E. Jannacci e G. Viola, *L'incompiuter*, Bompiani, Milano, 1974 (I ed.; II ed.: *No tu no*, ivi, 1994).

F. Liperi, *Storia della canzone italiana*, Rai-Eri, Roma, 2011 (II ed. riveduta, aggiornata e ampliata; I ed.: ivi, 1999).

C. Lizzani, *Riso amaro: un film*, Officina, Roma, 1978.

P. Lotti e E. Monari (a cura di), *Incroci di linguaggi. Rappresentazioni artistiche del passato nella didattica della storia*, Mnamon, Milano, 2016.

G. Marini, *Una mattina mi son svegliata. La musica e le storie di un'Italia perduta*, con la collaborazione di P. Casamassima, Rizzoli, Milano, 2005.

M. Medi, "Il laboratorio con le fonti filmiche", in Bernardi e Monducci, 2012, pp. 227-240.

M. Murgia, *Il mondo deve sapere. Romanzo tragicomico di una telefonista precaria*, Isbn, Milano, 2006.

S. Musso, *Storia del lavoro in Italia. Dall'Unità a oggi*, Marsilio, Venezia, 2011 (II ed. aggiornata; I ed.: ivi, 2002).

S. Musso (a cura di), *Il Novecento 1945-2000. La ricostruzione, il miracolo economico, la globalizzazione*, vol. II di F. Fabbri (dir.), *Storia del lavoro in Italia*, Castelvecchi, Roma, 2015-2016, voll. 3, 2015.

P. Ortoleva, "Rifar le polpe al carcame della storia. Il passato nell'audiovisivo di finzione e la didattica", in Aa. Vv., *La cinepresa e la storia. Fascismo antifascismo guerra e resistenza nel cinema italiano*, Edizioni Scolastiche Bruno Mondadori, Milano, 1985, pp. 58-73.

P. Ortoleva, *Cinema e storia. Scene dal passato*, Loescher, Torino, 1991.

A. Pedrinelli, *Roba minima (mica tanto). Tutte le canzoni di Enzo Jannacci*, Giunti, Firenze-Milano, 2014.

M. Peroni, *Il nostro concerto. La storia contemporanea tra musica leggera e canzone popolare*, Bruno Mondadori, Milano, 2005 (II ed.; I ed.: *"Il nostro concerto". La storia contemporanea tra musica leggera e canzone popolare*, La Nuova Italia, Firenze, 2001).

E. Petri, *Roma ore 11*, Edizioni Avanti!, Milano-Roma, 1956 (I ed.; nuova ed.: Sellerio, Palermo, 2004).

K. Pomian, *Che cos'è la storia*, Bruno Mondadori, Milano, 2001 (ed. or.: *Sur l'histoire*, Gallimard, Parigi, 1999).

G. Pontecorvo, *Giovanna. Storia di un film e del suo restauro*, a cura di A. Medici, Ediesse, Roma, 2002, con una videocassetta del film (I ed.; II ed: ivi, 2010, con un DVD video del film).

M. T. Rabitti (a cura di), *Per il curricolo di storia. Idee e pratiche*, Franco Angeli, Milano, 2009.

A. Sangiovanni, *Tute blu. La parabola operaia nell'Italia repubblicana*, Donzelli, Roma, 2006.

A. Sezzi, *Vincenzina, Brambilla e il dirigente. Lavoro e lavori nella musica leggera italiana dagli anni Sessanta a oggi*, Aliberti, Roma, 2010.

E. Zaccagnini, *I "mostri" al lavoro! Contadini, operai, commendatori ed impiegati nella commedia all'italiana*, Sovera, Roma, 2009.

M. Zorzi, *Cantare il lavoro. Mestieri e dintorni nella canzone d'autore*, Zona, Civitella in Val di Chiana (AR), 2010.

Laboratorio
L'uso di film e canzoni nell'insegnamento/apprendimento della storia. Alcuni nodi cruciali nella storia del lavoro nell'Italia repubblicana

coordinato da *Maurizio Gusso*

1. Presentazione del laboratorio
(Mercoledì 24 agosto 2016, ore 15.45-16.00 circa)

Il **coordinatore**, dopo una breve autopresentazione professionale, propone una nuova versione del programma del laboratorio, che tiene conto del posticipo del suo inizio dalle 15.00 alle 15.45, rinviando al primo percorso laboratoriale le autopresentazioni professionali delle persone partecipanti al laboratorio.[1] Riassume obiettivi e articolazione di massima del

1. Oltre al coordinatore, al laboratorio hanno partecipato Fiorella Balducci (musica) e Mariangela Vergari (lettere), docenti di SSPG (scuola secondaria di primo grado) presso l'IC (Istituto Comprensivo) Mattei di Acqualagna/PU; Arcangela Caragnano (lettere; Liceo delle Scienze Umane Carlo Sigonio di Modena); Stefania Gagetti (lettere; IC Paesi Orobici di Sondrio; SSPG); Arturo Ghinelli (già insegnante di Scuola primaria di Modena); Federico Giona (dottorando; IMT School for Advanced Studies di Lucca); Rosaria Mazzieri e Paola Antonella Napolitano (lettere; IC Caio Giulio Cesare di Osimo; SSPG); Giovanna Mingo (lettere, Liceo economico-sociale Rinaldini di Ancona; potenziamento, ITCG/Istituto Tecnico Commerciale e per Geometri Pietro Cuppari di Jesi/AN); Annarita Pasqualini (lettere; IC di Arcevia/AN; SSPG); Valentina Piccioni (lettere, Liceo Artistico Edgardo Mannucci di Fabriano/AN);

laboratorio e ricorda i vari usi didattici possibili di canzoni, film e testi letterari (illustrativo, proiettivo-motivazionale – come *icebreaker* – e documentario).[2] Le persone partecipanti al laboratorio ne condividono il nuovo programma.

2. Primo percorso laboratoriale "Il lavoro in alcune canzoni italiane di età repubblicana"
(Mercoledì 24 agosto, ore 16-18, e giovedì 25 agosto, ore 9-11)

2.1 Prima parte
(Mercoledì 24 agosto, ore 16-18)

Il **coordinatore** ricorda alcune specificità della "canzone d'autore" come fonte storica[3] e distribuisce i testi scritti di otto canzoni significative rispetto alla storia del lavoro nell'Italia repubblicana: Ivan Della Mea, *O cara moglie* (1966); Gualtiero Bertelli, *Vedrai com'è bello* (1967); Giorgio Gaber, *Gli operai* (1972); Giovanna Marini, *I treni per Reggio Calabria* (1976); Ivano Fossati, *Terra dove andare* (1988); Caparezza, *Eroe (Storia di Luigi delle Bicocche)* (2008); Alessio Lega, *La piazza*

Maria Catia Sampaolesi (lettere; IC Paolo Soprani di Castelfidardo/AN; SSPG); Salvadorica Savigni (musica; IC Paribeni di Mentana/RM; SSPG); Argentina Severini (lettere; IC Fratelli Trillini di Osimo/AN; SSPG); Lucia Ticà (lettere; IC Enrico Mattei di Matelica/MC; SSPG); Federica Tosti (lettere; ITE/Istituto Tecnico Economico Enrico Mattei di Amandola/FM); Carlo Zilioli (lettere; IPSEOA/Istituto Professionale Statale per l'Enogastronomia e l'Ospitalità Alberghiera di Cingoli/MC).
2. Si veda, in questo volume, M. Gusso, "Come film e canzoni 'scrivono' la storia".
3. Cfr. M. Gusso, "Il laboratorio con le canzoni", in P. Bernardi e F. Monducci (a cura di), *Insegnare storia. Guida alla didattica del laboratorio storico*, UTET Università, Torino, 2012, pp. 173-204; M. Peroni, *Il nostro concerto. La storia contemporanea tra musica leggera e canzone popolare*, Bruno Mondadori, Milano, 2005.

la loggia la gru (2013); Eugenio Finardi, *Le donne piangono in macchina* (2014).[4]

Data la riduzione dei tempi disponibili per il laboratorio rinuncerà ad esaminare *Vedrai com'è bello* e *Gli operai*.

Dopo l'ascolto (e la lettura del testo scritto) di *O cara moglie*, il **coordinatore** sollecita un primo giro di interventi facoltativi "a caldo" sulle impressioni di ascolto e di lettura, con eventuali brevi autopresentazioni professionali e riferimenti alla tematica principale della canzone e/o ai suoi riferimenti storici e/o al "sistema dei personaggi".[5] Chiede anche di esplicitare eventuali perplessità o difficoltà relative all'uso di tematiche come quella del lavoro.

Argentina Severini considera la tematica del lavoro sconosciuta agli studenti della scuola secondaria di primo grado e difficile da trattare; non sa se ci sono le condizioni per affrontare le conquiste dei diritti dei lavoratori e gli scioperi (argomento percepito come "preistorico" dagli allievi).

Lucia Ticà rileva che nemmeno nell'ultimo anno della secondaria di primo grado si riesce a trattare l'età repubblicana italiana; gli allievi sono molto piccoli; tuttavia pensa che si possa e si debba trovare il modo di spiegare in modo semplice scioperi, diritti, sindacati, libertà.

Fin dal primo anno della secondaria di primo grado **Mariangela Vergari** spiega che cosa sono gli scioperi e chi li fa; ritiene abbastanza semplice spiegare i partiti italiani del

4. Per indicazioni discografiche più precise cfr. M. Gusso (a cura di), "Laboratorio per scuola secondaria di primo e secondo grado *L'uso di film e canzoni nell'insegnamento/ apprendimento della storia. Alcuni nodi cruciali nella storia del lavoro nell'Italia repubblicana*" (2016). In https://www.icarcevia.gov.it/didattica/scuola-estiva-di-arcevia/2016-xxii-edizione/2016-materiali.html.
5. Cfr. R. Ceserani, *Guida allo studio della letteratura*, Laterza, Roma-Bari, 1999, pp. 204-220 e 575-576; H. Grosser, *Narrativa. Manuale/Antologia*, Principato, Milano, 1985, pp. 264-269.

Novecento e il diritto al lavoro. La musica di *O cara moglie* è orecchiabile.

Maria Catia Sampaolesi dedica un laboratorio specifico alla Costituzione italiana, proponendo una tipologia di diritti (fra cui quelli economici e il diritto allo sciopero). Domanda se è meglio dire subito le date delle canzoni.

Con la storia d'Italia **Carlo Zilioli** arriva fino al 1992; il periodo successivo è piuttosto difficile da maneggiare. I suoi studenti (in particolare gli stranieri) vivono e percepiscono fortemente come un'ingiustizia il lavoro in nero e lo sfruttamento.

Arturo Ghinelli partecipa al laboratorio come cittadino, ma ha insegnato 41 anni nella scuola primaria. Ha conosciuto *O cara moglie* a sedici anni, quando studiava all'Istituto Magistrale, ma non a scuola, bensì nell'ambito familiare (in cui sindacati e scioperi erano ben noti). La strofa che gli piaceva di più in *O cara moglie* era quella finale: «O cara moglie io prima ho sbagliato / di' a mio figlio che venga a sentire / ché ha da capire che cosa vuol dire / lottare per la libertà». Sia lui sia sua figlia (insegnante di inglese nella secondaria superiore) sono arrivati col programma di storia solo alla Prima guerra mondiale; bisognerebbe, invece, arrivare almeno fino al 1992. Come volontario accompagna ogni anno alcune classi nelle visite ai luoghi della Memoria di Modena, organizzate dall'Istituto per la storia della Resistenza e della società contemporanea in provincia di Modena; una professoressa gli ha detto che la classe non era ancora giunta a trattare la Seconda guerra mondiale.

A proposito di *O cara moglie* **Lucia Ticà** segnala come espressioni/termini in genere non noti agli studenti «Festival de 'l'Unità'» e «caposezione».

Un'insegnante aggiunge a tale elenco il termine «crumiri».

Fiorella Balducci, che insegna musica da 35 anni, ritiene che una canzone d'autore come *O cara moglie* sia facilmente confrontabile con canzoni ascrivibili ad altri generi, come il canto popolare, anche se si pongono scopi diversi. Di *O cara moglie* l'hanno colpita subito la melodia, il suo rapporto con il testo scritto e il cambio di tonalità come rinforzo dei sentimenti e di quel che si vuol esprimere. Non si pone il problema della difficoltà di utilizzare canzoni sul lavoro. È convinta,che gli allievi abbiano la possibilità di comprendere il testo di canzoni di questo tipo, anche se con un po' più di fatica, specialmente se supportati dalla collega di storia. Inoltre *O cara moglie* è facile da suonare e cantare.

Annarita Pasqualini sottolinea la semplicità e la ricorsività della melodia di *O cara moglie*. Il significato della canzone dipende dallo scopo per cui è stata composta.

Il **coordinatore** cita alcune fonti[6] sulla genesi di *O cara moglie* e sulle sue caratteristiche musicali. Quando una canzone contiene informazioni storiche che consentono di datarne l'ambientazione si può evitare di comunicarne la data di composizione e incisione agli studenti per lasciar loro il compito di scoprirne la datazione; in assenza di tali informazioni, è necessario comunicarne la data.

Dopo l'ascolto (e la lettura del testo scritto) de *I treni per Reggio Calabria*, il **coordinatore** sollecita un secondo giro di interventi facoltativi "a caldo" sulle impressioni di ascolto e di lettura, con eventuali riferimenti alla tematica principale della canzone e/o ai suoi riferimenti storici e/o al "sistema dei personaggi".

---

6. Cfr. M. Gusso, "Cantare l'impegno", in V. Campo (a cura di), *La biblioteca delle passioni giovanili*, Fondazione Arnoldo e Alberto Mondadori, Milano, 2008, pp. 124-149 e in particolare pp. 131-133.

Arcangela Caragnano affronta in classe la problematica delle stragi degli anni Settanta in Italia, anche mediante una visita ai luoghi delle stragi (come la Stazione ferroviaria di Bologna), introdotta da un esperto. Ritiene molto particolari la vocalità e la melodia de *I treni per Reggio Calabria*; vorrebbe sapere chi è Giovanna Marini.

Giovanna Mingo è al quarto anno di insegnamento come precaria. Al di là del tema, ritiene che sia difficile proporre *I treni per Reggio Calabria* per il ritmo discontinuo, la particolare vocalità di Giovanna Marini e le immagini non sempre facili; tuttavia preliminarmente occorre riascoltare la canzone e rileggerne il testo.

Anche **Carlo Zilioli** avrebbe bisogno di un secondo ascolto della canzone, in particolare per quanto riguarda l'alternanza delle singole voci. Il tema, sconosciuto agli studenti, è complesso, ma fertile; richiede, tuttavia, un'attenzione specifica.

Annarita Pasqualini rileva che la canzone riproduce il ritmo del treno.

Fiorella Balducci sottolinea l'interpretazione femminile di Giovanna Marini, il rinforzo/sostegno a vicenda delle diverse voci e alcune affinità della canzone con il rap, come l'andamento un po' vorticoso e la forte incidenza del parlato/gridato.

Mariangela Vergari segnala la quasi totale assenza della punteggiatura nel testo scritto della canzone, che l'accomuna al rap e alle abitudini delle nuove generazioni di studenti.

A **Lucia Ticà** i riferimenti alle bombe contro i treni, contenuti ne *I treni per Reggio Calabria*, fanno venire in mente la canzone *Bomba o non bomba*[7] di Antonello Venditti.

---

7. Terza canzone del lato A dell'LP *Sotto il segno dei pesci*, 1978, Philips 6323 056, nonché lato A del singolo *Bomba o non bomba. Giulia*, 1978, Philips 6025 216, 5'08".

Il **coordinatore** cita alcune fonti sulla genesi de *I treni per Reggio Calabria*[8] e sulle sue caratteristiche musicali[9] e una monografia critica sulla Marini.[10] Fa ascoltare/leggere *Eroe (Storia di Luigi delle Bicocche)* e *La piazza la loggia la gru*.

2.2 Seconda parte
(Giovedì 25 agosto, ore 9-11)

Il **coordinatore** propone un secondo giro di interventi facoltativi su *Eroe (Storia di Luigi delle Bicocche)* e *La piazza la loggia la gru*.

Federico Giona propone un confronto fra le prime due canzoni (*O cara moglie* e *I treni per Reggio Calabria*) ed *Eroe* (*Storia di Luigi delle Bicocche*). Nota un rovesciamento di paradigma fra le prime due canzoni, incentrate sul mito della classe operaia (fierezza operaia; difesa della libertà e dei diritti dei lavoratori) ed *Eroe...*, incentrata sulla lotta per la sopravvivenza dell'io contro il mondo.

Lucia Ticà segnala la presenza in *Eroe...*, di molti termini/espressioni difficili da capire per gli allievi.

Un'insegnante pensa che parecchi studenti possano ritrovare nel protagonista di *Eroe...* (un padre di famiglia) molti

---

8. Giovanna Marini partecipò alla manifestazione nazionale del 22 ottobre 1972 a Reggio Calabria, promossa dai sindacati metalmeccanici ed edili della CGIL, in segno di solidarietà con gli operai reggini, per rispondere all'egemonizzazione, da parte della destra neofascista, della "rivolta per Reggio capoluogo", scoppiata nel luglio 1970 dopo che Catanzaro era stata scelta come sede del nuovo governo regionale calabrese. Nella notte fra il 21 e il 22 ottobre sui treni diretti a Reggio Calabria vennero fatte esplodere otto bombe, che, però, non impedirono il successo della manifestazione (40.000 persone circa). Cfr. G. Marini, *Una mattina mi son svegliata. La musica e le storie di un'Italia perduta*, con la collaborazione di Pino Casamassima, Rizzoli, Milano, 2005, pp. 202-203.
9. Cfr. S. Pogelli, "I treni per Reggio Calabria", in D. Salvatori, *op. cit.*, pp. 875-876.
10. I. Macchiarella, *Il canto necessario. Giovanna Marini compositrice, didatta e interprete*, Nota CD Book, Udine, 2005, con un CD audio allegato.

tratti dell'eroismo quotidiano dei propri genitori. La canzone è molto utile per un percorso dal presente al passato.

Carlo Zilioli ritiene che la canzone di Lega sia piuttosto impegnativa, ma piuttosto interessante per il suo carattere post-ideologico, molto maturo e consapevole, che riprende il tentativo di costruzione comunitaria degli anni '60-'70 in un contesto, come quello attuale, assai più vicino al 1943 (Resistenza minoritaria) che agli anni '60-'70, nel quale ci si chiede se esista ancora un gruppo che ha un sogno.

Un'insegnante, che conosceva già *Eroe*…, ritiene *La piazza la loggia la gru* una canzone molto toccante ed emozionante. Segnala il passaggio dalla prima parte, caratterizzata dall'uso della terza persona, alla seconda parte, che introduce la prima persona, una melodia più familiare e gli angeli (come ne *Il cielo sopra Berlin*o di Wim Wenders) e riecheggia famosi versi di Dante. La sfida è quella di educare le famiglie al senso dello Stato, facendo anche un buon uso del Calendario civile scolastico.

Ad **Annarita Pasqualini** l'ascolto delle ultime due canzoni ha fatto venire in mente alcune canzoni di Simone Cristicchi e alcuni rap.

Giovanna Mingo ricorda che la vena polemica è tipica del rap.

Annarita Pasqualini, diplomatasi nel 1987, ricorda di aver trovato subito lavoro nel 1988, ma che lavorava mentre studiava.

Il **coordinatore** fa ascoltare/leggere *Terra dove andare* e *Le donne piangono in macchina* e sollecita un terzo giro di interventi.

Valentina Piccioni rileva che ne *Le donne piangono in macchina* (una canzone poco descrittiva) il lavoro è evocato all'inizio, ma rimane marginale, sullo sfondo, mentre prevalgono le sofferenze d'amore e una rappresentazione stereotipata della donna come soggetto fragile.

Secondo **Fiorella Balducci** la canzone di Finardi mette in luce le difficoltà connesse alla conquista del lavoro da parte delle donne e il timore di non riuscire a superare i troppi ostacoli.

Paola Napolitano sottolinea come la protagonista de *Le donne piangono in macchina* non mostri la sua fragilità in pubblico.

Secondo **Carlo Zilioli** nella protagonista della canzone di Finardi ci sono un accumulo di sofferenze private e di problemi di lavoro e la fatica di tenere insieme i vari pezzi della propria vita. Secondo **Federica Tosti** il pianto della protagonista de *Le donne piangono in macchina* è un sintomo non di debolezza o fragilità, ma di capacità di indagare più a fondo la realtà (spesso i maschi sono più superficiali).

Nella canzone di Finardi **Arcangela Caragnano** è particolarmente colpita dai versi «Si stampano in faccia un sorriso / Prima di tornare tra la gente».

Secondo **Mariangela Vergari** *Le donne piangono in macchina* rappresenta bene la complessità del mondo femminile.

Valentina Piccioni segnala la presenza del tema della violenza maschile nella penultima strofa («Gli uomini [...] / sparano, litigano. / [...] / In fondo continuano sempre / a giocare alla guerra / come dei bambini / Ma attenta a non contraddirli mai / se si mettono ad urlare») e il rilievo dell'ultimo verso del ritornello («Le donne piangono in macchina, / Da sole, andando al lavoro / Dopo aver lasciato i figli a scuola / Per un motivo tutto loro»).

Secondo **Federico Giona** la tematica della canzone di Finardi è leggermente superata e la canzone sembra scritta nel 1988, mentre *Terra dove andare* sembra scritta adesso.

Annarita Pasqualini segnala la canzone *Angela e la felicità*[11] di Marco Masini, per la tematica analoga a quella de *Le donne piangono in macchina*.

---

11. La canzone (composta da Marco Masini, Antonio Iammarino e Cesare Chiodo) è l'undicesimo (e penultimo) brano del CD di Marco Masini, *Niente d'importante*, Joe & Joe S.r.l. Sounds Of Life Records, 2011.

Il **coordinatore** chiede di segnalare altre canzoni significative sulla storia del lavoro nell'Italia repubblicana e di iniziare a contribuire a un bilancio metacognitivo del primo laboratorio formativo adulto, previsto nella terza parte del laboratorio.

2.3 Terza parte: riepilogo metacognitivo del primo percorso laboratoriale
(Giovedì 25 agosto, ore 11.15-12.00)

a. Intratestualità: analisi cooperativa, "marchi di storicità"[12] e storia delle singole canzoni.

b. Intertestualità: analisi comparata di una serie di canzoni; esplicitazione dei criteri della loro selezione e della loro minore/maggiore compatibilità didattica rispetto alla scuola secondaria di primo e secondo grado.

c. Contestualizzazione: quadri di civiltà (industriale: prime due canzoni; post-industriale: le altre quattro canzoni ascoltate/lette) e processi di trasformazione (parabola ascendente - nelle prime due canzoni – e discendente – nelle altre quattro canzoni – delle lotte operaie).

Lucia Ticà considera Guccini e De André non facili da spiegare nella secondaria di primo grado.

Il **coordinatore** sottolinea come, con le opportune mediazioni didattiche, alcune canzoni di Guccini[13] (come *Amerigo*, nell'album omonimo del 1978) e di De André[14] possano essere proposte nella secondaria di primo grado.

---

12. K. Pomian, *Che cos'è la storia*, Bruno Mondadori, Milano, 2001 (ed. or.: *Sur l'histoire*, Gallimard, Parigi, 1999), pp. 18-26, 53-54 e 277-278.
13. Cfr. B. Salvarani e O. Semellini, *Guccini in classe. Spunti didattici a partire dalle canzoni (e non solo) del maestro di Pàvana*, EMI, Bologna, 2013.
14. Cfr. M. Lepratti, *De André in classe. Proposta didattica a partire dalle canzoni di Faber*, EMI, Bologna, 2010.

2.4 Quarta parte: individuazione di possibili sviluppi operativi.
(Giovedì 25 agosto, ore 12.00-13.00)

a. Possibili usi didattici di queste (o altre) canzoni sul lavoro nell'Italia repubblicana.

b. Presentazione (a richiesta) di alcuni strumenti di lavoro bibliografici e sitografici e di alcune metodologie specifiche sull'uso didattico delle canzoni come fonti.[15]

3. Secondo percorso laboratoriale "Il lavoro in alcuni film italiani di età repubblicana"
(Giovedì 25 agosto, ore 15-16.15)

a. Storia, cinema, letteratura e canzoni: modellizzazione del progetto pluriennale "Cinema e Storia", promosso a Milano da ILSC, INSMLI, IRIS e Società Umanitaria a partire dal 2014-2015.

b. Criteri di selezione e montaggio dei film e delle sequenze dell'antologia video *Film italiani ed europei sul lavoro dopo il 1945. Panoramica storica,*[16] presentata, proiettata e commentata

---

15. Cfr. M. Gusso, "Il laboratorio con le canzoni" cit., pp. 203-204 ("Sitografia"); Id., "Laboratorio per scuola secondaria di primo e secondo grado..." cit., pp. 4-5; Id., "Le canzoni. Traccia della relazione nel Seminario di formazione *Usi didattici di film, opere letterarie e canzoni come fonti per la storia dell'emigrazione*" (Società Umanitaria, Milano, 19 ottobre 2016), in https://www.storieinrete.org/storie_wp/?p=17549.
16. Cfr. M. Gusso, "Antologia video *Film italiani ed europei sul lavoro dopo il 1945. Panoramica storica* di Tina Bontempo, Simone Campanozzi, Claudio A. Colombo, Maurizio Guerri, Maurizio Gusso e Daniele Vola (con la collaborazione tecnica di Igor Pizzirusso), ILSC (Istituto lombardo di storia contemporanea) – INSMLI (Istituto nazionale per la storia del movimento di liberazione in Italia) – IRIS (Insegnamento e Ricerca Interdisciplinare di Storia) – Società Umanitaria, Milano, 2016, B/N e col., 71'. Scheda" (24 febbraio 2016), in https://www.storieinrete.org/storie_wp/?p=16493.

dal coordinatore nella Chiesa di San Francesco ad Arcevia la sera del 23 agosto 2016.

c. Presentazione, da parte del **coordinatore**, di esperienze di insegnamento integrato di letteratura e storia (con laboratori sulle canzoni e cineforum con gli studenti).[17]

Il **coordinatore** presenta una modellizzazione del progetto pluriennale "Cinema e Storia" citato, esplicita i criteri di selezione e montaggio dei film e delle sequenze dell'antologia video *Film italiani ed europei sul lavoro dopo il 1945* citata e sollecita interventi critici e domande di approfondimento.

Federico Giona segnala l'utilità di qualche film più recente di Ken Loach.

Il **coordinatore** chiarisce che nell'antologia video citata, con un baricentro intenzionale sull'Italia e in particolare sull'area milanese, Ken Loach è eccezionalmente già presente con due film (*The Navigators / Mick, Paul e gli altri* e *It's a free world... / In questo mondo libero...*) e che a malincuore si è deciso di non inserirvi *Bread and Roses*. Del resto quasi tutti i film di Ken Loach sono incentrati sui problemi dei lavoratori; dunque, c'è solo l'imbarazzo della scelta. Inoltre, i film più recenti (come *I, Daniel Blake / Io, Daniel Blake* di Ken Loach, 2016), finché sono in distribuzione nei cinema, non sono disponibili né in DVD, né su Youtube.

4. Esempi di intrecci fra testi letterari, film e/o canzoni sul lavoro nell'Italia repubblicana
(Giovedì 25 agosto, ore 16.15-16.30)

a. *La vita agra* dal romanzo di Luciano Bianciardi (Rizzoli, Milano, 1962) al film di Carlo Lizzani (1964).

---

17. Cfr. M. Gusso, "L'Italia narrata. Un percorso integrato di storia e letteratura del Novecento", in C. Brigadeci (a cura di), *Il laboratorio di italiano. Esperienze, riflessioni, proposte*, Unicopli, Milano, 2002, pp. 19-43, in www.storieinrete.org/storie_wp/?p=1665.

b. Dal racconto di Italo Calvino, *L'avventura di due sposi* (ne *I racconti*, Einaudi, Torino, 1958, pp. 394-397) a *Canzone triste* (1958), interpretata da Franca Di Rienzo o da Margot (Margherita Galante Garrone), e a *Renzo e Luciana* di Mario Monicelli, primo atto del film in quattro atti *Boccaccio '70* (1962).

5. Bilancio metacognitivo complessivo del laboratorio
(Giovedì 25 agosto, ore 16.30-17.30)

a. Problemi emersi e ipotesi di soluzione / punti fermi.

b. Implicazioni curricolari dell'uso di film e canzoni nella didattica della storia.

c. Alcune opzioni per il curricolo verticale di storia: percorso presente-passato-presente; inclusione della storia della società post-industriale; revisione dei curricoli di storia alla luce dell'educazione interculturale, alla gestione dei conflitti e alle differenze di genere; interdisciplinarità; didattica partecipativa; cooperazione educativa; ricerca didattica.

5.1 Alcuni problemi emersi

a. Problema della motivazione degli studenti (specialmente di quelli della secondaria di primo grado) allo studio della storia del lavoro e alla storia sociale e politica.

b. Problema delle condizioni necessarie perché gli studenti possano affrontare tematiche complesse e molto attuali.

c. Problema della forbice fra graduale espansione dello scibile storico e graduale riduzione delle ore a disposizione per insegnarlo.

5.2 Alcune ipotesi di soluzione e punti fermi emersi

a. Utilità di un uso sostenibile di canzoni e film nella didattica della storia.

b. Necessità di storicizzare la società post-industriale mediante un approccio storico-interdisciplinare, un buon uso del Calendario civile scolastico e dei colloqui pluridisciplinari al termine della secondaria di primo e secondo grado; solidarietà reciproca fra discipline ed "educazioni" interculturale, alla pace, alla cittadinanza, alle differenze di genere.

c. Scelta di una didattica euristica, laboratoriale, partecipativa, individualizzata ("ad albero"), della cooperazione educativa e del lavoro in équipe e in rete.

d. Ricorso a una progettazione curricolare per tipologie e casi e per problemi, sistemica (più che enciclopedico-descrittiva e sistematica).[18]

5.3 Ulteriori sviluppi possibili del laboratorio

Il **coordinatore** invita le persone frequentanti il laboratorio a contribuire a un suo primo bilancio complessivo "a caldo" e all'individuazione di suoi possibili sviluppi operativi e chiede loro se sarebbero interessate e disponibili a un approfondimento.

Le **persone intervenienti** formulano un giudizio positivo sul laboratorio e comunicano il proprio interesse e la propria disponibilità ad approfondirne le problematiche nell'ipotesi di un prolungamento della ricerca.

18 . Cfr. M. Gusso, "Criteri per una progettazione curricolare di storia", *Rivista dell'istruzione*, 3, 2015, pp. 42-45, in https://www.storieinrete.org/storie_wp/?p=15781; Id., "Dalla 'storia generale' tradizionale a 'nuove storie generali', fra storiografia e didattica", in C. E. J. Saltarelli (a cura di), *Il sapere storico e la formazione di alunni competenti*, *I Quaderni di Clio '92*, 16, 2017, pp. 49-69.

Carlo Zilioli sottolinea l'importanza della progettazione curricolare e del livello di coinvolgimento degli studenti.

Per **Arcangela Caragnano** il laboratorio è stato superiore alle sue aspettative ed ha assicurato anche suggerimenti operativi.

Il **coordinatore** ringrazia le/i docenti per la partecipazione attiva al laboratorio e conferma la propria disponibilità ad inviare loro una bozza del resoconto sul laboratorio e ad approfondirne le problematiche in un eventuale prolungamento della ricerca al 2016-2017.

Finzione e storia: distinzioni/indistinzioni[1]

di *Ernesto Perillo*

L'utilità dei testi di finzione per la storia insegnata è riconducile sostanzialmente a tre ambiti:

- il rinforzo motivazionale: il racconto di finzione considerato mediamente più avvincente, coinvolgente, appassionante del testo storico ne può costituire la porta di ingresso/accesso privilegiata. Esempio: propongo la lettura di alcuni brani del libro di C. Carminati Fuori fuoco per introdurre la conoscenza della grande guerra, con particolare riferimento alla condizione delle donne, di ragazze e ragazzi;
- l'uso come fonti: «primarie» o «dirette» e solo come fonti «secondarie» o «indirette»;[2]

Esempio: propongo la lettura di alcune novelle del Decameron per produrre informazioni sulla concezione della donna nell'immaginario maschile trecentesco (fonte primaria); o per ricavare informazioni sul paesaggio agrario medievale (fonte secondaria);

---

1. Rubo questa espressione a Isabella Zanni Rosiello che ringrazio. Vedi Storia e letteratura. *I romanzi come fonte storica* in http://storicamente.org/zanni (consultato il 15 maggio 2017).
2. M. Gusso, "Le opere d'arte come fonti. Alcuni esempi: testi letterari, canzoni, film", in Paola Lotti ed Elena Monari (a cura di), *Incroci di linguaggi. Rappresentazioni artistiche del passato nella didattica della storia*, Milano, Mnamon, 2016, pp. 15-34.

- l'uso come palestra per attività didattiche: la narrazione di finzione può essere l'ambiente proficuo per proporre operazioni di analisi, smontaggio, comparazione e produzione.

Esempio: propongo la lettura del racconto *Il tenore* dello scrittore S. Vassalli,[3] con la consegna di trasformarlo in un ipertesto, scegliendo le parole che diventeranno dei link (a documenti/immagini/ video, siti, etc.) di contenuto storiografico coerente.

Vorrei aggiungere a questi usi della finzione per la storia altre due possibilità.

La finzione come strategia comparativa per smontare e conoscere:

- le strutture e le modalità comunicative del racconto storico (RS) e del racconto di finzione (RF): le "**regole del gioco**";

- alcune caratteristiche epistemiche di **RS** (realtà-passato-rappresentazione-verità; base dati-"invenzione"-significati): le "**regole del pensare storicamente**".

In sostanza, cercherò di sostenere che per la didattica della storia è vantaggioso prendere in considerazione il racconto di finzione (RF) non solo in riferimento al contenuto (ciò che si narra), ma anche al *come*: con quali parole, forme e scrittura si narra. Altro elemento che merita attenzione è *il chi*: il soggetto che racconta la storia. Tema che in questo scritto non verrà trattato.

---

3. Pubblicato all'interno del suo libro *L'italiano* (Einaudi, 2007), *Il tenore*, uno degli undici personaggi del mosaico di racconti di S. Vassalli, narra la vicenda di Eraldo Fortis, un portaordini che, durante la prima guerra mondiale, riesce a passare indenne attraverso le linee nemiche grazie alla sua bella voce. Si ipotizza qui un lavoro didattico che, a partire dal testo di finzione, chieda di ricostruire legami e link al contesto storico di riferimento: un percorso inverso a quello che prendendo le mosse da un testo storico propone la costruzione di un testo di finzione.

Le regole del gioco

Elementi caratterizzanti e distintivi

Presupposto dei ragionamenti che facciamo su storia e finzione è la loro differente identità.

A prima vista le cose sono semplici, la divisione dei domini è ben stabilita: da una parte c'è la conoscenza dei fatti storici "così come realmente accaduti"; dall'altra, le opere d'immaginazione, in alcuni casi ambientate nel passato, il cui scopo è quello di piacere, non di istruire".[4]

La questione è, al solito, un po' più complessa. Non fosse altro perché storia e finzione sono generi testuali che cambiano nel tempo e un loro confronto deve tener conto anche di questo: ne parleremo più avanti.

Ci sono dunque RS e RF: quali gli elementi caratterizzanti e distintivi?

Jerzy Topolski[5] con riferimento a RS li individua in questi aspetti:

- **I fatti**, la verità fattuale, la base empirica. «La differenza tra un romanziere e uno storico è che il romanziere è libero di inventare i fatti (...) mentre lo storico non inventa i fatti»[6]
- I fatti narrati dalla storico sono fatti compiuti, passati, **narrati dall'esterno**. Lo storico di norma si occupa dei risultati globali delle azioni umane, degli avvenimenti, dei processi, delle tendenze, e quando li considera, li descrive

---

4. Inizia con questa considerazione il numero 165 (maggio-agosto 2011) della rivista francese *Le débat* dal titolo *L'Histoire saisie par la fiction*, dedicato interamente al rapporto tra storie e finzione.
5. J. Topolski, *Narrare la storia*, Milano, B. Mondadori, 1997.
6. A. Momigliano, *Sui fondamenti della storia antica*, Torino, Einaudi, 1984, p. 479, citato da J. Topolski, *Narrare la storia...*, op. cit., p. 19.

come osservatore, cioè "dall'esterno". L'impossibilità dello storico di rappresentare la vita psichica dei suoi personaggi è sostanzialmente dovuta alla mancanza di fonti per poterlo fare. Senza traccia non c'è storia.

	Racconto storico	*Racconto di finzione*
Fatti	Ri-costruiti a partire dalle fonti	Anche inventati
Narratore	Esterno	Anche interno
Tempo e spazio	Ancoraggio alla freccia del tempo e alla scala spaziale	Anche no
Mondo rappresentato	Possibile, ammobiliato, credibile, verosimile, concepibile	Anche inverosimile e inconcepibile
Verità	Fattuale	Non fattuale

Tab. 1: un possibile confronto riassuntivo tra RS e RF

• Il racconto storico è calato nel **tempo** e nello **spazio**. La sua base empirica è collocata sulla freccia del tempo e l'analisi concernente il passato condotta dall'"esterno" presuppone una relazione temporale tra i fatti analizzati e il narratore. Lo storico è sempre collocato nel futuro rispetto agli avvenimenti e al processo che analizza. Il racconto storico è dunque una narrazione ex post.

Alcune precisazioni:

• Topolsky osserva che al racconto storico si può estendere la nozione di mondo possibile elaborata con riferimento a RF.[7] Mentre nel mondo possibile di RF i lupi parlano alle bambine, le zucche si trasformano in carrozze (e viceversa) e si possono raccontare storie che "violano le nostre abitudini logiche ed epistemologiche",[8] in RS i mondi

7. U. Eco, *Lector in fabula*, Milano, Bompiani, 2014 (1979), pp. 122 sgg.
8. U. Eco, *I limiti dell'interpretazione*, Milano, Bompiani, 1990, p. 206.

possibili sono accettabili per il lettore in quanto credibili, verosimili, concepibili;

• sia in RS che in RF i mondi possibili non sono vuoti ma ammobiliati: pieni di individui, proprietà, azioni, eventi. Lo storico ammobilia il suo mondo (possibile) con materiali che hanno un riscontro documentale (i fatti) e con altri materiali che Topolsky chiama nozioni generali (fa l'esempio della crisi del XIV secolo in Europa): costrutti intellettuali "inventati" dagli storici, che "poggiano però su informazioni dirette concernente i fatti individuali";[9]

• Topolsky precisa che la descrizione del mondo narrativo storico possibile:

• non deve comprendere fatti individuali fittizi (che non hanno un'evidenza nelle fonti);

• non deve comprendere constatazioni che affermino allo stesso tempo che la proposizione *p* è vera e che *p* è falsa, dunque che presentino delle contraddizioni logiche. Il mondo narrativo storico deve essere un mondo senza contraddizioni;[10]

• deve «contenere delle generalizzazioni (nozioni) e delle relazioni causali (…) che legano le informazioni relative a fatti individuali. Si approda dunque alla conclusione che una base fattuale non inventata (oggetto del gioco narrativo) può condurre a una *fiction* di livello più generale»;[11]

• da quanto detto, deriva che:

9. J. Topolski, *Narrare...* op. cit., p. 25.
10. «Lo storico è cosciente che l'oggetto della ricerca cambia costantemente, cioè che il principio logico d'identità (oggetto x = oggetto x) coincide soltanto con un punto temporale ben definito (x in tempo $t = x$ in tempo t). Nel racconto storico si genera dunque una tensione costante fra la conoscenza dei cambiamenti che costituiscono il nocciolo del processo storico e le premesse logiche del ragionamento». Ibid., p. 26.
11. J. Topolski, *Narrare...* op. cit., p. 26.

• in RS generalizzazioni e spiegazioni devono avere una base fattuale assicurata dalle fonti;

• «i mondi narrativi storici possibili che si fondano su una stessa base fattuale possono essere innumerevoli».[12]

Tiriamo le somme: è possibile distinguere RF e RS, anche se non dobbiamo trascurare un ampio territorio che entrambi i generi testuali condividono. E soprattutto, interessante è annotare come l'approccio narratologico comparato di RF e RS costituisca una risorsa didattica importante anche per la conoscenza storica: segnatamente delle regole di produzione e costruzione del racconto storico.

I marchi di storicità

«Senza la consapevolezza dell'esistenza di un confine tra il regno della realtà e quello in cui è la finzione a esercitare un pieno potere non è possibile avere alcuna storia».[13]

L'affermazione è di Krzysztof Pomian. Un confine che, ci avverte lo storico polacco, cambia nel tempo, è difficile da individuare, viene spostato da contaminazioni e scambi che modificano la geografia del territorio narrativo.

Come possiamo allora riconoscere le narrazioni storiche e che pretendono di rendere conto di una realtà passata? Secondo Pomian, per la presenza di marchi che permettono al lettore di collocare immediatamente la tipologia della narrazione fra le opere storiche.

I marchi sono segni e formule della storicità di un testo che possono essere:

12. *Ibidem.*
13. K. Pomian, *Che cos'è la storia*, Milano, B. Mondadori, (1999), 2001, p. 7.

- indissolubilmente integrati al testo stesso della narrazione (note, citazioni, foto, carte, mappe, grafici, documenti, ...);
- contenuti nella presentazione materiale di essa e in particolare nella presentazione tipografica.

Esaminiamo, ad esempio, il volume *La grande guerra degli italiani 1915-1918*.[14]

Dalle quattro pagine della copertina siamo informati su:
- l'autore: Antonio Gibelli (storico italiano che insegna Storia contemporanea all'Università di Genova che ha scritto, tra l'altro, numerosi saggi sulla storia dell'emigrazione e delle pratiche sociali di scrittura degli ultimi due secoli);
- il contenuto dell'opera (... «Per restituire il senso profondo di un evento che si impresse in maniera indelebile nella memoria collettiva, Antonio Gibelli ne ricostruisce con precisione le vicende politiche, economiche e militari, dal tormentato dibattito su neutralità e intervento fino al "maggio radioso", dalla guerra in trincea e nei campi di prigionia alla rotta di Caporetto, dall'occupazione delle terre' invase dagli austro-tedeschi – col suo seguito di razzie e di violenze sessuali – alla controffensiva di Vittorio Veneto»);[15]
- la collana "Storie d'Italia" nella quale l'opera è stata pubblicata dall'editore Sansoni nella quale sono ospitati «libri che offrono al pubblico colto, in particolare al mondo dell'università, sintesi precise, aggiornate, originali: libri capaci di raccontare e insieme di spiegare le tappe fondamentali del nostro passato».[16]

Apriamo il libro. Il terzo capitolo è dedicato a quello che gli storici chiamano il *fronte interno*: i territori lontani dalle linee

---

14. A. Gibelli, *La grande guerra degli italiani 1915-1918*, Firenze, Sansoni, 1998.
15. *Ibid.*, risvolto di copertina.
16. *Ibid.*, p.1.

77

di combattimento (che coinvolgevano i soldati e gli eserciti in guerra), popolati da civili, donne e bambini. Gibelli racconta anche di come la guerra abbia trasformato radicalmente l'economia, in particolare il settore industriale (imprese metallurgiche e meccaniche), impegnato in uno straordinario sforzo produttivo che provocò una notevole espansione dell'occupazione operaria: una classe operaia nuova, poco qualificata, comprendente in misura notevole le donne e i ragazzi.

Lo storico segnala che l'impiego di questi ultimi fu un fenomeno di notevole ampiezza e che i ragazzi furono sopposti a condizioni di lavoro e di disciplina molto dure. Come esempio di maltrattamenti e soprusi, Gibelli cita la testimonianza di un ragazzo che racconta «Il mio padrone mi maltrattava (…), anzi, un giorno che ebbi a chiedergli un aumento di mercede, mi diede uno schiaffo».[17] In nota segnala la fonte di questa citazione, tratta dal volume della storica B. Bianchi, *Crescere in tempo di guerra. Il lavoro e la protesta dei ragazzi in Italia. 1915-1918*, Venezia, Cafoscarina, 1995, p. 73.

Alla fine del capitolo, inoltre, il lettore trova nei riferimenti bibliografici l'indicazione della documentazione archivistica e storiografica che costituisce la base di dati per la stesura del testo.

Quelli citati fin qui sono esempi di marchi di storicità.

Assolvono a diverse funzioni:

• autorizzano il lettore a collocare immediatamente la tipologia della narrazione fra le opere storiche;

• conducono il lettore al di fuori del testo stesso, indicando una realtà esterna alla narrazione stessa, se non addirittura extratestuale: segnalano che la narrazione in cui sono inseriti non aspira all'autosufficienza. Certificano

---

17. *Ibid.*, p. 185.

l'intenzione dell'autore di concedere al lettore la possibilità di uscire dal testo;

• consentono quelle operazioni che dovrebbero permettere di:
  • verificare le affermazioni;
  • riprodurre gli atti conoscitivi di cui tali affermazioni costituiscono il risultato.

Insomma, per K. Pomian, «una narrazione si presenta come storica quando mostra chiaramente l'intenzione di sottoporsi a un controllo della propria conformità a quella ormai trascorsa realtà extratestuale di cui tratta».[18]

I marchi di storicità valgono anche per i manuali scolastici di storia, racconti storici a tutti gli effetti.

Nella copertina e quarta di copertina di manuali e sussidiari si trovano indicazioni sulla disciplina, autori, casa editrice, livello scolare... Così come, all'interno del testo, frequenti sono le riproduzioni di fonti a sostegno del racconto storico, note e schede bibliografiche con riferimento ai temi trattati.

I libri di storia (e di finzione) hanno una storia

Abbiamo parlato dell'identità di RS e RF e di come sia possibile riconoscere differenze e analogie.

Un'identità che all'interno del medesimo genere (esaminiamo qui il racconto storico) è mutevole e cambia nel tempo: l'analisi della scrittura storica ci aiuta a comprendere meglio anche la storicità della sua forma (e della sua sostanza). Gli storici e le storiche hanno modificato nel tempo la loro scrittura del passato: un cambiamento che è legato al modo stesso di pensare e dunque rappresentare il passato e di trovare le parole giuste e coerenti per dirlo.

18. K. Pomian, *Che cos'è la storia...* op. cit., p. 20.

79

Non è qui possibile approfondire la questione della storia della storiografia, tema peraltro ampiamente indagato (alcuni riferimenti nella nota bibliografica finale). Interessa piuttosto sottolineare che possiamo far comprendere questo aspetto a studenti e studentesse a partire da un'analisi comparata dei manuali scolastici e della loro scrittura.

Farò due esempi relativi a:

* *la scuola primaria*: con riferimento al tema della preistoria nel sussidiario di Luigia Morrosu, *Frutti d'oro*, Torino, Paravia (1952) per la classe terza elementare:

«I primi uomini che abitarono sulla terra vivevano come le bestie. Mangiavano i frutti delle piante selvatiche e le carni crude degli animali che riuscivano a uccidere; non avevano vestiti e dormivano nelle caverne dei monti.

Però essi, a poco a poco, coll'intelligenza e col lavoro, si costruirono qualche utensile di pietra e di legno, qualche ciotola di fango seccata al sole.

Per migliaia, forse per milioni di anni, furono di pietra quasi tutti gli oggetti usati dall'uomo: coltelli, punte di lance, martelli, ascie. Appunto per questo i primissimi tempi dell'uomo primitivo prendono il nome di età' della pietra.

I primi uomini sostennero terribili lotte contro le bestie feroci per non essere sbranati e distrutti da esse.

I morti venivano sepolti sotto terra o anche chiusi entro caverne, perché gli animali non li divorassero.»[19]

* *la scuola secondaria di secondo grado*: con riferimento al tema della shoah nel volume 3 *Il cammino dell'uomo*, di A. Saitta:

«La Germania domina ormai su più di metà del continente europeo, applicandovi il più spietato e sistematico terrorismo: gli Ebrei, ma non soltanto essi, sono deportati in massa, torturati, seviziati, infine uccisi con

---

19. L. Morrosu, *Frutti d'oro. Sussidiario per la terza classe elementare*, Torino, Paravia, 1952, p. 140.

raffinato sadismo nei campi della morte di Buchenwald, di Dachau, di Mauthausen. [...]
Il nazionalsocialismo non era altro che il fascismo tedesco, anzi un fascismo più conseguente e più duro di quello italiano, profondamente antisemita e spiritualmente pagano: giunto al potere con mezzi legali, esso impresse all'hitlerizzazione della Germania un corso più rapido di quel che avesse subito l'Italia per diventare fascista.»[20]

Non credo sia necessario commentare: proponendo a ragazzi/ragazze di oggi lo smontaggio di questi (o simili) materiali e il confronto con i manuali in adozione oggi, si può far comprendere, in modi propri ai diversi livelli scolari, la storicità del racconto storico, dei suoi contenuti e delle sue forme. A partire naturalmente da sussidiari e manuali in adozione.

Ed è sufficiente ricordare come sia opportuno e proficuo ragionare in classe sui cambiamenti che analogamente le forme del racconto finzionale hanno subito nel tempo, per poi analizzare come reciprocamente RS e RF si siano contaminati e condizionati.

Le regole del pensare storicamente

Abbiamo fino ad ora cercato di capire le regole per costruire un testo che possiamo definire storico. E nell'analisi contrastiva con il racconto di finzione mettere in luce caratteristiche specifiche e distintive, accanto a debiti, prestiti, contaminazioni.

Le regole non sono solo quelle legate alla coerenza rispetto a un genere discorsivo dato, norme linguistiche: sono anche regole del pensiero che produce quel tipo di discorso. Regole del sapere storiografico.

20. A. Saitta, *Il cammino umano. Corso di storia ad uso dei licei*, Volume terzo, Firenze, La Nuova Italia, 1967, p. 568.

Ritorniamo a K. Pomian e alle sue riflessioni sui testi di storia.

Per lo storico polacco tre sono le esigenze a cui deve rispondere un'opera storica: far saper, far comprendere, far sentire il passato: il testo storico esemplare è quello che le soddisfa in modo equilibrato.

In particolare, sostiene Pomian, per conferire al passato quella qualità che lo rende nostro, per farcelo sentire tale al massimo grado, bisogna restituirne, se possibile, anche la dimensione visibile, arrivare cioè ad una descrizione di quanto si offriva allora allo sguardo; inoltre è necessario rendere la dimensione del vissuto, arrivando ad una descrizione degli stati affettivi prodotti nei protagonisti di allora di quello spettacolo a cui in una maniera o nell'altra partecipavano quotidianamente.[21]

E per restituire queste due dimensioni risulta inevitabile il ricorso alla finzione.

Ogni resto del passato che utilizziamo per ricostruirlo e rappresentarlo è inevitabilmente frammentario, lacunoso, decontestualizzato:

«frammentario perché ci perviene a pezzi; lacunoso perché quei pezzi, anche riuniti, da soli non permettono mai di ricostituire quella totalità di cui facevano parte; e decontestualizzato per il semplice fatto che essi si trovano immersi in un ambiente diverso da quello originario».[22]

Se vogliamo colmare queste lacune e consegnare al lettore anche la dimensione del visibile e del vissuto dei fatti del passato non rimangono che «l'inferenza per analogia e l'immaginazione,

21. K. Pomian, *Che cos'è la storia...* op. cit., p. 39.
22. *Ibid.*, p. 40.

chiamata a colmare l'inevitabile silenzio delle fonti e permettere allo storico di entrare nei panni dei personaggi».[23] Considerazioni analoghe svolge lo storico francese George Duby. Dopo aver raccolto le informazioni attraverso le fonti, lo storico, sostiene Duby, deve procedere alla loro elaborazione, deve costruire con questi mattoni un intreccio e dunque una narrazione che si concretizzano inevitabilmente in un testo. Entrano qui in gioco in modo decisivo la personalità e la soggettività dello storico:

«Il fatto è che bisogna pure colmare i vuoti. In effetti, i documenti sono sempre lacunosi. Tra i punti fermi che sono le tracce, i documenti, ci sono sempre dei buchi. L'intervento personale è inevitabile persino quando la documentazione abbonda, poiché bisogna smistare, separare dalla massa gli elementi significativi. In ogni modo, lo storico è tenuto a imbastire l'intreccio poiché, lo si è visto, ogni esposizione storica è un racconto. Per farlo, egli deve usare la propria cultura e la propria immaginazione. Deve mettere del suo, come si suol dire: il suo compito è di animare i frantumi che sono sparsi davanti a lui, e la vita che dà loro è la propria e l'afflato che rianima le ceneri è il suo. Quando si scrive la storia non si sfugge mai al soggettivo. Il sogno che alimentava il positivismo era illusorio, e l'obiettività irraggiungibile, inesorabilmente.»[24]

Secondo Duby, la scrittura e quindi il modo di scrivere, lo stile del testo storico sono fondamentali perché

«[...] dopo aver imbastito l'intreccio, cioè la dimostrazione di ciò che gli hanno insegnato i documenti esaminati [...], è necessario che lo storico costringa il suo interlocutore, lettore o ascoltatore che sia, a condividere la sua convinzione; che lo costringa anche a condividere le emozioni che ha provato davanti alle informazioni da lui scoperte e raggruppate.»[25]

23. *Ibidem*.
24. G. Duby, *Scrivere storia*, in A. Asor Rosa (a cura di), *La scrittura e la storia. Problemi di storiografia letteraria*, Firenze, La Nuova Italia, 1995, p. 47.
25. *Ibidem*.

L'invenzione, l'immaginazione, la finzione del racconto storico, dunque, come elementi strutturalmente connessi alla sua elaborazione, pezzi inevitabili della sua scrittura per varie ragioni:

- colmare i vuoti delle fonti, la frammentarietà e la balbuzie della documenti, per costruire un intreccio e una narrazione;
- convincere il lettore ad aderire alla rappresentazione del passato contenuta in quella narrazione;
- condividere l'emozione dell'incontro/scoperta di quel passato.

Lo storico, allora, è come il romanziere e il poeta? Sì e no. Puntualizza ancora Duby:

«L'etica del mestiere lo costringe ad arginare la sua immaginazione, a non lasciarsi trascinare, a non allontanarsi dalle prove, a non sbilanciarle. È su di esse, nel loro insieme, che ha l'obbligo di basare il suo discorso, il quale, a differenza del romanzo, include necessariamente, sotto forma di citazione, implicita o esplicita, tutti i materiali che lo fondano. Gli elementi della documentazione rappresentano i mattoni dell'edificio. Lo storico ha, infine, il dovere, a ogni momento della redazione, di verificare, di giudicarsi, di controllare, di stabilire con certezza che ciò che dice corrisponde alla verità obiettiva che risiede nelle tracce da lui utilizzate.»[26]

Ritorna qui la questione, da cui siamo partiti, del confine tra storia e finzione: da una parte l'impossibilità per lo storico di inventare i fatti e il rinvio alle fonti, ai materiali, alla realtà extratestuale che ne costituiscono il presupposto; dall'altra l'impossibilità di limitarsi ai fatti, alla loro collezione, alla loro semplice riproduzione in scala uno a uno.

---

26. *Ibid.*, p. 48.

Mattoni e impalcature

Abbiamo già citato la riflessione di J. Topolski a proposito di nozioni generali che definisce «costrutti intellettuali "inventati" dagli storici, che poggiano però su informazioni dirette concernente i fatti individuali».[27] Anche qui siamo nel campo dell'invenzione: in qualche modo inevitabile se si vuole dare significato, comprensibilità, senso ai fatti.

Pomiam svolge un ragionamento per certi versi analogo: quando lo storico si muove alla ricerca delle forze impersonali e dei poteri[28] che determinano il succedersi dei fatti (si pensi a entità come nazioni, popoli, classi, per fare solo degli esempi), egli introduce elementi fittizi nel suo racconto.

Finzioni che non sono «solamente parassiti inerti» del suo racconto, ma, al contrario, svolgono un ruolo conoscitivo determinante:

«Prima di essere fine; o, più modestamente, di cui si fosse in grado di spiegare le cause di un certo percorso invece di un altro; o, più modestamente ancora, di cui si potessero scorgere i tratti distintivi dei fatti che la compongono. Ora, anche queste spiegazioni hanno svolto un ruolo euristico: hanno infatti ispirato nuovi tipi di questionari e valorizzato settori o periodi trascurati, finendo per formulare ipotesi il cui controllo ha fatto progredire le nostre conoscenze[29] smascherate e screditate, queste entità ritenute reali hanno comunque sopperito a turno al bisogno di una storia che non fosse semplicemente una collezione di fatti, ma di cui si potesse scorgere la direzione del cammino»

27. J. Topolski, *Narrare...* op. cit., p. 25.
28. Un tempo considerati agenti sovraumani (collocati nell'aldilà o nella natura), a partire dalla seconda metà del Settecento questi poteri e forze sono pensanti come immanenti alla storia. Lo storico ha il compito di portare alla luce, "chiarificare" questi contenuti latenti, identificando all'interno delle fonti le tracce immateriali della presenza di questi agenti. Crf. K. Pomian, *Che cos'è la storia...* op. cit., pp. 41 sgg.
29. K. Pomian, *Che cos'è la storia...* op. cit., p. 48.

E aggiunge:

«La storia non può fare a meno delle finzioni. E non ne può fare a meno come la costruzione di un edificio non può fare a meno delle impalcature che vengono smantellate a lavoro finito, quando l'edificio ha raggiunto un equilibrio stabile sulle proprie fondamenta. Ma con una differenza: in storia, edificio perennemente in costruzione, le vecchie impalcature vengono smontate solo per erigerne subito di nuove.»[30]

Il riconoscimento della parzialità, della provvisorietà, dell'essere la storia un edificio in «perenne costruzione» è elemento essenziale del pensare storicamente il mondo e il passato. In una costante tensione tra ricostruzione attraverso le fonti, rappresentazione di eventi e processi, comprensione e ricerca della verità.

Ancora sulle lacune

«Gli chiesero di confessare chi erano i suoi complici, se non voleva andare incontro alla tortura. Rispose: "Signor, non mi racordo d'haver raggionato". Fu fatto spogliare e visitare, per vedere – come prescrivevano i regolamenti del Sant'Uffizio – se era idoneo alla tortura. Intanto continuavano a fargli domande. Rispose: "lo ho raggionato con tanti, che hora non mi racordo". Allora lo fecero legare, e di nuovo gli chiesero di dir la verità sui propri complici. Di nuovo rispose: "Non mi racordo". Lo portarono nella camera della tortura, sempre ripetendo la solita domanda. "lo mi son pensato et imaginato, – disse, – per ricordarmi con chi io havessi raggionato, ma mai ho potuto ricordarmi". Lo prepararono al tormento della fune: "o Signor Iesu Christo, misericordia, Iesu misericordia, non so d'haver raggionato con alcuno, poss'io morire se ho scolle né compagni, ma ho letto da mia posta, o Giesu misericordia". Gli diedero una prima strappata: "o Iesu o Iesu, o povero me, o povero me". "Con chi havete raggionato" gli dissero. Rispose: "Iesu Iesu non so niente". Lo incitarono a dir la verità: "lo la direi volontieri, lasciatemi zoso che mi pensarò bene".
Allora lo fecero discendere. Rimase un po' sopra pensiero, poi: "Non so d'haver raggionato con alcuno, né so che alcuno habbi le mie opinioni,

---

30. *Ibid.*, p. 49.

et non so certo niente". Ordinarono che gli venisse data un'altra strappata. Mentre lo sollevavano in aria, disse: "Oimè oimè martire, o Signor Iesu Christo". Poi: "Signor, lasciatemi che dirò qualche cosa". Rimesso a terra, disse: "Io ho racontato al signor Zuan Francesco Montareale, dicendoli che non si sapeva qual era la buona fede". (Il giorno dopo precisò: "Il sopradetto signor Gio. Francesco mi riprese delle mie pazzie"). Non si riuscì a ottenere altro. Allora fu slegato e ricondotto in prigione. Il notaio osservò che la tortura si era svolta "cum moderamine". Era durata mezz'ora. Lo stato d'animo dei giudici, dietro la monotona ripetizione della stessa domanda, si può soltanto immaginare. Forse era quello, mescolato di noia e di disgusto, testimoniato negli stessi anni dal nunzio Bolognetti, allorché a proposito del Sant'Uffizio lamentava "il fastidio di star a sentire l'inettie di molti mentre si scrivono di parola in parola, spetie di tortura a chi non è impastato di sola flemma". L'ostinato silenzio del vecchio mugnaio doveva apparir loro incomprensibile.»[31]

Protagonista di questa storia è Domenico Scandella, detto Menocchio, un mugnaio friulano del '500 processato e condannato a morte dall'Inquisizione.

Lo storico Carlo Ginzburg ne ricostruisce idee e atteggiamenti in un libro Il formaggio e i vermi che è anche il tentativo di «(...) riscostruire un frammento di quella che si è soliti chiamare "cultura popolare delle classi subalterne", o anche "cultura popolare"».[32]

Ma, precisa Ginzburg, Il formaggio e i vermi non si limita a ricostruire una vicenda individuale: la racconta.

Un esempio della qualità della sua scrittura lo abbiamo letto poco sopra: c'è un narratore che narra una storia, un protagonista, ci sono le sue parole, ci sono altri personaggi (i giudici, i torturatori, il notaio, il signor Zuan Francesco Montareale...), un luogo, le azioni che si svolgono secondo un

31. C. Ginzburg, Il formaggio e i vermi. Il cosmo di un mugnaio del '500, Torino, Einaudi, 1976, p. 129.
32. Ibid., p. X.

copione (quello della tortura), un contesto (i processi d'Inquisizione cinquecenteschi), un punto di vista.[33] C'è una scrittura (è ovvio), con uno stile, un ritmo, un respiro che rendono visibili e comprensibili gli elementi dell'elenco precedente e altri ancora. E ci sono i vuoti, i silenzi, i limiti oltre i quali il narratore non può andare: lo stato d'animo del protagonista e quello dei giudici, ad esempio.

Nella pagina citata abbiamo un bell'esempio di quella che Pomian ha chiamato «l'inferenza per analogia e l'immaginazione»: "Lo stato d'animo dei giudici, dietro la monotona ripetizione della stessa domanda, si può soltanto immaginare. Forse era quello, mescolato di noia e di disgusto testimoniato negli stessi anni dal nunzio Bolognetti [...]»,[34] E "il forse" che introduce la considerazione dello storico narratore è un segnale della cautela con cui bisogna leggere le righe che seguono.

«Prima di cominciare a scrivere *Il formaggio e i vermi* avevo rimuginato a lungo sui rapporti tra ipotesi di ricerca e strategie narrative (la lettura recente degli *Exercices de style* di Queneau aveva fortemente acuito la mia disponibilità alla sperimentazione). Mi ero proposto di ricostruire il mondo intellettuale, morale e fantastico del mugnaio Menocchio attraverso la documentazione prodotta da coloro che l'avevano mandato sul rogo. Questo progetto per certi versi paradossale *poteva* tradursi in un racconto che trasformasse le lacune della documentazione in una superficie levigata. Poteva, ma evidentemente non doveva: per motivi che erano al tempo stesso di ordine cognitivo, etico, estetico. Gli ostacoli frapposti alla ricerca erano elementi costitutivi della documentazione, e quindi dovevano diventare parte del racconto; così come le esitazioni e i silenzi del protagonista di fronte alle domande dei suoi persecutori - o alle mie. In questo modo le ipotesi, i dubbi, le incertezze diventavano parte della narrazione; la ricerca della verità

33. «Mi ero messo a studiare processi d'Inquisizione cercando di ricostruire oltre agli atteggiamenti dei giudici, quelli degli uomini e delle donne accusati di stregoneria» in C. Ginzburg, "Microstoria: due o tre cose che so di lei", in C. Ginzburg, *Il filo e le tracce. Vero falso finto*, Feltrinelli, Milano, 2006, p. 254.
34. C. Ginzburg, *Il formaggio e i vermi...* op. cit., p. 129.

diventava parte dell'esposizione della (necessariamente incompleta) verità raggiunta. Il risultato poteva essere ancora definito "storia narrativa"? Per un lettore che avesse un minimo di familiarità con i romanzi novecenteschi la risposta era ovvia.»[35]

Qui i limiti e i vuoti (inevitabili) della documentazione e delle fonti non vengono nascosti e riempiti dentro e attraverso la narrazione dalla storia e del suo processo di levigazione,[36] ma diventano pezzi del racconto stesso. Elementi di una strategia narrativa, di una scrittura, di una cifra anche formale che è quella stessa della letteratura del secolo scorso.

E sempre Ginzburg, ricorda come Marcel Proust, Virginia Woolf, Robert Musil abbiano scardinato l'egemonia del romanzo ottocentesco e la «figura dello storico-narratore onnisciente, che squaderna i minimi particolari di un evento o le motivazioni recondite che ispirano i comportamenti degli individui, dei gruppi sociali o degli stati».[37]

Ma c'è un altro elemento decisivo: il rapporto con la verità (storica) che la narrazione (storica) intrattiene con il suo oggetto (il passato). Narrazione che non si esaurisce in una dimensione testuale, sconnessa dalla realtà fattuale e spogliata di uno specifico valore conoscitivo.

Ricostruendo l'atteggiamento degli studiosi italiani di microstoria (genere storiografico a cui appartiene anche *Il formaggio e i vermi*) alla fine degli anni settanta del secolo scorso, Ginzburg annota come si fondasse

«[...] sull'acuta consapevolezza che tutte le fasi che scandiscono la ricerca sono costruite, e non date [in corsivo nel testo]. Tutte: l'identificazione dell'oggetto e della sua rilevanza; l'elaborazione delle categorie attraverso cui viene analizzato; i criteri di prova; i moduli

35. C. Ginzburg, "Microstoria: due o tre cose che so di lei", op. cit., p. 256.
36. «Trasformando un torso in una statua compiuta», *ibid.*, p. 313.
37. *Ibid.*, p. 256.

stilistici e narrativi attraverso cui i risultati vengono trasmessi al lettore. Ma quest'accentuazione del momento costruttivo inerente alla ricerca si univa a un rifiuto esplicito delle implicazioni scettiche (post-moderne, se si vuole) così largamente presenti nella storiografia europea e americana degli anni ottanta e dei primi anni novanta.»[38]

Il mondo raccontato dagli storici non è un mondo immaginario: è un mondo possibile del quale è possibile conoscere alcuni elementi. Esiste un principio di realtà e non solo di finzione che consente alla storiografia di produrre conoscenze sul passato. In un processo mai concluso di avvicinamento e approssimazione alla verità che ogni rappresentazione del passato esibisce.

La verità della storia. E i suoi limiti

Afferma lo storico francese Marrou

«[…] Non puro oggettivismo, e neanche un soggettivismo radicale; la storia è allo stesso tempo percezione dell'oggetto e avventura spirituale del soggetto conoscente. Essa insomma si risolve nel rapporto

$$H = P/p^{39}$$

che si stabilisce tra due piani della realtà umana: quello del Passato, ovviamente, ma anche quello costituito dal presente storico, che pensa e si muove nella sua prospettiva esistenziale, con il suo orientamento, la sua sensibilità, le sue attitudini e, ancora, i suoi limiti, le sue chiusure (non sarò mai capace di cogliere e di capire certi aspetti del passato, e proprio perché sono "io" e non un "altro"). Se, necessariamente, in questa conoscenza si manifesta alcunché di soggettivo, di relativo alla mia situazione esistenziale, ciò non impedisce che, contemporaneamente, essa possa essere autentica percezione del passato.»[40]

---

38. *Ibid.*, p. 266.
39. H = storia (histoire); P= passato; p = presente.
40. H. I. Marrou, *La conoscenza storica*, Il Mulino, Bologna, (1954), 1988, p. 227-228.

Per esemplificare questo assunto, Marrou cita il caso della storia romana e delle "immagini" elaborate in epoche e tempi diversi dagli storici: da S. Agostino, a Gibbon, a Mommsen per arrivare a Rostovtsev. Le "immagini" non sono ovviamente identiche e sovrapponibili: esaminandole ex post possiamo individuare gli elementi "oggettivi" e quelli "soggettivi" espressione delle singole personalità.

«Se si considera ad esempio la rievocazione del passato romano nella *Città di Dio*, non è difficile scorgerne il carattere soggettivo, facilmente riferibile alla prospettiva esistenziale a S. Agostino (il suo lavoro è dominato da una duplice preoccupazione polemica, contro i suoi contemporanei pagani e contro i seguaci dell'eresia di Pelagio); considerazione, questa, che mentre mi permette di assumere un atteggiamento critico di fronte alla sua testimonianza, non mi impedisce di servirmene; con le necessarie precauzioni, la *Città di Dio* mi è utile egualmente per la storia di Roma antica (nella misura in cui il mio esame critico mi permette di stabilire che S. Agostino, in un certo modo e entro certi limiti, l'abbia realmente conosciuta) e per quella di S. Agostino e del tempo in cui visse.»[41]

Ritorniamo per un momento a Menocchio e alla sua vicenda. Ecco come finisce la storia raccontata da C. Ginzburg

«Resistere a pressioni così forti era impossibile: e di lì a poco Menocchio fu ucciso. Lo sappiamo con certezza dalla deposizione di un certo Donato Serotino, che il 6 luglio 1601 disse al commissario dell'inquisitore del Friuli di essersi trovato a Pordenone poco dopo che vi era "stato giustitiato per il Santo Oflicio... il Scandella", e di avervi incontrato un'ostessa da cui aveva saputo che "in detta villa... era un certo huomo che era nominato Marcato, o vero Marco, qual teneva che morto il corpo fusse morta ancho l'anima".

41. *Ibid.*, p. 229.

Di Menocchio sappiamo molte cose. Di questo Marcato, o Marco – e di tanti altri come lui, vissuti e morti senza lasciare tracce – non sappiamo niente.»[42]

Ragionando di storia e sulla storia a scuola, e dunque sul valore conoscitivo che questo sapere pretende di avere sul passato e sul tempo, sui paradigmi e le procedure impiegati per produrlo, sulla specificità di questo codice a differenza di altri approcci al reale e/o all'immaginario, indispensabile, a mio avviso, è anche la riflessione e la consapevolezza dei limiti e delle impossibilità di questo stesso sapere.

Un esercizio che educa al rigore della ricerca e al tempo stesso all'umiltà necessaria per realizzarla fino in fondo: comprendere (anche) di non sapere niente è un grande apprendimento. Che la storia può aiutare ad apprendere.

Lasciamo ancora una volta la parola a C. Ginzburg e a Walter Benjamin da lui citato

«Ma Menocchio è anche il frammento sperduto, giuntoci casualmente, di un mondo oscuro, opaco, che solo con un gesto arbitrario possiamo ricondurre alla nostra storia. Quella cultura è stata distrutta. Rispettare in essa il residuo d'indecifrabilità che resiste a ogni analisi non significa cedere al fascino idiota dell'esotico e dell'incomprensibile. Significa semplicemente prendere atto di una mutilazione storica di cui in un certo senso noi stessi siamo vittime. "Nulla di ciò che si è verificato va perduto per la storia", ricordava Walter Benjamin. Ma "solo all'umanità redenta tocca interamente il suo passato". Redenta, cioè liberata.»[43]

Ripensati in chiave didattica le considerazioni fin qui svolte ci possono servire per avviare con studenti e studentesse una riflessione sullo statuto epistemologico del sapere storico, sulle caratteristiche della conoscenza del passato, sulle condizioni e le regole di produzione di quella conoscenza, sui suoi limiti e

42. C. Ginzburg, *Il formaggio e i vermi...* op. cit., p. 148.
43. *Ibid.*, p. XXV.

possibilità, sul rapporto con la verità. Che non è mai raggiunta definitivamente, ma sempre parziale e revisionabile.[44]

Conoscenza revisionabile perché soggetta a critica in quanto obbligata (per statuto) a dimostrare le "prove" e gli argomenti a sostegno delle sue affermazioni, in un confronto di paradigmi, tesi, confutazioni. In un esercizio di democrazia.

«Entrambi i generi – narrativa e storiografia – trasmettono una qualche verità umana, ma ciascuno segue differenti regole del gioco. Quello che distingue la narrativa dalla storiografia, è che quest'ultima, a differenza della prima, scommette di poterlo fare avvalendosi di notizie verificate e verificabili.»[45]

Quando parliamo di competenze relative alla cultura storica e al metodo storico come traguardi formativi a scuola, credo

44. «Nessuno può ragionevolmente negare che Hitler e Anna Karenina siano due tipi di entità diverse, con uno statuto ontologico diverso. Però dobbiamo ammettere che molte volte anche i nostri asserti storici siano proprio come quelli sui personaggi romanzeschi: gli studenti che scrivono nel tema di storia contemporanea che Hitler si è suicidato in un bunker a Berlino non riferiscono qualcosa che conoscono per esperienza diretta ma stanno semplicemente ammettendo che così sta scritto nei loro libri di storia. In altre parole, salvo giudizi dipendenti dalla mia esperienza diretta (del tipo sta piovendo) tutti i giudizi che posso pronunciare sulla base delle mie conoscenze culturali dipendono da informazioni registrate su una enciclopedia, dalla quale apprendo sia la distanza del Sole dalla terra sia il fatto che Hitler è morto in un bunker a Berlino. Siccome non ero là a controllare se fosse vero, dò fiducia a queste informazioni perché ho delegato a studiosi specializzati sia le informazioni sul Sole che quelle su Hitler. Inoltre ogni verità dell'enciclopedia è aperta alla revisione. Se abbiamo una mente scientificamente aperta dobbiamo essere pronti a scoprire un giorno nuovi documenti che ci dicono che Hitler non è morto nel bunker ma è fuggito in Argentina, che il suo suicidio è stato inventato per ragioni di propaganda dai russi o addirittura che il bunker non è mai esistito. Invece che Anna Karenina si sia suicidata sotto un treno non può e non potrà mai essere posto in dubbio». U. Eco, "La verità? È solo nella finzione", in *La Repubblica*, 30 giugno 2009, http://ricerca.repubblica.it/repubblica/archivio/repubblica/2009/06/30/la-verita-solo-nella-finzione.html (consultato il 5 maggio 2017).
45. P. Brunello, "Narrativa e storiografia: scrittura fiction e scrittura non fiction", in Paola Lotti ed Elena Monari (a cura di), *Incroci di linguaggi. Rappresentazioni artistiche del passato nella didattica della storia*, Milano, Mnamon, 2016, p. 100.

opportuno ricordare anche questi aspetti. E il confronto tra racconti storici e di finzione a me pare sia una buona strategia comparativa per arrivare a questo risultato. In un processo virtuoso tra distinzioni e indistinzioni.

«Gli storici, scrisse Aristotele (*Poetica*, 51b), parlano di quello che è stato (del vero), i poeti di quello che avrebbe potuto essere (del possibile). Ma naturalmente il vero è un punto d'arrivo, non un punto di partenza. Gli storici (e, in modo diverso, i poeti) fanno per mestiere qualcosa che è parte della vita di tutti: districare l'intreccio di vero, falso, finto che è la trama del nostro stare al mondo.»[46]

Un punto di arrivo, appunto: per districare l'intreccio che è parte della vita di tutti.

Anche a scuola.

46. *Ibid.*, p. 13.

Bibliografia

W. Benjamin, *Sul concetto di storia*, a cura di G. Bondola e M. Ranchetti, Torino, Einaudi, 1997.

M. Bloch, *Apologia della storia, o Mestiere dello storico* (1949), Torino, Einaudi, 2009.

P. Brunello, "Narrativa e storiografia: scrittura fiction e scrittura non fiction", in Paola Lotti ed Elena Monari (a cura di), *Incroci di linguaggi. Rappresentazioni artistiche del passato nella didattica della storia*, Milano, Mnamon, 2016

P. Burke (a cura di), *La storiografia contemporanea*, Roma-Bari, Laterza, 2000.

M. de Certeau, *La scrittura della storia* (1975), ed. it. a cura di S. Facioni, Milano, Jaka Book, 2006.

L. De Federicis, *Letteratura e storia*, Roma-Bari, Laterza, 1998.

A. d'Orsi, *Piccolo manuale di storiografia*, Milano, B. Mondadori, 2002.

U. Eco, *Lector in fabula. La cooperazione interpretativa nei testi narrativi*, Milano, Bompiani, 1979.

U. Eco, *I limiti dell'interpretazione*, Milano, Bompiani, 1990.

G. Genette, "Racconto di finzione, racconto fattuale", in *Finzione e dizione* (1991), Parma, Pratiche editrice, 1994, pp. 55-76.

C. Ginzburg, "Prove e possibilità. In margine a *Il ritorno di Martin Guerre* di Natalie Zemon Davis", in Natalie Zemon Davis, *Il ritorno di Martin Guerre. Un caso di doppia identità nella Francia del Cinquecento* (1982). Con una postfazione di Carlo Ginzburg, Torino, Einaudi, 1984.

C. Ginzburg "Decifrare uno spazio bianco", in *Rapporti di forza. Storia, retorica, prova*, Milano, Feltrinelli, 2000.

C. Ginzburg, "Microstoria: due o tre cose che so di lei", in C. Ginzburg, *Il filo e le tracce. Vero falso finto*, Milano, Feltrinelli, 2006, pp.241-269.

M. Gusso, "Le opere d'arte come fonti. Alcuni esempi: testi letterari, canzoni, film", in Paola Lotti ed Elena Monari (a cura di), *Incroci di linguaggi. Rappresentazioni artistiche del passato nella didattica della storia*, Milano, Mnamon, 2016, pp. 15-34.

R. Koselleck, Storia. *La formazione del concetto moderno* (1975), Bologna, Cleub, 2009.

R. Koselleck, *Futuro passato. Per una semantica dei tempi storici* (1979), Genova, Marietti, 1986.

Le Débat, *L'Histoire saisie par la fiction*, n. 165, maggio-agosto, 2011.

H. I. Marrou, *La conoscenza storica* (1954), Il Mulino, Bologna, 1988.

M. Martinat, *Tra storia e fiction. Il racconto della realtà nel mondo contemporaneo*, Milano, et.al. edizioni, 2013.

I. Mattozzi, "Che cosa si può fare apprendere con la storia rappresentata artisticamente? Tre esempi", in Paola Lotti ed Elena Monari (a cura di), *Incroci di linguaggi. Rappresentazioni artistiche del passato nella didattica della storia*, Milano, Mnamon, 2016, pp. 53-82.

K. Pomian, "Storia e finzione" in *Che cos'è la storia* (1999), Milano, B. Mondadori, 2001.

P. Rossi (a cura di), *La teoria della storiografia oggi*, Milano, Il Saggiatore, 1983.

J. Topolski, "I caratteri fondamentali del racconto storico", in *Narrare la storia. Nuovi principi di metodologia storica*, Milano, B. Mondadori, 1997.

P. Veyne, *Come si scrive la storia. Saggio di epistemologia* (1970), Roma-Bari, Laterza, 1973.

H. V. White, *Retorica e storia*, Napoli, Guida, 1978.

H. V. White, *Forme della storia. Dalla realtà alla narrazione*, Roma, Carocci, 2006.

N. Zemon Davis, "Il tempo della narrazione" in *Storie di archivio*, Torino, Einaudi, 1992.

PARTE SECONDA
Come insegnare ad apprendere e scrivere storia con testi storiografici e testi di finzione

Apprendere e far apprendere con testi storiografici e con le opere artistiche a sfondo storico

di *Ivo Mattozzi*

Apprendere con testi storiografici e con le opere artistiche

Come vedete dal titolo ho escluso la parola insegnare e ho messo in testa apprendere. Chi deve apprendere prima di insegnare e far apprendere siamo noi docenti. Apprendere conoscenze migliori, aggiornate; apprendere come comunicarle; apprendere come trattarle nei processi di insegnamento e di apprendimento è una condizione del lavoro docente. Le conoscenze si apprendono grazie ai testi che le comunicano.

Ci hanno insegnato che le conoscenze storiche da insegnare sono nei libri di testo, nei manuali. Dobbiamo scrollarci di dosso questo pregiudizio. Le conoscenze storiche possono essere apprese da una varietà di testi: quelli degli storici accademici, quelli divulgativi e quelli di finzione.

Quale può essere il vantaggio di apprenderle da testi divulgativi e da testi di finzione? A questa domanda provo a dare risposta.

Inizio dalla considerazione che ci sono storici che si sono messi alla scuola dei romanzieri ed hanno migliorato il loro modo di concepire la storia grazie alle tematizzazioni e ai modelli comunicativi di romanzieri che hanno rappresentato storie in corso o fenomeni del passato.

Ma prima di iniziare la rassegna dei rapporti tra storiografia e narrazione artistica della storia, occorre mettere in chiaro la polisemia della parola storia.

La polisemia della parola "storia"

Per pensare la formazione storica occorre tenere presente tale polisemia. Essa diventa un'attrezzatura che rende più agevole comprendere il rapporto tra mondo attuale e passato.

"Storia" implica sia la storia fatta, effettivamente svolta e subita da gruppi umani, sia la rappresentazione dei fatti del passato prodotta nell'ambito della storiografia da storici specializzati. Ma con *"storia"* indichiamo anche la serie dei fatti che sono tramate dalle narrazioni artistiche.

La prima differenza è già stata elaborata nell'antichità (basti ricordare la distinzione ciceroniana "res gestae/historia rerum gestarum"), ma non assunta come rilevante nell'epistemologia e nell'educazione storica. E, invece, essa è molto importante per comprendere il gioco delle rappresentazioni storiche o artistiche e rilevare le carenze delle prime e le potenzialità delle seconde.

Nel passato si sono svolte concatenazioni di fatti che hanno prodotto processi. Ad esse diamo il nome di storie. I processi hanno potuto generare trasformazioni che hanno plasmato il mondo o parti di esso. Prendiamo due casi davvero esemplari: quello della storia geologica della Terra e quello dell'evoluzione umana o ominazione. Nel primo caso i processi si sono svolti nell'arco di miliardi di anni ed hanno prodotto gli sconvolgimenti che segnano tuttora la fisica e la chimica del mondo. Nel secondo caso i processi si sono svolti in milioni di anni ed hanno portato alla formazione della specie che chiamiamo Homo sapiens, che dura tuttora negli oltre 7 miliardi di persone, che compongono l'umanità. C'è, dunque, una effettiva connessione tra passato e presente, tra processi storici effettivamente svoltisi e mondo attuale, nel senso che senza di essi non avremmo la Terra e l'umanità che conosciamo. La loro conoscenza è un elemento indispensabile alla comprensione del mondo.

Ma la rappresentazione scientifica di essi è stata realizzata solo nella prima metà del XIX secolo, dopo un conflitto interpretativo di tracce dei processi reali (fossili vegetali e animali) che è durato vari secoli. Prima i popoli ebraico e cristiano si contentavano della rappresentazione biblica della creazione del mondo e attribuivano alla Terra e all'umanità appena qualche migliaio di anni.

Anche la interpretazione di oggetti già noti come tracce di processi svoltisi nel passato e le costruzioni di conoscenze costituiscono un processo storico la cui conoscenza è molto rilevante ai fini della comprensione del mondo attuale, della costituzione di nuove discipline (come geologia e paleontologia), dell'ampliamento del patrimonio culturale (musei e siti di scienze naturali e di paleontologia ecc.).

Questi casi ci fanno capire che la storia/storiografia non coincide con il passato, non rappresenta tutti i fatti del passato. Non ci riesce perché ignora le tracce, oppure perché è incapace di tematizzare i fatti.

Nel primo secolo della storiografia professionale c'è stato uno scarto grande tra gli oggetti delle rappresentazioni storiografiche e la inesauribile miriade di processi effettivamente svolti.

E lo scarto è dipeso dai limiti e dai pregiudizi degli storici che hanno stabilito recinzioni tematiche molto rigide. Essi hanno dato rilevanza solo alle serie degli eventi politici, istituzionali, diplomatici, bellici. I fatti del passato (stati di cose e processi) che non potevano essere inclusi in tali categorie non erano degni di essere presi in considerazione dalla storiografia professionale.

Così, nel regime di delimitazione tematica della storiografia la rappresentazione artistica del passato ha preso in considerazione fenomeni esclusi dalla storia.

È, dunque, importante ricostruire quale siano state la divaricazione e le interferenze tra rappresentazioni finzionali del passato storico e le rappresentazioni prodotte da storici.

Romanzieri che insegnano a rappresentare la storia

Il romanzo storico all'origine della storiografia professionale

Il secolo XIX è stato definito il secolo della storia, quello in cui si è inventata la storiografia come disciplina professionale e in cui si è diffusa la passione per la conoscenza del passato. Ma all'origine dell'invenzione e della passione non ci furono le opere degli storici, bensì i romanzi di ambientazione storica, quelli scritti da Walter Scott nel secondo e nel terzo decennio del secolo. Essi aprirono due vie alla storia: ispirarono altri romanzieri a scrivere racconti a sfondo storico e suscitarono l'interesse alla ricerca storica svolta con metodo.

Leopold von Ranke – considerato il creatore della storiografia realizzata metodicamente – rivelò il suo debito verso i romanzi di Scott. Era professore di latino e greco in una scuola secondaria e si appassionò ai romanzi che facevano conoscere vicende inscenate nel Medioevo e nel Rinascimento.

Nella sua autobiografia

«racconta come per la prima volta ebbe coscienza della sua vocazione di storico. Da giovane i romanzi storici e romantici di Walter Scott lo avevano assai attratto. Li aveva letti con vivo interesse, ma si irritò per certi particolari, ad esempio per il fatto che in Walter Scott la descrizione del conflitto fra Luigi XI e Carlo II Temerario era in flagrante contraddizione con la verità storica.»[1]

Il romanzo in cui tali principi erano evocati era *Quentin Durward*, pubblicato in tre volumi nel 1823. Basato su fatti storici realmente avvenuti – l'assedio di Liegi e l'assassinio del vescovo Luigi di Borbone (perpetrato nel 1482 ma anticipato di qualche anno per esigenze narrative) – il romanzo, che vede come protagonista la figura inventata dell'arciere scozzese Quentin Durward, secondo l'autore doveva rappresentare la lotta tra il sistema del feudalesimo, ormai declinante, e il sorgere delle moderne monarchie nazionali, simboleggiate dal re di Francia Luigi XI.

Ma ecco come racconta la presa di distanza Ranke stesso:

«Le opere romantico-storiche di Walter Scott, che hanno trovato la loro strada in tutte le nazioni e lingue, hanno contribuito principalmente a **promuovere la partecipazione al fare e a risvegliare interesse per i tempi passati**.

Per me erano seducenti abbastanza e ho letto più di una di queste opere con simpatia vivace; ma ho anche preso distanze dalle stesse. Tra le altre cose, mi ha fatto male come in *Quentin Durward*, Carlo il Temerario e Luigi XI, fossero trattati del tutto in contrasto con la tradizione storica, anche nei dettagli. Studiai Commines[2] e i racconti del tempo riprodotti in

---

1. E. Cassirer, *Saggio sull'uomo*, Roma, Armando 2009, p. 294.
2. Storico e cronista francese (1445 circa-1511); dal 1464 al 1474 alla corte di Borgogna, fu prima scudiero di Carlo il Temerario (ancora conte di Charolais), poi inviato per missioni diplomatiche a Calais (1470), in Bretagna ed in Castiglia (1471). Ma dopo aver tentato più volte di ottenere un miglioramento di rapporti fra Carlo il Temerario ed il re di Francia Luigi XI, nell'agosto 1472 passò al servizio di quest'ultimo che non doveva mai più abbandonare. Il vero titolo di gloria del Commynes sono però i *Mémoires* in 8 libri che egli compose tra il 1489 e il 1498. L'opera, stesa per fornire all'arcivescovo di Vienne, Angelo Catone, i

appendice nei suoi libri e mi convinsi che un Luigi XI e un Carlo II Temerario quali erano stati presentati nel Quentin Durward di Walter Scott non erano mai esistiti. Lo sapeva probabilmente anche lo stesso degno e colto Autore; ma io non potevo perdonargli che nella sua rappresentazione egli abbia registrato caratteristiche che erano completamente antistoriche, e certo lui lo fece, come se ci credesse. **Facendo un confronto, trovai che la realtà storica era assai più bella e, in ogni caso, più interessante di ogni finzione romantica. Allora persi ogni interesse per quei romanzi e decisi di evitare, nelle mie opere, ogni invenzione e ogni ricostruzione arbitraria, di attenermi rigorosamente soltanto ai fatti.»**[3]

Ranke non lo dice, ma è possibile che si sia lasciato influenzare da una opera inglese scritta subito dopo l'uscita del romanzo: *Historical Illustrations of Quentin Durward, selected from the Memoirs of Philip de Comines, and other authors.*[4] L'autore intendeva segnalare i debiti che Scott aveva contratto rispetto alle *Memorie* di Commines e di altri autori, ma anche le infedeltà che si era concesso. Lo scopo principale era quello di rimarcare come il genio creativo si fosse avvalso di insignificanti aneddoti e di piccole descrizioni per dare alle sue finzioni lo spirito e la verità che la pura invenzione non avrebbe potuto conseguire.

Dunque, il narratore aveva usato le stesse fonti che userà lo storico. Ma il primo si era preso delle libertà nel trattare fatti documentati secondo le esigenze della sua vena immaginativa, mentre il secondo volle sfruttare le fonti per rappresentare "come i fatti si fossero esattamente svolti".

materiali per una storia di Luigi XI da scriversi in latino, rimane la più viva narrazione degli ultimi decenni del sec. XV. *Enciclopedia Treccani On Line*.
3. L. Ranke, *Aufsätze zur eigenen Lebens geschichte* (november 1885), a cura di A. Dove, Leipzig: Duncker und Humblot, 1890, p. 61. Riprodotta in un'edizione 2013 a cura di M. Holzinger, disponibile in formato digitale in http://www.zeno.org/Lesesaal/N/9781483959764?page=2
4. London, printed for Charles Knight, 1823.

Ma la filiera che possiamo mettere a capo dell'invenzione della storiografia come professione metodica

[romanzi storici → critica dell'immaginazione romanzesca → lavoro sulle fonti → nuovi metodi e nuova scrittura della storia → migliore idea della storia e nascita della storiografia professionale]

è esemplare anche per il nostro lavoro didattico. Ma rispetto a Ranke, noi abbiamo il vantaggio di poter dare valore anche alla rappresentazione della società che Scott proponeva e che la storiografia ottocentesca si negò per privilegiare la storia geopolitica e istituzionale e bellica.

Le differenze tra storiografia ottocentesca e narrativa romanzesca

L'ambizione di poter rivelare la società al di là delle rappresentazioni delle vicende istituzionali è condivisa dagli scrittori che romanzano la storia accertabile grazie all'opera degli storici o grazie all'uso diretto delle fonti.

Essa è affermata con molta chiarezza nel 1831 dall'autore de *Il falco della rupe*, Giambattista Bazzoni:

«Il romanzo storico è una gran lente che si applica a un punto dell'immenso quadro [tracciato dagli storici, popolato di grandi personaggi; in questo modo] ciò che era appena visibile riceve le sue naturali dimensioni; un lieve abbozzato contorno diventa un disegno regolare e perfetto, o meglio un quadro in cui tutti gli oggetti ricevono il loro vero colore.

Non più i soli re, i duci, i magistrati, ma la gente del popolo, le donne, i fanciulli vi fanno la loro mostra; vi sono messi in azione i vizii, le virtù domestiche, e palesata l'influenza delle pubbliche istituzioni sui privati costumi, sui bisogni e le felicità della vita, che è quanto deve alla fin fine interessare l'universalità degli uomini.»[5]

Il romanzo, fondato sulle rappresentazioni storiche, doveva rivelare aspetti del passato che per gli storici non erano rilevanti. Alessandro Manzoni fa dire all' interlocutore col quale finge di dialogare a proposito del suo romanzo:

«L'intento del vostro lavoro era di mettermi davanti agli occhi, in una forma nova e speciale, una storia più ricca, più varia, **più compita di quella che si trova nell'opere a cui si dà questo nome più comunemente, e come per antonomasia.** La storia che aspettiamo da voi non è un racconto cronologico di soli fatti politici e militari e, per eccezione, di qualche avvenimento straordinario d'altro genere; ma una rappresentazione più generale dello stato dell'umanità in un tempo, in un luogo, naturalmente più circoscritto di quello in cui si distendono ordinariamente i lavori di storia, nel senso più usuale del vocabolo.** Corre tra questi e il vostro la stessa differenza, in certo modo, che tra una carta geografica, dove sono segnate le catene de' monti i fiumi, le città, i borghi, le strade maestre d'una vasta regione, e una carta topografica, nella quale, e tutto questo è più particolarizzato (dico quel tanto che ne può entrare in uno spazio molto più ristretto di paese), e ci sono di più segnate anche le alture minori, e le disuguaglianze ancor meno sensibili del terreno, e i borri, le gore, i villaggi, le case isolate, le viottole.

Costumi, opinioni, sia generali, sia particolari a questa o a quella classe d'uomini; effetti privati degli avvenimenti pubblici che si chiamano più propriamente storici, e delle leggi, o delle volontà de' potenti, in qualunque maniera siano manifestate; insomma tutto ciò che ha avuto di più caratteristico, in tutte le condizioni della vita, e nelle relazioni dell'une con l'altre, una data società, in un dato tempo, ecco ciò che vi siete proposto di far conoscere, per quanto siete arrivato, **con diligenti ricerche**, a conoscerlo voi medesimo.

E il diletto che vi siete proposto di produrre, è quello che nasce naturalmente dall'acquistare una tal cognizione, e **dall'acquistarla per mezzo d'una rappresentazione, dirò così, animata, e in atto.»**[6]

5. Giambattista Bazzoni, nell'introduzione alla terza edizione del *Falco delle rupe*, 1831, cit. da C. Ginzburg, *Il filo e le tracce. Vero falso finto*, Milano: Feltrinelli 2006, pp. 305-306.
6. A. Manzoni, *Del romanzo e, in genere, de' componimenti misti di storia e d'invenzione*, Edizione di riferimento: A. Manzoni, *Scritti di teoria letteraria*, con

Sia nella presentazione di Bazzoni sia nel dialogo di Manzoni le parole che sono usate per rivendicare la differenza e la superiorità della narrazione romanzesca della storia sono: gente del popolo, donne, fanciulli, l'influenza delle pubbliche istituzioni sui privati costumi, sui bisogni e le felicità della vita, stato dell'umanità, costumi, opinioni, classi d'uomini; effetti privati degli avvenimenti pubblici, società ed esse sono contrapposte alle storie che mettono in scena solo re, duci, magistrati in un racconto cronologico di soli fatti politici e militari. Perciò la rappresentazione romanzesca dei fenomeni del passato può interessare "l'universalità degli uomini" ed è superiore a quella storiografica canonica. La divaricazione tra le due rappresentazioni è durata per tutto il secolo XIX e quella degli storici professionali di allora è diventata e rimasta canonica nell'insegnamento malgrado che correnti storiografiche abbiano ampliato e rinnovato le rilevanze tematiche ed abbiano assunto la storia sociale e la storia dal basso come centrali nella ricostruzione del passato.

La narrativa romanzesca come rappresentazione della storia in corso

Ma c'è un'altra importante conseguenza del pensare che la parola "storia" implichi la storia effettivamente accaduta. È questa: la storia effettiva si svolge nei presenti che si sono succeduti e si sta svolgendo ora, mentre noi viviamo e partecipiamo ai processi sociali o subiamo quelli che sono generati dalle decisioni dei potenti finanziari, economici, politici, religiosi oppure dall'andamento dei fenomeni naturali.

note e traduzioni a cura di Adelade Sozzi Casanova, introduzione di Cesare Segre, Rizzoli, Milano 1981; A. Manzoni, *Opere varie*, Stabilimento Redaelli dei fratelli Rechiedei, Milano 1870. È disponibile ora in formato digitale in http://www.classicitaliani.it/manzoni/prosa/manzoni_romanzo_storico_01.htm

Ad esempio, il processo di rivoluzione digitale è in corso e ciascuno di noi è un attore che contribuisce al suo svolgimento. Rispetto alla storia in corso gli storici professionali sono inibiti, pensano che debbano astenersi dal tentare di ricostruirla e rappresentarla, poiché non è ancora conclusa e non c'è ancora l'intervallo temporale per raffreddare le emozioni e il coinvolgimento che essa provoca. Ma gli autori di opere narrative non hanno tali remore. Con le loro opere rappresentano le storie che si stanno svolgendo.

Prendiamo questa dichiarazione di Balzac: «La società francese sarebbe stata lo storico, io il segretario [...]».

La frase regge meglio se la modifichiamo così: "La società francese avrebbe fatto la storia, io ne sarei stato lo storico".

Infatti, di seguito Balzac rivendica per sé il ruolo dello storico:

«Forse sarei riuscito a scrivere la storia dimenticata da tanti storici, quella dei costumi. Con molta pazienza e con molto coraggio, avrei compiuto per la Francia del secolo XIX quel libro che, purtroppo, disgraziatamente per tutti, né Roma, né Atene, né Menfi, né la Persia, né l'India ci hanno lasciato dei loro costumi.»[7]

La storia sociale e quella dei costumi sono assunti come la sostanza dei romanzi che compongono la *Comédie humaine*. Il romanzo supplisce alle carenze della storiografia. Il romanzo insegna a fare un altro tipo di storia e fa pensare la storia in corso.

«Io accordo ai fatti costanti, quotidiani, segreti o palesi, agli atti della vita individuale, alle loro cause e ai loro principi, quell'importanza che gli storici fino a quel tempo han dato agli avvenimenti della vita pubblica delle nazioni.»[8]

7. Lo scriveva nel 1842 H. de Balzac, *La commedia umana*, in *La casa del gatto che gioca a palla. Il ballo di Sceaux*, trad. it. A. Finamore, Lanciano 1914. pp. V-VI, citato da C. Ginzburg, *Il filo e le tracce*, p. 305.
8. Balzac, *La commedia umana*, pp. XII.

Balzac lanciò una sfida esplicita agli storici del proprio tempo.[9] Secondo Auerbach, in Balzac romanziere e storico convergono [...] Balzac «supera di gran lunga Stendhal nel collegamento organico fra l'uomo e la storia».[10]

E che cosa fa Jules Vallès con la sua trilogia che inserisce nella scena della storia in corso la sua infanzia, la sua vita di studente, la sua partecipazione ai movimenti insurrezionali?[11]

Dunque, sono i romanzieri che additano agli storici la opportunità e la possibilità di andare oltre il recinto tematico della storiografia tradizionale assumendo come più importante la storia sociale.

Ma anche Stendhal [...] «Attraverso un racconto basato su personaggi ed eventi inventati cercava di raggiungere una verità storica più profonda».[12]

Istruirsi con i romanzi storici

Manzoni vedeva lucidamente anche il problema dell'imparare conoscenze sul passato grazie alla lettura dei romanzi storici. Attribuisce all'immaginario lettore e interlocutore l'esigenza di poter distinguere presto le rappresentazioni storiche da quelle immaginate:

9. Ginzburg, *Il filo e le tracce*, p. 167.
10. E. Auerbach, *Mimesis*, Torino, Einaudi, 1956, pp. 169 e 175.
11. Jules Vallès è il nome da scrittore di Louis Jules Vallez (Puy-en-Velay 1832 - Parigi 1885); affiliato all'Internazionale dopo la rivoluzione del 4 settembre 1870, fu membro della Comune; fondò e diresse *Le cri du peuple*. Scrisse tre romanzi autobiografici: *L'enfant* (1879), *Le bachelier* (1881), *L'insurgé* (post., 1886).
12. Sul foglio di guardia de *Il rosso e il nero* del Fondo Bucci Biblioteca Sormani di Milano, Stendhal scarabocchiò alcune frasi: «Roma, 24 maggio 1834. Quand'ero giovane scrissi alcune biografie (Mozart, Michelangelo) che erano in qualche modo libri di storia. Mi rammarico di averle scritte. Credo che la verità nelle cose piccole come nelle grandi sia quasi irraggiungibile – almeno come *verità un po' circostanziata*. Monsieur de Tracy mi diceva: [...] la verità si può raggiungere solo nei romanzi. [...]»: Ginzburg, *Il filo e le tracce*, p. 170.

109

«Alcuni dunque si lamentano che, in questo o in quel romanzo storico, in questa o in quella parte d'un romanzo storico, **il vero positivo non sia ben distinto dalle cose inventate**, e che venga, per conseguenza, a mancare uno degli effetti principalissimi d'un tal componimento, come è quello di **dare una rappresentazione vera della storia**. Conoscere è credere; e per poter credere, quando ciò che mi viene rappresentato so che non è tutto ugualmente vero, bisogna appunto ch'io possa distinguere. E che? volete farmi conoscere delle realtà, e non mi date il mezzo di riconoscerle per realtà? Perché mai avete voluto che queste realtà avessero una parte estesa e principale nel vostro componimento? Perché quel titolo di storico, attaccatoci per distintivo, e insieme per allettamento? Perché sapevate benissimo che, nel conoscere ciò che è stato davvero, e come è stato davvero, c'è un interesse tanto vivo e potente, come speciale. [...] nasce in me tanto più vivo, più inquieto e, aggiungo, più ragionevole il desiderio di sapere se devo vederci una manifestazione reale dell'umanità, della natura, della Provvidenza, o solamente un possibile felicemente trovato da voi.

Istruzione e diletto erano i vostri due intenti; ma sono appunto così legati, che, quando non arrivate l'uno, vi sfugge anche l'altro; e il vostro lettore non si sente dilettato, appunto perché non si trova istruito.

Potrebbero sicuramente dir la cosa meglio; ma, anche dicendola così, bisogna confessare che hanno ragione.»[13]

Il lettore pretendeva un romanzo didascalico. Manzoni ovviamente non ha voluto fare de *I promessi sposi* un testo destinato a dare una istruzione storica. Nel suo come in tutti i romanzi storici di qualità le informazioni storiche sono fuse nell'intreccio romanzesco. E ne dovremo tener conto per imparare ad insegnare agli alunni a distinguere le informazioni e le rappresentazioni prodotte mediante l'uso delle tracce come fonti da quelle semplicemente immaginate dallo scrittore.

13. Manzoni, *Del romanzo e, in genere, de' componimenti misti di storia e d'invenzione*. Sul romanzo storico in Italia ecco due studi recenti: Margherita Ganeri, *Il romanzo storico in Italia: il dibattito critico dalle origini al postmoderno*, Lecce, Piero Manni 1999; Fabio Dal Busco, *La storia e la favola: il modello manzoniano nel romanzo storico contemporaneo*, Ravenna, Longo 2007.

Testi e testi: storiografici e finzionali

Tra i testi divulgativi e quelli finzionali ce ne sono di scritti male, ingarbugliati, noiosi, faticosi da leggere. In questo caso l'unico modo per usarli è quello di sottoporli ad esercizi di analisi guidata in modo da promuovere le abilità critiche e quelle comunicative. Qui io farò esempi solo di testi di buona qualità in relazione a temi di storia rilevanti e ne farò per ciascuno dei livelli scolastici: primaria, secondaria di I e di II grado.

Noi dovremmo insegnare agli alunni la procedura mentale e operativa che Ranke ha utilizzato per leggere con diletto e profitto i romanzi di Scott e per criticarli dal punto di vista storiografico. Mi direte che Ranke era un umanista già formato e colto. Ma a scuola non c'è solo l'alunno con la sue ignoranze e con le abilità in via di formazione. A scuola ci siamo noi che siamo educati e colti come Ranke quando era solo un insegnante.

L'alunno è un apprendista cognitivo e noi siamo i suoi maestri e grazie alla nostra guida e al nostro insegnamento la mente dell'alunno può funzionare come quella di Ranke.

Esempio 1. Un fumetto per far conoscere il metodo storico. Dalla invenzione del metodo storico di Ranke all'insegnamento del metodo nella scuola primaria

Offro un primo esempio a valenza doppia: il fumetto prodotto da una studentessa può essere utilizzato già nella scuola primaria; il modo della sua produzione, invece, vale per la scuola secondaria.

Ogni sussidiario di terza propone agli alunni di leggere in 4 o 6 pagine testi destinati a fargli conoscere il metodo storico. Ne ho letto parecchi ed ho constatato che in genere la rappresentazione di come la conoscenza storica viene costruita è fuorviante nella concettualizzazione di fonte e di produzione delle informazioni ed è carente di informazioni sulle operazioni che lo storico fa allo scopo di ricostruire e rappresentare fatti del passato.

Le cattive idee sul processo di costruzione della conoscenza storica si trascinano lungo gli anni di studio e gli studenti escono dalla scuola secondaria senza mai correggerle ed integrarle.

È possibile insegnare come lavora lo storico in modo corretto e con un testo non concettoso? Ha provato che è possibile una studentessa del corso di laurea in Scienze della formazione primaria della Libera Università di Bolzano, Francesca Gobber. Dopo aver conosciuto la sequenza delle operazioni di costruzione delle conoscenze storiche ha pensato di rappresentarla con un racconto finzionale elaborato a fumetti.[14]

14. Francesca Gobber ha usato "Pixton" programma on-line per la creazione di fumetti (https://www.pixton.com/it/) dopo aver frequentato il *Laboratorium zu den elektronisch gesteuerten didaktischen Technologien: Informatik* svolto dal professore: Christian Laner.

Seguono altre tre tavole in cui i dialoghi e le immagini insegnano la fasi del processo di costruzione della conoscenza storica. Ragioniamo su questo esempio. Una studentessa universitaria ha letto testi che espongono correttamente il lavoro storiografico ed ha dovuto criticare un sussidiario che lo rappresenta male. Ha colto nell'ambiente di apprendimento gli stimoli per esprimere le sue propensioni e doti comunicative. Immagina di poter trasporre le conoscenze sul metodo storico in un linguaggio adatto per piccoli lettori, un fumetto. Per realizzare la sua idea elabora la sceneggiatura o script o copione e con un programma informatico realizza una prima versione del fumetto. Lo invia al docente che – compiaciuto dell'iniziativa – ne fa una revisione e dà consigli per la seconda redazione. La studentessa accetta i consigli e realizza la seconda versione.

La volontà di elaborare l'appreso con una comunicazione grafica ha impegnato la studentessa nell'apprendimento e nella rielaborazione della conoscenza per comunicarla mediante un fumetto dedicato a piccoli lettori.

Del fumetto si potrebbe fare un uso didattico. Immaginiamo di proiettarlo su una LIM oppure di darne una copia ad ogni allievo/a della classe. Leggiamolo ad alta voce in modo che gli alunni possano capire e fare domande in caso di incomprensioni. Infine proponiamo agli alunni di mettere in ordine le attività che lo storico fa per ricostruire fatti del passato e per far conoscere il risultato del suo lavoro. L'esito dovrebbe essere un'immagine del modo di lavorare degli storici che possa diventare il nucleo generatore di un copione mentale che nel corso del curricolo gli apprendimenti renderanno più articolato e più preciso.

Dunque, l'aspirante maestra ha fatto una esperienza di trasposizione divulgativa di una conoscenza complessa e ha messo a disposizione degli alunni un racconto grafico che potrebbe agevolarne la comprensione e l'apprendimento. Ma non è finita qui. C'è stato un seguito. Infatti, nello scambio di email conseguente al progetto di uso del fumetto nella mia relazione, la studentessa mi ha scritto:

«[...] Ho trovato molto interessante la nota sull'importanza dell'aggiornamento sulle modalità retoriche della divulgazione. Personalmente, credo che i bambini siano cambiati molto e che stiano continuando a cambiare, sempre più velocemente.

Proprio per questo, penso che sia fondamentale continuare a mettersi in discussione e sperimentare modalità che possano avvicinare ed interessare i bambini alla storia, ma soprattutto che trasmettano ai bambini la giusta consapevolezza di ciò che è effettivamente questa disciplina. [...]

In questo periodo di vacanza, sto aiutando Giacomo, un bambino di dieci anni, a prepararsi alla scuola media. Durante i nostri incontri ci concentriamo principalmente sull'italiano, ma una delle ultime volte non ha resistito e **mi ha raccontato con grande entusiasmo della saga di Ramses che stava leggendo.**

Sono rimasta piacevolmente colpita dal suo racconto e soprattutto dalla sua sicurezza mentre mi spiegava i rapporti di parentela tra i personaggi. Nel suo caso, è stata proprio la lettura di questo libro che lo ha portato a ricercare autonomamente sulla civiltà egizia.

Ho letto della proposta didattica riguardo al fumetto e la trovo molto interessante. Riflettendo su ulteriori sviluppi didattici della modalità rappresentativa del fumetto, avrei pensato alla creazione di un fumetto da parte dei bambini stessi, magari in un contesto di cooperative learning, che potrebbe essere proposta dall'insegnante come un piccolo momento formativo per verificare quanto appreso dai bambini riguardo al metodo dello storico. Le auguro un buon lavoro e la ringrazio. Cordiali saluti, Francesca Gobber.»[15]

---

15. La saga di Ramses è quella narrata dall'archeologo francese Christian Jacq nei cinque libri che compongono *Il Romanzo di Ramses* pubblicato, nella traduzione italiana, dalla Mondadori. Noto che l'alunno che deve esercitarsi in italiano, giustamente ha messo in relazione la sua lettura di romanzi storici con la formazione linguistica. Sarebbe opportuno che testi storiografici e testi finzionali ad ambientazione storica fossero oggetto di attività interdisciplinari.

Un insegnamento che attiva l'interesse alla trasposizione delle conoscenze provoca l'estro creativo di una studentessa che lo mette a profitto nella soluzione di un problema didattico. E la esperienza, avvalorata dal docente, ha funzionato da volano nello stimolare l'attenzione al gusto per i romanzi storici manifestato da un bambino di 10 anni e nel fare immaginare altro possibile uso didattico del fumetto. Questa è una manifestazione di atteggiamenti competenti.

Lo studio della storia messo nella prospettiva della trasposizione ha provocato la creatività di un'altra studentessa.

Esempio 2. Quadri di una trasposizione: dal testo storiografico al documentario misto di storia e finzioni, al testo scolastico, al racconto storico finzionale

Sempre nel corso di Storia e didattica io e Maria Teresa Rabitti abbiamo proposto a studentesse e studenti di apprendere la conoscenza sulla invenzione dell'agricoltura usando il testo scritto da Fiancesca Giusti, *La nascita dell'agricoltura. Aree, tipologie, modelli*.[16] Si tratta di un testo di storia generale di alta divulgazione che rappresenta il processo di "neolitizzazione" secondo la storiografia più aggiornata e con grande cura nella rappresentazione degli ambienti e dei gruppi umani che produssero le grandi trasformazioni del periodo neolitico. Abbiamo usato anche il documentario *La Nascita Della Civiltà* nelle parti riguardanti la civiltà dei natufiani e la invenzione dell'agricoltura e dell'allevamento.[17] È misto di notizie e immagini archeologiche e di scene finzionali.

16. Roma, Donzelli 1996. Si tratta del II volume della collana *L'evoluzione umana.*
17. Presentato nella trasmissione "Ulisse" da Alberto Angela, si trova ora in Youtube segmentato in molte parti agevoli da usare a scuola poiché durano pochi minuti che si possono ridurre ulteriormente eliminando i commenti di Angela.

Noi lo abbiamo sottoposto ad analisi critica per far rilevare l'enfasi di testi sonori fuorvianti ed i contrasti delle ricostruzioni e interpretazioni del documentario con quelle lette nel libro della Giusti. Noi lo abbiamo usato per fare lezione sulla invenzione dell'agricoltura in modo da correggere le conoscenze antiquate prodotte dagli studi secondari e da mettere in guardia i futuri insegnanti contro le versioni banali e stupide di tanti sussidiari. Abbiamo proposto di usare la conoscenza appresa per sottoporre ad analisi critica il testo di un sussidiario:

«Esercitazione di analisi e critica del testo di un sussidiario che intende costruire là conoscenza della nascita dell'agricoltura.

Avete ascoltato e visto lezioni sulla nascita dell'agricoltura e avete sentito leggere il testo di Francesca Giusti. Conoscete come gli archeologi e gli storici collocano il processo di trasformazione così importante nel divenire dell'umanità e del mondo nella fascia degli ambienti del Vicino Oriente mediterraneo (o Asia sud Occidentale) chiamata anche "corridoio levantino". Avete sentito l'inizio della lezione sulla struttura del testo storico composto con molti elementi diversi organizzati grazie alle operazioni cognitive di chi li ha scritti. Sapete che la comprensione c l'apprendimento del testo richiedono l'applicazione di operazioni cognitive e l'analisi degli elementi che lo compongono.

Ora vi proponiamo di applicare quel che avete ascoltato e appreso nell'analisi del testo di un sussidiario destinato a classi di III primaria. Questo è uno dei compiti che tocca fare quando si è insegnanti: analizzare e valutare i testi scolastici, la validità delle conoscenze che vi sono comunicate, l'adeguatezza della comunicazione.

Inoltre, voi, futuri insegnanti, dovete imparare a comunicare la storia ai bambini. Questo compito comporta che voi apprendiate le modalità retoriche della divulgazione.

Per fare questo l'insegnante competente aggiorna le proprie conoscenze e poi confronta le conoscenze comunicate nel sussidiario con quelle aggiornate.

Noi vi proponiamo di agire come se foste insegnanti e di applicare le riflessioni epistemologiche, metodologiche e le conoscenze apprese all'analisi di un testo scolastico. […]»

Abbiamo poi fornito una tabella mediante la quale abbiamo guidato passo passo le mosse analitiche fornendo all'inizio esempi di come utilizzarla.

Indicatori	Testo Giusti	Testo scolastico	Commento
Tematizzazione iniziale: titolo	La nascita dell'agricoltura	Il neolitico	Il titolo del sussidiario è del tutto fuori della portata di comprensione del bambino. Invece, quello della Giusti richiama conoscenze che i bambini avrebbero dovuto acquisire in I e in II classe. Il titolo scolastico deve essere modificato. Ad es. *Il neolitico: il periodo nel quale fu inventata l'agricoltura* [un titolo suggerito da qualcuna di voi] o qualcosa di simile.
Cronologia ecc.			
Elementi spaziali ecc.			

Anche questa attività ha provocato la risposta creativa di una studentessa. Giovanna Piccinelli ha prodotto prima una trasposizione didattica del testo della Giusti, poi, addirittura, un racconto di finzione.

Ecco l'inizio del testo trasposto didatticamente.

«I cereali sono molto importanti per la nostra alimentazione: li mangiamo assieme al latte o allo yogurt a colazione, ma li usiamo anche per produrre la farina, che è contenuta in molti alimenti che consumiamo ogni giorno; mangiamo pane, pasta, biscotti o pizza quasi in ogni pasto.

Nel capitolo precedente abbiamo scoperto che i Natufiani hanno cominciato a raccogliere i cereali per cibarsi e che, grazie all'abbondanza di grano, orzo, miglio etc. e di animali da cacciare si sono a poco a poco sedentarizzati.

Oggi, però, noi uomini e donne non ci limitiamo più a raccogliere i cereali, ma li coltiviamo. Ti è mai capitato di passeggiare per i campi?

Oppure, mentre passavi per strada in macchina, hai mai notato i terreni pieni di spighe? Ha mai, visto i trattori che aravano la terra? L'agricoltura è nata in un periodo chiamato Neolitico, che gli storici hanno collocato tra i diecimila e i cinquemila anni fa. L'Homo sapiens ha cominciato a coltivare nel corridoio levantino, poi l'agricoltura si è diffusa anche in tutto il Medio Oriente, per poi arrivare, alla fine del neolitico anche in India e in Europa. [...]»

Si può notare la cura di collegare le conoscenze previe degli alunni con le conoscenza da costruire e l'attenzione a spazi e tempi.

Il racconto finzionale si apre con questo inizio:

«Nanuk era un bambino come te: aveva la tua età, amava correre e giocare come te, era un Homo sapiens come te. Era simile a te, solo che è vissuto circa ottomila anni fa. Viveva anche lontano da te, in uno stato che ora viene chiamato Giordania.

Quel giorno Nanuk si svegliò quando i raggi dispettosi del sole lo colpirono dritto in viso dalla piccola finestra che si trovava vicina al tetto, ma non aveva voglia di alzarsi, quindi si voltò dall'altra parte. La mattina era un po' pigro, proprio come te.

La sua mamma, però, notò che era sveglio e gli disse qualcosa che può essere tradotto nella nostra lingua come: "Nanuk, alzati: il sole è già alto!"

Devi sapere che Nanuk e i suoi compaesani parlavano una lingua molto diversa dalla tua.»

A parte alcune ingenuità concettuali come "stato" e "compaesani" l'incipit riesce a mettere il piccolo lettore in condizione di identificarsi col protagonista.

Poi nel racconto l'autrice dà prova di saper usare le informazioni storiche per mettere in coerenza i fili della trama con il contesto storico.

«Un attimo dopo apparve nella stanza che lui e la sua famiglia usavano come cucina, soggiorno e sala da pranzo: era abbastanza grande, ma anche piuttosto vuota. Su un lato si trovava un piccolo tavolo in legno, mentre al centro c'erano dei pezzi di legno, resti del fuoco che avevano utilizzato la sera prima per cuocere la focaccia. Dall'altra parte della stanza la mamma era in ginocchio sul pavimento e stava battendo un grande sasso dalla forma cilindrica contro uno più grande e piatto: si trattava di una macina e con essa la madre di Nanuk stava sbriciolando alcuni dei chicchi di grano che gli adulti avevano raccolto il giorno prima. Era estate, il periodo dell'anno in cui si raccoglievano il grano e l'orzo che erano stati seminati in primavera.»

Di nuovo, ragioniamo sulla trafila virtuosa dell'insegnamento e apprendimento. La lezione che incorpora il testo storiografico divulgativo e le scene finzionali del documentario stimola la reazione cognitiva del lettore della presentazione e dei testi. Poi la guida alla lettura e all'analisi del testo manualistico confrontato con quello storiografico fa funzionare meglio la mente dello studente, ne attiva le abilità di critica e il migliore apprendimento.

Infine, l'ambiente di apprendimento favorevole alla manifestazione di talenti personali stimola ad investire gli apprendimenti nella attività creativa che si concreta in due prove: la prima, di elaborazione di un testo didattico migliore di quello del sussidiario; la seconda, di un racconto finzionale a sfondo storico.

Ora possiamo passare a due casi di studio che riguardano la scuola secondaria. Non sono esperienze come quelle sulle quali ho ragionato nei primi due esempi. Qui si tratta di progettazioni di unità di insegnamento e di apprendimento.

Il primo riguarda l'ominazione, cioè la formazione dell'umanità, e potrebbe essere in qualche misura tenuto in considerazione anche nell'insegnamento ad alunni di terza primaria. Ma io ne progetterò l'uso per gli studenti della prima classe della scuola secondaria di II grado.

Esempio 3. Testi storiografici e testi di finzione nella stessa opera. La evoluzione umana in "La straordinaria storia dell'uomo. Indizio per indizio un'investigazione sulle nostre origini" di Piero e Alberto Angela. [18]

Il libro incastra, mediante narrazioni affascinanti, le vicende di ritrovamenti di tracce e di discussioni tra studiosi, dunque, questioni di metodo con ricostruzioni di processi storici e con racconti di finzioni. Inoltre ci sono le 65 figure disegnate da Walter Fogato a darci la possibilità di capire come le conoscenze storiografiche possano essere trasposte in immagini finzionali e in immagini per schematizzare l'evoluzione e gli spazi in cui si svolse. Può essere ben usato per allestire la prima unità di un percorso di studi storici quinquennale: permette di approfondire la conoscenza su come le tracce possano diventare fonti, di capire come la soggettività degli studiosi sia all'origine della costruzione delle conoscenze, di imparare le fasi dell'evoluzione e la sua ramificazione, di capire come la ricostruzione dei fatti possa essere trasposta in un racconto finzionale composto di informazioni fattuali prodotte mediante tracce e di ipotesi inventate dallo scrittore, ma attendibili in quanto coerenti con quelle.

Come usarlo? In primo luogo per imparare da insegnante sia conoscenze metodologiche, sia ricostruzioni storiche, migliori di quelle fornite dai manuali, sia modi di comunicarle più comprensibili e più gradevoli.

Nell'applicazione didattica lo userei dopo aver introdotto e svolto il tema in modo che gli alunni ne intendano la crucialità per la comprensione dell'umanità attuale. Selezionerei sette dei quattordici capitoli principali e li distribuirei a sette piccoli gruppi di studenti con una guida alla lettura, alla

18. Milano, Arnoldo Mondadori editore 1990.

schematizzazione e alla comunicazione in classe. Li guiderei a cogliere le differenze e le potenzialità diverse delle ricostruzioni, delle narrazioni finzionali e di quelle iconiche. Farei dei testi divulgativi una palestra per l'intelligenza del metodo storico, della ricostruzione dei fatti, dei tipi di comunicazione disponibili per evocare il passato. Vorrei che la prima conoscenza storica studiata, con la varietà dei testi, producesse una sorta di vademecum mentale del bravo studente di storia.

Un'altra esperienza potrebbe essere proposta con un altro testo storiografico di alta divulgazione ma composto di elementi abbastanza diversi da quelli del libro degli Angela. Ne farei un'altra palestra per una variazione di esercizi di apprendimento della storia.

Esempio 4. Imparare ad insegnare e ad usare un manuale da un testo storiografico di alta divulgazione. Il processo di mondializzazione dell'economia 1400-1800.

Voglio insegnare e fare apprendere la conoscenza di un grandissimo processo di trasformazione del mondo: la mondializzazione dell'economia e della storia. Intendo usare come testo sorgente e come modello di rappresentazione storica un libro di grande fascino per tutti coloro che lo leggono, siano o no interessati professionalmente alla storia.

Il libro è quello di Timothy Brook, *Il cappello di Vermeer. Il Seicento e la nascita del mondo globalizzato.*[19]

Un amico mi ha segnalato l'esistenza e il fascino delle storie che vi sono raccontate. Grazie alla sua segnalazione ho

---

19. I edizione in inglese 2008, edizione italiana Torino, Einaudi 2015. Timothy Brook è uno storico canadese specialista in storia della Cina. Nel primo capitolo *Veduta di Delft* racconta come gli sia venuto in mente di partire da Delft e dai dipinti di Vermeer per «mettere a fuoco il contesto globale [...] un mondo in cui si stava intessendo una rete di connessioni e scambi quale non si era mai vista prima.» p. 9.

cominciato a leggerlo e, affascinato dalla retorica comunicativa e dalle nuove conoscenze che imparavo, l'ho adottato nella mia biblioteca mentale di riferimento per trattare il tema.

Ma prima di presentare i punti di forza dei saggi di Brook da utilizzare didatticamente, vorrei introdurre il tema ed esaltarne la rilevanza con questa citazione:

«Dall'intensificazione dei contatti tra i due continenti [Europa ed Asia] – ha argomentato nel 2008 lo storico olandese Jan de Vries nel libro *The Industrious Revolution* (Cambridge University Press) – sarebbe inoltre derivata quella che viene abitualmente considerata il simbolo della modernità occidentale, vale a dire la rivoluzione industriale. Essa venne, infatti, preceduta da una "rivoluzione industriosa" basata sulla modifica su larga scala delle abitudini di consumo da parte degli europei, nelle cui abitazioni, a partire dalla seconda metà del Seicento, cominciò a divenire abituale la presenza di beni lavorati provenienti dall'Oriente, dalle porcellane cinesi e giapponesi agli sgargianti tessuti di cotone e di lino indiani. Fu la sbiadita replica di questi beni nelle fabbriche occidentali a segnare l'avvio della grande trasformazione economica che proiettò l'Europa al vertice del mondo. Nel vasellame importato in grandi quantità dall'Oriente, gli europei si erano nel frattempo abituati a consumare tè e caffè, a méscolarlo con lo zucchero, e a farne la base della prima colazione dolce, un'innovazione che modificò radicalmente gli schemi alimentari sino a quel momento usuali.»[20]

Ecco, si tratta del processo storico che gli storici battezzano in genere come *Espansione europea* oppure come *Mondializzazione dell'economia*, è un processo che ha trasformato il mondo e l'umanità: ha rivoluzionato conoscenze geografiche, conoscenze antropologiche, demografie continentali, commerci, consumi, agricolture e allevamenti, ambienti, tecnologie, assetti geopolitici in tutti i continenti.

20. La citazione è tratta da un trafiletto di Marco Meriggi intitolato "**Storia** Eurocentrismo addio. La rivoluzione industriosa che arrivò dall'Oriente, pubblicato" ne *La Lettura* de *Il Corriere della Sera*, n. 294 del 16/7/2017, p. 27.

Possiamo considerare inizio del processo l'occupazione di Ceuta (sulla costa nordoccidentale dell'Africa) da parte dei portoghesi nel 1415. È il segno del loro interesse ad esplorare l'Africa alla ricerca dell'oro del Mali e della via verso le spezie dell'Oceano Indiano. La fine del processo può essere collocata nella seconda metà del XVIII secolo quando ormai nuove colture e nuovi allevamenti, nuovi consumi, nuovi popolamenti e mescolanze demografiche hanno trasformato ambienti e imperi e basi di potenze europee si sono diffuse in tutti i continenti extraeuropei.

Gli effetti e le tracce del processo caratterizzano il mondo attuale che non potremmo vivere come lo viviamo se esso non si fosse sviluppato.

Nonostante la sua rilevanza e malgrado i suoi effetti siano protratti fino al presente, gli studenti generalmente lo ignorano per colpa della manualistica che fa il processo a fettine, ciascuna tematizzata in modo da occultarne il rapporto col mondo attuale e da romperne l'unità di svolgimento. Generalmente gli autori dei manuali, nella loro devozione all'idolo cronologico, cioè all'impegno a costruire la sequenza di breve periodo degli eventi iniziali, dedicano un capitolo intitolato "esplorazioni e scoperte" all'avventura di Cristoforo Colombo e alle sue immediate conseguenze. L'arco temporale è quello dal 1492 fino al 1530 circa. Poi fanno seguire temi che riguardano i conflitti europei. Le iniziative degli esploratori portoghesi lungo gli ottant'anni precedenti sono sottaciute e quasi ignorate. È svalutata anche la importanza dell'impresa di Vasco de Gama con la circumnavigazione dell'Africa, l'ingresso nell'Oceano Indiano e il ritorno a Lisbona con la nave carica del pepe ricevuto dopo le cannonate a Calicut. Occorre saltare parecchi capitoli dedicati ad altri temi prima che il filo del discorso sulla espansione degli europei riemerga.

Il primo dovere del docente è quello di ristabilire l'unità e l'organicità del processo, il che comporta accorpare i capitoli dispersi e integrarli con le conoscenze omesse. L'altro è quello di imparare a rappresentarlo con una comunicazione che affascini e promuova non solo la costruzione della conoscenza degli studenti, ma anche la loro capacità di usarla. Per questo scopo è conveniente mettersi alla scuola di Brook. Vediamo come.

I saggi prettamente storiografici sono sei. Quattro sono dedicati a ricostruire la circolazione di una merce prodotta in continenti extraeuropei e portata in Europa e altrove: sono le pelli di castoro provenienti dal Canada, le porcellane cinesi, il tabacco del Nord America e l'argento sudamericano e giapponese. Sono merci che, insieme con molte altre, contribuirono a modificare i traffici mondiali e gli stili di vita di europei e di asiatici. Il sottotitolo fa pensare che i saggi si limitino a ricostruire storie che si svolsero nel Seicento. Ma in effetti, a parte quello sulla porcellana cinese, gli altri saggi mettono il capo del filo narrativo nei secoli precedenti. Ad esempio, a proposito dell'argento, si parte dal momento in cui le miniere del Cerro Rico o "Montagna ricca", situata a quattromila metri di altitudine, cominciarono ad essere sfruttate dagli spagnoli nel 1545. Il saggio sul tabacco risale fino al 1548 quando marinai lo portarono per primi in Portogallo.

In che consiste il fascino dei discorsi di Brook? Innanzitutto, danno al lettore la visione di un mondo ormai connesso da una rete di scambi in cui le merci tematizzate circolano dal luogo di produzione verso il resto del mondo. Poi intrecciano informazioni e significati in modo tale che il lettore coglie immediatamente l'importanza delle trasformazioni dovute alla circolazione e all'uso di quelle merci. Non dispongono le informazioni in un ordine cronologico, ma mirano a dare una visione d'insieme delle trasformazioni del periodo esponendo fenomeni di lunga durata insieme con eventi ed aneddoti innestati nel discorso in coerenza con gli aspetti da trattare. Già questi modi di organizzare la comunicazione rispondono ad una scelta retorica efficace. Ma quella più singolare e affascinante è l'aver scelto di introdurre ogni argomento rivelando il significato degli oggetti rappresentati in sette dipinti, cinque di Vermeer e altri due di altri artisti olandesi. Ogni saggio si apre con l'analisi dei dipinti che guida lo sguardo e l'intelligenza estetica del lettore nella comprensione delle scene e del senso dei dettagli.

«Se riusciremo a vedere negli oggetti raffigurati in essi non solo ciò che si scorge dalla "finestra", ma anche delle "porte" da aprire, vedremo schiudersi davanti a noi strade (e sentieri poco noti) che ci condurranno a scoprire aspetti del mondo del Seicento ignoti ai quadri stessi, e di cui l'artista non era probabilmente consapevole. Strade che ci consentiranno – più di quanto avremmo sperato e in modi sorprendenti – di collegare il nostro confuso presente a un passato tutt'altro che semplice. Se c'è un tema che si profila nella complessa storia di Delft del XVII secolo (un tema chiamato in causa da ogni oggetto preso in esame nei dipinti) è che questa città non era un caso isolato, ma anzi si inseriva in un contesto globale.»[21]

Le descrizione dei dipinti sono le "porte" attraverso le quali sono imboccate rotte commerciali che ci portano verso il resto del mondo. E ad introdurci in esse è il racconto di un evento o di un aneddoto che dà subito il senso dello spazio mondiale inglobato in nuove storie. Il montaggio retorico riesce a tenere in tensione l'attenzione e la volontà del lettore di andare fino in fondo alla lettura: così ogni saggio gli permette di conoscere il contesto globale in cui si inseriva il caso di quella merce presa in esame e come essa abbia caratterizzato il mondo fino al presente.

21. Brook, *Il cappello di Vermeer*, p. 12

Come i saggi di Brook potrebbero ispirare un modo efficace di insegnare un tema maltrattato dalla manualistica?

Innanzitutto, farei rilevare agli studenti le caratteristiche del mondo presente di cui siamo debitori al processo di trasformazione iniziato all'inizio del XV secolo. In secondo luogo, delineerei il processo nella sua unità di sequenza di mutamenti che inducono grandi trasformazioni nelle colture, negli ambienti, nelle demografie, nei consumi, nei commerci, nella geopolitica e nei rapporti tra le diverse potenze. Userei intensamente le carte geostoriche. Lascerei fuori della ricostruzione le vicende delle pelli di castoro, del tabacco, delle porcellane e dell'argento. Poi organizzerei quattro gruppi di studenti e assegnerei a ciascuno l'esercizio di leggere e rappresentare in una mappa le informazioni e i significati presenti in uno dei quattro saggi (magari con opportune riduzioni). Poi, ciascun gruppo dovrebbe presentare il saggio letto e schematizzato a partire da quello sull'argento che è quello che fa capire quale era il carburante del commercio mondiale. Potrei far applicare le conoscenze apprese per criticare i testi manualistici. Infine, solleciterei il ragionamento sul rapporto tra processi storici e mondo attuale e sull'uso delle conoscenze acquisite. Poiché spesso i manuali offrono, nella parte paratestuale, immagini relative ai mutamenti indotti dal processo di trasformazione, potrei guidare gli studenti a trasporre il metodo di lettura dei dipinti di Brook alla lettura e descrizione delle immagini presenti nei manuali.

Seguendo tale percorso gli studenti imparano una conoscenza importante, comprendono come la storia fatta abbia plasmato il mondo, passano da un apprendimento scolastico alla lettura di testi divulgativi e apprendono sia un modo di guardare e descrivere dipinti, sia maniere diverse di rappresentare la storia. Insomma, si dotano di abilità a dare più senso alle conoscenze storiche e a gustarle al di fuori degli ambienti di apprendimento scolastici, a comunicarle e ad usarle.

Conclusione: varietà di testi per rendere gli alunni competenti

La concorrenza che la narrativa di ambientazione storica fa alle rappresentazioni del passato prodotte da storici professionali non è mai cessata e si è fatta più intensa con l'avvento di nuovi mezzi di comunicazione come il cinematografo, il graphic novel e i videogiochi. I narratori hanno continuato a precedere gli storici nella rappresentazione della storia in corso, come è accaduto, ad esempio, per la Shoah e per la storia dell'Italia del secondo dopoguerra. Ma, finalmente, nel corso del '900 la storiografia ha superato la fissazione esclusiva sulle vicende dei potenti ed ha assunto anch'essa la storia sociale come oggetto di ricerche e di rappresentazione. E negli ultimi decenni anche molti storici si sono cimentati nella comunicazione divulgativa producendo opere di grande leggibilità e gradevolezza su tematiche che devono costituire l'impalcatura del sapere storico di ciascun cittadino.

Così le conoscenze sul passato storico possono ormai essere acquisite mediante libri ed articoli scritti da storici esperti per interlocutori accademici, oppure mediante la frequentazione di opere storiografiche divulgative, oppure grazie alla lettura critica di narrazioni finzionali a sfondo storico.

Perché conviene che la formazione storica sia perseguita impegnando gli alunni a svolgere attività di apprendimento anche su testi divulgativi e su racconti ad ambientazione storica?

Non è un lusso introdurre nel curricolo questi tipi di testi, ma è un'opportunità per far appassionare alla storia e per rendere gli alunni competenti.

Mentre scrivo mi capita di leggere questa pubblicità nel *Corriere della Sera* del 10 luglio 2017:

«Grandi romanzi storici in una nuova collana. Gli autori più prestigiosi ci accompagnano in un viaggio travolgente nell'antichità. Guerre, intrighi, eroi, duelli e grandi passioni: dalla Grecia di Alessandro Magno alla Roma di Cesare, fino all'Europa delle Crociate. In una collana straordinaria le migliori opere italiane e internazionali ci restituiscono suggestioni e atmosfere di epoche lontane. Quando la storia si trasforma in emozione.»

L'iniziativa editoriale dimostra che la storia come un romanzo o la storia nei romanzi o le vicende fittizie collocate in storie accertabili attraggono tanti lettori. Dunque, occorre dare ai lettori gli strumenti per reagire criticamente ai testi e per imparare qualcosa di più del passato storico.

Perché non contentarsi dei testi scolastici?

Ormai è appurato che la trafila scolastica tradizionale:

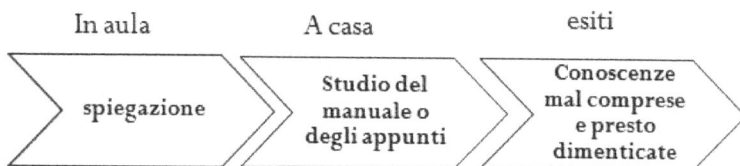

In aula   A casa   esiti

spiegazione   Studio del manuale o degli appunti   Conoscenze mal comprese e presto dimenticate

produce come esiti una pessima idea di storia come disciplina, conoscenze mal comprese e presto dimenticate, nessuna abilità specializzata, nessuna possibilità di promozione di competenze.

Perciò è diffusa la incultura storica che si manifesta nell'ignoranza del sapere storico, in cattive idee epistemologiche e metodologiche, nel disinteresse per la storia scolastica, nelle difficoltà di comprensione e di esposizione dei testi storici.

128

Questa situazione, così deprimente, impone la ricerca di soluzioni didattiche efficaci a rendere gli alunni dotati di cultura storica e di competenze ad usare le conoscenze apprese e ad apprenderne altre.

Gli alunni possono manifestarsi competenti se posseggono

• il pensiero storico formato grazie al dominio di conoscenze metodologiche e storiche significative e utilizzabili per comprendere il mondo attuale e le storie in corso e per reagire criticamente agli usi pubblici della storia,

• abilità cognitive e operative specializzate nello studio della storia,

• interesse per la conoscenza metodica del passato e attitudine ad incrementare il sapere storico.[22]

Le competenze si manifestano quando occorre usare le conoscenze, le abilità, le attitudini nella soluzione di problemi che richiedono una visione retrospettiva affidabile e la capacità di proiettarla nella storia in corso. Esse sono investite frequentemente nella critica all'uso artistico delle conoscenze storiche e nella loro comunicazione.

Un imperativo è quello di sottrarre gli studenti alla distruttiva idea che la "storia" coincida e si esaurisca con le rappresentazioni manualistiche dei fatti del passato.

---

22. Ho sintetizzato al massimo le componenti di comportamenti competenti in storia. Ma nel dettaglio le abilità e le conoscenze da formare con le attività curricolari dovrebbero essere le seguenti: padronanza di abilità cognitive e di correlate abilità operative implicate nella formazione storica; abilità ad usare tracce come fonti e a produrre informazioni; abilità a realizzare una ricerca storico didattica; possesso di sapere storico composto di conoscenze di civiltà, di processi di trasformazione, abilità di analisi e critica di testi storici scolastici, divulgativi, esperti; abilità a fare trasposizione di brevi testi storici; abilità a comprendere e criticare carte geostoriche; lettura di grafici temporali, schemi, poster, tabelle...; produzione di grafici temporali, schemi, poster, tabelle...; abilità a descrivere ambienti e aspetti di civiltà; abilità a descrivere carte geostoriche; abilità a narrare sequenze di fatti; abilità ad argomentare usando conoscenze storiche; abilità ad usare conoscenze e apprendimento di nuove conoscenze storiche.

L'apertura della gamma di testi da utilizzare nell'insegnamento e nell'apprendimento serve a formare il gusto per la conoscenza storica e a sviluppare il pensiero storico. Perciò il nostro compito è quello di programmare il tempo dell'insegnamento in modo da rendere agevole usare didatticamente oltre i testi manualistici anche le comunicazioni divulgative delle conoscenze storiche e le narrazioni finzionali ad ambientazione storica, cioè quelle rappresentazioni a cui gli studenti potranno ricorrere una volta chiusi i conti con i manuali.

Un curricolo di copioni rappresentati

di *Luciana Coltri*

La questione dei copioni nella comprensione dei testi

Roger C. Shank afferma:

«La lingua è un mezzo per trasmettere informazioni. Ma sovente le cose espresse in una frase concreta sono solo una piccola parte di quanto il parlante (o colui che scrive) desidera trasmettere. Spesso, molto di quel che si capisce viene lasciato implicito. Entra così in gioco la nostra memoria per mettere "dentro" le cose che sono state lasciate "fuori".»[1]

Per integrare le informazioni implicite il lettore deve far ricorso ai copioni che ha in memoria. Sono essi che gli possono fornire «le conoscenze di sfondo che si devono possedere per determinare il significato di quanto si sta leggendo».[2]

I testi storici scolastici sono pieni di impliciti poiché fanno riferimento a fenomeni del passato che vengono nominati con gli stessi termini usati per designarli nel presente (ad esempio, agricoltura, guerra, stato, città, commercio) o poiché ne accennano ma lasciano molte informazioni implicite. Per poterli capire, dunque, gli alunni lettori devono possedere molti copioni

1. R. C. Shank "Il lettore che capisce: il punto di vista dell'Intelligenza Artificiale", *Biblioteca e oltre*, La Nuova Italia, Fi, 1992, p. 11.
2. *Ibid.*, p.10.

che caratterizzano gli stili di vita delle civiltà diverse nello spazio e nel tempo. Per questo motivo la didattica dei copioni è un elemento importante nella didattica della storia proposta dall'associazione Clio '92. E nel curricolo proposto da Clio '92 per l'insegnamento della storia essa è una didattica risolutiva per la formazione dei concetti di storia che costituiscono spesso l'ossatura dell'interpretazione storica.

La messa a punto della didattica dei copioni è in continua evoluzione in quanto si ispira al modo di apprendere degli studenti, bambino o ragazzo,[3] ed interviene sugli assi del curricolo lungo i quali si sviluppa la personalità cognitiva, operativa e affettiva di ogni alunno.

Esperienza e rappresentazioni di copioni

Un bambino apprende ad agire fin dalla nascita imitando e osservando ciò che accade intorno a lui. Con l'esperienza impara a sapere come fare, quali azioni compiere per raggiungere uno scopo. L'esperienza ripetuta diventa uno schema nella sua mente, un **copione**, che guida il suo operare nel mondo, gli consente l'uso funzionale degli oggetti e l'acquisizione di procedure efficaci, lo induce ad agire in modo consono alle richieste del gruppo sociale cui appartiene, gli dà le risorse per interpretare le attività in svolgimento nel suo ambiente e gli consente, anche, di fare previsioni su come affrontare le situazioni che man mano si presentano, "su possibili attori, azioni, luoghi, e risultati delle azioni".[4]

---

3. Pur riconoscendo l'importanza di citare anche le bambine e le ragazze, sarà usata solo la parola bambino o ragazzo in modo generico per non interrompere il flusso narrativo.
4. K. Nelson, "Lo sviluppo cognitivo e l'acquisizione dei concetti", in E. Damiano, *Insegnare i concetti*, Roma, 2004, p. 69.

Tutte queste esperienze che si depositano nella memoria diventano efficaci, per l'apprendimento, se il soggetto le sottopone alle operazioni cognitive che gli consentono di farne una rappresentazione manifesta. Per dare forma alla rappresentazione e quindi organizzare le conoscenze si mettono in moto le operazioni cognitive su cui prevalgono quelle temporali e spaziali. Ma è nell'atto comunicativo e nell'intenzione di coinvolgere gli interlocutori nella comunicazione che i **copioni mentali** diventano vere e proprie rappresentazioni: **copioni rappresentati**.[5] In questo caso sono i copioni vissuti e posseduti mentalmente dagli alunni a diventare oggetti di una rappresentazione spazio-temporale e, dunque, oggetto di una conoscenza e di possibili riflessioni.

Ci sono, però, copioni non vissuti e non presenti nella mente che possono essere conosciuti grazie alla loro rappresentazione discorsiva o iconica, ad esempio anche con i racconti finzionali ad ambientazione storica che generalmente rappresentano attori che mettono in scena copioni rappresentati della civiltà.

Sono soprattutto questi copioni rappresentati che servono nella comprensione dei testi storici.

Il prototipo nasce in laboratorio

Il laboratorio[6] svolto nella Scuola Estiva del 2016 aveva lo scopo di costruire il prototipo di come configurare un copione mentale a partire da un racconto di finzione intorno a un caso, nello specifico *come si estrae il sale nelle saline in Italia oggi*.

5 . I. Mattozzi, "Insegnare a scrivere in storia", in *Formazione storica ed educazione linguistica nell'età della multimedialità digitale. 2 Insegnare a scrivere testi in storia*, a cura di P. Lotti, Cenacchi 2015.
6. *Bambini sceneggiatori di vita vissuta*, coordinato da Luciana Coltri. Hanno partecipato Bordi Sabrina, Granini Marta, Iobbi Valentina, Mengarelli Mariella, Palmisano Antonella, Querze Adriana, Ritonnale MariaRosa, Santarelli Francesca, Spadini Giuliana, Storti Daniela.

Sebbene fosse rivolto a colleghe della scuola dell'infanzia e della scuola primaria, la procedura si è rivelata molto efficace e idonea per essere applicata anche nella secondaria di primo e secondo grado quando è necessario formare nella mente dello studente un copione mentale che si traduca in nocciolo concettuale.[7]

Che storie in un grano di sale!

Sembra facile attribuire il giusto significato a una parola. La maggior parte delle volte, infatti, la lasciamo galleggiare in superficie senza che essa susciti la nostra curiosità per una conoscenza più approfondita della realtà o del mondo in cui viviamo, soprattutto se essa è l'espressione di un qualche cosa che appartiene al nostro quotidiano. Io, ad esempio, non mi ero mai posta il problema di sapere da dove venisse il sale che quotidianamente metto in tavola, di cui spesso i medici avvertono di quanto possa incidere sulla salute, e nemmeno mi chiedevo ragione del perché il sale venisse citato in una frase, latina, da cui dipendeva il giudizio sull'intelligenza di un individuo: "cum grano salis" corrispondente ad agire non in modo così disastroso da non dimostrare di non avere "un grano di sale in zucca". Come insegnante di storia e geografia mi ero si soffermata, ma solo superficialmente, sul nome della via Salaria o sulla parola salario, accontentandomi di risposte generiche sull'importanza del sale! Il sale non era certo per me oggetto di riflessione. Credo che sia questo quello che accade nella mente di studenti che leggono o sentono parole di cui non hanno lo scenario mentale che la configurazione di un copione

---

7. L. Coltri, "Copioni e comprensione del testo storico", in *Formazione storica ed educazione linguistica. 1. Il testo storico: comprensione e insegnamento*, a cura di V.Guanci, Cenacchi Editrice, Medicina (Bo) 2014, p. 104.

produce. Non avevo nella mente i copioni di come si produce il sale nelle saline e di conseguenza la parola sale era semplicemente abbinata alla polvere più o meno grossa contenuta nelle scatole acquistate in negozio. Non si formavano nella mia mente le *domande utili* a conoscere l'importanza del sale oggi e di conseguenza non si metteva in moto nessuna conoscenza di quanto fosse importate presso le civiltà del passato antico, moderno e contemporaneo.

Eppure il sale nella storia dell'umanità ha ricoperto i ruoli più disparati: sale per mangiare, per conservare, per curare e medicare, ma anche per scambiare, pagare, protestare e pregare. L'utilizzo del sale è ampiamente documentato già presso le prime civiltà stabili: sumerica, egiziana, cinese (3000 a.c.), ittita ed ebrea (2000 a.c.). Ad esempio, la storia dei Fenici è legata alle saline siciliane attualmente in uso o la fondazione di Roma alle saline di Ostia antica o la storia della Repubblica di Venezia alle saline lagunari. Insomma, il sale è stato considerato sempre un bene di cui lo Stato si assicurava il monopolio. La storia dei popoli mediterranei si identifica con la storia del sale, elemento ritenuto più prezioso dell'oro.

Quindi, la sua produzione e il suo uso richiedono la costruzione di copioni importanti da insegnare per formare concetti utili alla comprensione delle conoscenze di storia mondiale.

Un libro da smontare per costruire il copione "produrre il sale"

Perché la proposta parte dalla scuola dell'Infanzia[8] o dalle prime classi della scuola primaria? Perché è in quell'età che si

---

8. V. S. Giacomelli, "Partire dalla scuola dell'infanzia", in *Formazione storica ed educazione linguistica. 1 Il testo storico: comprensione e insegnamento*, a cura di Vincenzo Guanci, Cenacchi editrice, 2014.

formano i primi nuclei concettuali, perchè è alta la curiosità sul mondo e la necessità di sapere come agire per sentirsi parte del gruppo sociale cui apparteniamo. Poiché il compito della scuola è di arricchire il più possibile il bagaglio mentale di ogni bambino di copioni, è durante questo tempo che la scuola può dedicare a far configurare il maggior numero di copioni a partire dall'esperienza vissuta ma anche con copioni rappresentati. Quante storie vengono lette nei momenti in cui il gruppo è riunito, oppure, quando i bambini danno segni di stanchezza! Ebbene utilizziamo anche questi momenti per stimolare la curiosità sul loro mondo.

In laboratorio è stato utilizzato un racconto tra realtà e fantasia, *Gioconda nel regno del sale*.[9] Questo racconto, che ondeggia tra scienze, geografia e rappresentazione della produzione del sale nelle saline di Margherita di Savoia in Puglia, dà l'opportunità di separare il flusso della narrazione finzionale dagli elementi che consentono di avere una serie di informazioni utili alla configurazione del copione "come producono il sale oggi".

Lo schema 1 rende conto di come si è arrivati alla configurazione del copione.

1° Indagine su cosa sappiamo già di quello che il libro racconta
Per la la rilevazione in laboratorio è stata utilizzata la tecnica degli appunti visivi.[10]

2°Attività di lettura libera del racconto

---

9. F.Bellafronte, V.Piazzolla, *Gioconda nel regno del sale*, Editrice Rotas, Barletta, 2014.
10. L. Coltri e O. Mandelli, "Gli appunti visivi nella formazione di abilità comunicative", in *Formazione storica ed educazione linguistica nell'età della multimedialità digitale, 2. Insegnare a scrivere testi in storia*, a cura di P. Lotti, ed. Invento Universitaria, Medicina (Bo) 2015.

3° Attività di rilettura selettiva del racconto per:

| individuare le parti di finzione:
    •   personaggi immaginari
    •   loro sentimenti | estrapolare :
    •   le parole dei tempi per la costruzione   dello   schema temporale
    •   le parole che descrivono ambienti, oggetti.
    •   I personaggi non di finzione
    •   I ruoli
    •   le informazioni sulle azioni utili alla costruzione del **copione**. |

4° Ricostruzione del copione utilizzando le rappresentazioni schematiche:

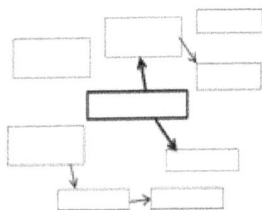

a. una mappa per rappresentare gli elementi di un copione

b. uno schema per evidenziare la procedura delle azioni

c. un grafico temporale per dare visibilità alle relazioni temporali di: periodo (inizio e fine del copione successione, contemporaneità.

agenti	
dove	
Con che cosa	

137

5°Realizzazione del disegno degli ambienti

Introduzione dell'elemento umano che compie le azioni

6° Costruzione del testo su "Come si produce il sale nelle saline"

Schema 1. Dal testo di finzione al copione

Abbiamo così scoperto che le saline sono ambienti costieri del mare, trasformati dall'uomo da tempi antichissimi, che c'è una proprietà, che nelle saline lavorano operai che hanno una specializzazione e sanno in quali tempi dell'anno e delle stagioni agire, quali azioni sono necessarie per estrarre il sale dalle vasche di evaporazione, che ci sono macchine che sostituiscono oggi gli attrezzi più antichi.

Da qui le domande per continuare e configurare altri copioni. *Il sale nelle altre parti del mondo si ottiene solo dalle saline? Con quali strumenti lavoravano, in passato, nelle saline? Come avviene l'inscatolamento oggi? Dove veniva messo, in passato, il sale da vendere o distribuire? Come avviene oggi la distribuzione nei negozi? Come era distribuito il sale nel passato? Chi lo vendeva? Chi lo comperava?*

Il prototipo che è nato in laboratorio rappresenta solo un modo per far configurare i copioni nel curricolo di storia. Nella progettazione dell'insegnante *Il sale e le sue storie* può diventare un utile filo conduttore per conoscere la storia dell'umanità, non solo del Mediterraneo o del mondo occidentale, ma di tutto il mondo.

La didattica dei copioni nel curricolo

La proposta curricolare di Clio'92[11] propone una didattica che fa della configurazione dei copioni il suo punto di forza. Essa deve, quindi, essere applicata in modo continuativo e trasversale sia alla didattica dei quadri di civiltà, che alla didattica dei processi di trasformazione.[12] I copioni costituiscono elementi caratterizzanti i quadri di civiltà e i processi di trasformazone implicano spesso il mutamento dei copioni o l'acquisizione di altri copioni: ad esempio, i copioni dell'agricoltura hanno iniziato a caratterizzare le civiltà del neolitico, ma poi si sono modificati nei tempi e negli spazi diversi.

Quali copioni costitutiscono il curricolo verticale di Storia?

È questa la domanda che ora impone una risposta. Dividiamo in tre categorie principali i copioni in modo da poter meglio dominarne l'uso nella pratica didattica e ottenere un più efficace apprendimento da parte degli studenti.

Innanzitutto distinguiamo tra: *copioni già posseduti* che si formano nella mente (copioni mentali) per il fatto stesso di fare esperienza del mondo; *copioni rappresentati*, che sono uno sviluppo dei copioni mentali ai quali vengono applicate operazioni cognitive di tematizzazioe, tempo e spazio e diventano immagini mentali comunicabili; *copioni comunicati*, per i quali entrano in gioco tutte le regole dei diversi linguaggi

---

11. *Per un curricolo di storia idee e pratiche*, a cura di T. Rabitti, Franco Angeli, Milano, 2009.
12. La Didattica dei Quadri di Civiltà e la Didattica dei Processi di trasformazione, insieme alla Ricerca storico-didattica e alla formazione temporale e spaziale, sono i capisaldi intorno ai quali si è costituito il curricolo proposto dall'Associazione di ricercatori e insegnanti di storia Clio '92.

che i diversi tipi di comunicazione scelta prevede: un testo narrativo, o un testo filmico, o un testo mediatico o una rappresentazione teatrale o artistica... Entriamo in merito a come li deve affrontare l'insegnante.

Quali azioni deve fare l'insegnante per promuovere ognuno di questi copioni?

Copioni già posseduti: prevedono un intervento dell'insegnante per passare dai copioni mentali ai copioni rappresentati facendo operare gli studenti con le operazioni cognitive di **tematizzazione, tempo, spazio, problematizzazione e generalizzazione.**

Copioni da costruire nel presente: servono per imparare ad agire o vivere. L'insegnante organizza situazioni opportunamente scelte per far vivere l'esperienza diretta, per far riflettere sulla esperienza stessa e far configurare copioni che gli studenti possano narrare. Anche in questo caso fa operare gli alunni con le operazioni cognitive facendo riconoscere quelle utilizzate da chi ha prodotto il copione rappresentato.

Per comprendere meglio il presente l'insegnante può anche utilizzare copioni rappresentati capaci di far costruire nuove conoscenze. In questo caso fa riconoscere le operazioni cognitive utilizzate da chi ha prodotto il copione rappresentato.

Copioni da costruire per conoscere società del passato. Copioni da produrre sulla base delle informazioni generate da fonti usate nella ricerca storico-didattica o grazie a fonti museali o grazie a informazioni presenti nei testi storiografici o finzionali. In questo caso l'insegnante usa i copioni rappresentati per formare copioni mentali e costruire concetti, sempre con la messa in atto delle operazioni cognitive.

La **Didattica dei copioni** si caratterizza in quanto si fa carico di ognuna di queste forme di copioni e da una iniziale "forma mentale" piuttosto rigida fa evolvere, nella mente degli alunni, il copione in modo che diventi flessibile, reversibile, scomponibile e quindi consenta di educare la capacità inferenziale in modo tale che il copione di partenza diventi predittivo. Si fonda, così, la capacità degli studenti a saper fare generalizzazioni e si favorisce la formazione delle categorie concettuali[13] di cui i testi storici sono infarciti. Sono i concetti che I. Mattozzi definisce **concetti interpretativi**, di cui una prima serie è costituita da quelli utili a capire le trasformazioni del mondo dalle primissime civiltà a quelle più complesse, concetti utili a cogliere le differenze nelle rappresentazioni dei quadri di civiltà e a saper interpretare e dare spiegazioni alle grandi trasformazioni: *caccia, raccolta, domesticazione, agricoltura, allevamento, artigianato, colonizzazione, urbanizzazione, città, commercio, schiavitù, religione, artigianato, stato, impero, democrazia, nobiltà, educazione, contadino, operaio, industrializzazione...*

Sono concetti che costituiscono l'ossatura del curricolo di storia e i cui nuclei vanno costruiti attraverso attività specifiche che portino i bambini a configurare copioni fin dalla scuola dell'infanzia e le prime classi della primaria utilizzando, là dove sia possibile, l'esperienza vissuta. Sarà nello sviluppo successivo del curricolo che l'insegnante provvederà a far evolvere questi primi embrioni concettuali con attività funzionali a costruire le prime generalizzazioni in cui si inseriranno le variabili legate, ad esempio, ai diversi ruoli dei soggetti agenti, all' uso di oggetti tecnologicamente diversi, o ai diversi ambienti in cui le azioni si svolgono.

13. L. Coltri "Copioni e comprensione del testo storico" in *Formazione storica ed educazione linguistica 1. Il testo storico: comprensione e insegnamento*, a cura di V. Guanci, Cenacchi, pp. 102-104.

Il modello curricolare

L'idea sottesa al curricolo è quella di creare un modello di apprendimento che si snoda in tre fasi principali schematizzate distinguendo in modo sommario le azioni prevalenti che deve fare l'insegnante e quelle che deve fare lo studente.

Prima fase

Processo di insegnamento
- Individuare la matrice generativa di un evento.Costruire la mappa concettuale del concetto da formare.
- Individuare la mappa dei copioni possibili.
- Scegliere il copione più utile per costruire il copione campione.
- Definizione dell'unità e nominarla con un verbo nel titolo.
- Scelta di procedere dal copione mentale al copione rappresentato o viceversa.
- Messa a punto della prova per le competenze integrata nel percorso.

Seconda fase: configurare il copione che diventerà il nocciolo concettuale

Processo di insegnamento	*Processo di apprendimento*
• Procedure per far configurare il copione. Dalle idee già in possesso alla configurazione del copione • Individuazione di eventuali altri copioni per favorire lo sviluppo del concetto. • Proposta del testo finale per rappresentare il copione.	• Configurazione del copione integrando, modificando le informazioni parziali già presenti. • Acquisizione di nuove informazioni sul mondo attuale o sulle civiltà del passato • Stesura di un testo.

Terza fase: porsi domande - prime generalizzazioni e attività inferenziale

Processo di insegnamento	*Processo di apprendimento*
• Formulazione di domande a partire dal testo finale su: agenti e i loro ruoli, gli oggetti, la sequenza delle azioni, i tempi, gli spazi. • Far definire lo scopo del copione. • Fa estendere il copione a situazioni diverse nello spazio e nel tempo nuove. • Allargamento del copione configurato ad altre situazioni simili.	• Rimanere aderenti al tema e porre domande coerenti per conoscere nuove situazioni. • Enunciare lo scopo del copione. • Formulare una prima generalizzazione funzionale al concetto.

Schema 2. Fasi del curricolo: attività dell'insegnante e dello studente

142

La forma del curricolo

Un curricolo che implichi la didattica dei copioni non può, quindi, essere pensato come una sequenza lineare di conoscenze, ma va rappresentato come una spirale in cui il sapere storico non si cristallizza nelle conoscenze già apprese ma deve essere previsto in continua costruzione. I concetti che si comprendono mediante i copioni iniziali implicano, sempre, una ripresa ad un livello di complessità più alto, nelle varie fasi scolastiche.

Un esempio di curricolazione

Per rendere più chiara questa proposta curricolare propongo un esempio che può essere considerato un modello per ogni concetto interpretativo.

Se l'insegnante intende costruire il concetto di **agricoltura,**[14] deve procedere alla ricerca del copione da far configurare perché diventi il nocciolo concettuale di quell'attività da riconoscere in diversi contesti. Sceglierà *"coltivazione di piante"* perché offre più possibilità di far fare ai bambini l'esperienza del terreno per coltivare, della scelta del vegetale da seminare o piantare, di chi coltiva e con quali strumenti, della necessità di acqua e di condizioni particolari per la crescita. Poi farà rappresentare il copione con le immagini disegnate o fotografiche disposte su una linea del tempo dove saranno evidenti le sequenze e le durate delle azioni, le contemporaneità dei diversi soggetti implicati e le condizioni ambientali e gli strumenti utilizzati.

Il copione primario – nocciolo concettuale basilare – potrà permettere di acquisire altri copioni come, ad esempio, quelli

---

14. Nel concetto di agricoltura sono implicate in prima istanza tre macro categorie: allevamento degli animali, coltivazione delle piante e sfruttamento delle foreste.

legati ai concetti di nascita dell'agricoltura a proposito del neolitico e poi di bonifica o di terrazzamento per comprendere le attività agricole presso le civiltà mesopotamiche. Ma a questo punto il copione non è più risultato di un'esperienza guidata, ma è insegnato e appreso mediante una rappresentazione grafica che potrà essere ripresa e variata secondo le trasformazioni che il testo di storia presenta per i diversi periodi. Fino ad affrontare problemi più complessi legati a questo aspetto dell'agricoltura. Nella spirale un possibile sviluppo curricolare dall'infanzia, alla primaria, alla secondaria di primo e secondo grado.

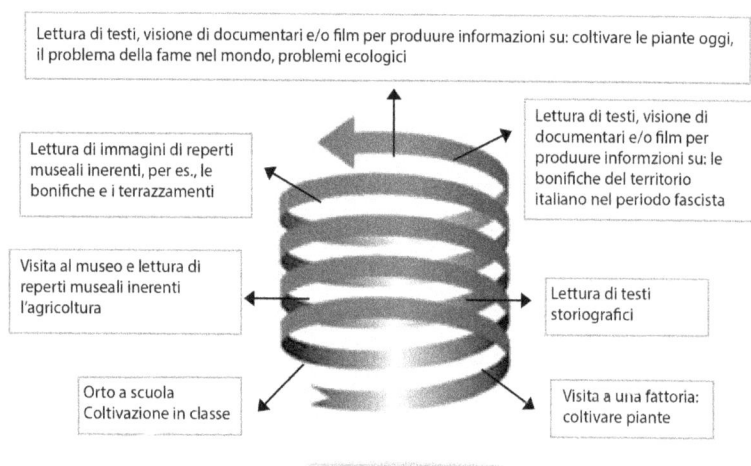

Lettura di testi, visione di documentari e/o film per produure informazioni su: coltivare le piante oggi, il problema della fame nel mondo, problemi ecologici

Lettura di immagini di reperti museali inerenti, per es., le bonifiche e i terrazzamenti

Lettura di testi, visione di documentari e/o film per produure informzioni su: le bonifiche del territorio italiano nel periodo fascista

Visita al museo e lettura di reperti museali inerenti l'agricoltura

Lettura di testi storiografici

Orto a scuola
Coltivazione in classe

Visita a una fattoria: coltivare piante

Schema 3. La spirale della costruzione concettuale con i copioni.

La configurazione del copione esperienziale è sempre all'origine. Importante è, infatti, l'esperienza che appartiene ad ogni studente come suo bagaglio personale, ma l'esperienza in sé non è sufficiente se non si attivano gli studenti a fare una riflessione che consenta loro di trasformare l'esperienza in copione mentale e, quindi, in una sua rappresentazione.

La didattica dei copioni, come il curricolo, evolve secondo una spirale: da una prima applicazione in cui prevale l'esperienza diretta per la configurazione di *copioni da costruire nel presente*, che è tipica della scuola dell'infanzia e delle prime classi della scuola primaria, man mano evolve e rovescia il processo di configurazione del copione. L'insegnante proporrà copioni già rappresentati per integrare e arricchire l'esperienza dello studente, nella scuola primaria e secondaria di primo grado, fino a chiedere che siano gli studenti stessi a individuare il copione utile a favorire una comprensione facilitata di concetti complessi in rapporto con le conoscenze delle diverse civiltà. A tale scopo possono risultare risolutivi testi di finzione o testi divulgativi che rappresentano i copioni con narrazioni discorsive o iconiche.[15]

Un curricolo possibile

1. Dai copioni mentali ai copioni rappresentati

Il percorso si può così riassumere nello schema 4 procedendo dal presente verso il passato per conoscere meglio e dare più spessore al presente.

Faccio		Rifletto		Rappresento
Faccio esperienza, vivo	>>>	Penso a quello che faccio La mia esperienza	>>>	Racconto come si fa

Schema 4. Dai copioni mentali ai copioni rappresentati

Casi da trasformare in copione
La scuola deve costruire occasioni per far fare ai bambini esperienze locali e circoscritte funzionali alla costruzione di **casi**

---

15. Ad esempio, per i copioni del mondo feudale ci sono i testi divulgativi di Eileen Power, *Vita nel Medioevo*, (Einaudi) e quelli di George Duby.

che consentano la conoscenza del mondo in cui vivono e nello stesso tempo diventino modelli interpretativi sia del presente che del passato.

La proposta che segue è quella di una serie di copioni da far configurare nel presente grazie all'esperienza diretta in cui il bambino è nel ruolo di alunno e agisce con un gruppo ristretto, quello dei compagni di sezione, di aula o di scuola e con gli insegnanti e in una comunità più ampia, quella del personale della scuola e marginalmente anche dei genitori (attori secondari ma presenti nei diversi copioni).

Sono copioni che costituiscono il nocciolo del concetto di **educazione**[16] oggi. Essi diventano punto di partenza per la conoscenza dell'educazione nel passato e, con un ulteriore sviluppo nelle classi successive, un accesso agevole al concetto più ampio e complesso di Stato.

L'esperienza di frequentare la scuola è per i bambini un'esperienza densa di significati: è attesa, li coinvolge in prima persona ed è vissuta quotidianamente. Quale miglior opportunità per far sentire loro quanto è importante ciò che vivono? L'insegnante troverà nelle **routine quotidiane**[17] lo spunto perché dal copione che per l'esperienza quotidiana ogni bambino ha nella mente si possa passare al copione rappresentato e al copione comunicato.

- Entrare a scuola. Uscire da scuola.
- Fare l'appello.
- Fare l'intervallo. Fare la merenda.
- Andare in mensa.
- Stare in sezione o in aula durante le attività.
- Andare in palestra.

16. L'Educazione, nella didattica dei Quadri di civiltà è uno degli indicatori che serve a descrivere caratteristiche delle civiltà.
17. L. Coltri "Laboratori interdisciplinari per tutte le classi di Storia e Geografia e…", in *I quaderni di Vita scolastica*, Giunti Scuola, Firenze, 2011.

Grappoli di attività che si prestano a diventare copioni mentali ed a essere raccontate anche dai più piccoli. Ogni attività sfrutta l'esperienza che è fatta individualmente, ma che è fatta ripetere in gruppo, quindi, ripensata, nel momento in cui diventa oggetto di conoscenza.

Ma, frequentare la scuola oggi in Italia non implica solo questi copioni, ma anche:

• Fare un'uscita didattica alla fattoria.
• Andare in biblioteca.
• Andare al museo.
• Fare il pane.
• Fare l'olio.
• Vendemmiare.
• Produrre oggetti.

Proponiamo di inserire questa serie di copioni nel curricolo fino dalla scuola dell'infanzia o nelle prime classi della primaria. Ma se necessario in quanto favoriscono l'apprendimento dei concetti possono essere proposti anche ad altri livelli scolastici. Inutile dire che sono percorsi che favoriscono l'apprendimento degli alunni che presentano diverse forme di difficoltà.

Ognuna di queste attività porta i bambini a pensarsi una comunità in cui imparare come fare per raggiungere uno scopo comune oltre alle regole della convivenza. Regole che non si identificano con il copione ma ne sono solo una sua parte.

Inoltre, l'insieme di questa serie di copioni contribuirà a fare in modo che i bambini arrivino a rappresentarsi una macro categoria: la scuola dell'infanzia o la scuola primaria oggi in Italia. Da qui con opportuni interventi nelle classi successive gli stessi alunni potranno cominciare a pensare come avviene l'educazione delle giovani generazioni oggi, di come uno Stato si fa carico dell'educazione dei suoi cittadini e provvede ad un servizio pubblico.

Un'altra serie di copioni che si possono far configurare grazie anche all'esperienza diretta sono quelli legati all'agricoltura:

- Preparare il terreno.
- Seminare.
- Fare la raccolta dei frutti.

Copioni, quelli elencati, che, nel caso non si potesse farne fare esperienza diretta e seguire il percorso "dai copioni mentali a quelli rappresentati", potranno essere configurati con il percorso alla rovescia: "dai copioni rappresentati ai copioni mentali".

In questo secondo gruppo rientrano anche "Immagazzinare il raccolto" o tutti i copioni che servono a sapere come si fa ad "Allevare il bestiame" e che sono necessari a perfezionare il concetto di agricoltura e a capire i testi storiografici usati dalla terza primaria in poi.

Il testo conclusivo

Ogni rappresentazione di copione è inizialmente realizzata iconicamente mediante un grafico del tempo e si conclude con un testo, sottoforma di racconto scritto o illustrato, di scenografia di una drammatizzazione o di un prodotto mediatico, che può avere titoli quali: *"come si fa a..."* o *"come accade oggi che..."*. Con questo testo finale, che attesta l'avvenuta configurazione del copione, gli studenti rappresentano le informazioni raccolte e danno origine a una prima generalizzazione utile a conoscere meglio la civiltà in cui vivono. Da questo testo l'insegnante insegnerà a far scaturire le domande per conoscere, sullo stesso tema, altre situazioni che si verificano in luoghi diversi del mondo oggi o in tempi diversi, nel passato.

2. Dai copioni rappresentati ai copioni mentali

Il percorso rovesciato si può schematizzare come riportato nello schema 5.

Osservo una rappresentazione	Rappresento	Ho il copione mentale
Leggo un testo, guardo film o un documentario, analizzo una fonte archeologica.	Metto in relazione tra loro le informazioni sui tempi, lo spazio, i soggetti e i loro ruoli, gli strumenti.	Racconto io come si fa

Schema 5. Dai copioni rappresentati ai copioni mentali

La didattica dei copioni prevede in questo percorso curricolare che si parta da copioni già rappresentati da altri. Si deve perciò prendere in considerazione ciò che accade nella mente degli studenti di ogni età quando sono messi nelle condizioni di cogliere in qualsiasi modalità testuale gli elementi utili a formare un copione mentale di cui non hanno esperienza diretta. Prendiamo come esempio **la schiavitù** che è un concetto su cui le banalizzazioni si formano facilmente nella mente degli alunni.

Per far costruire il nocciolo concettuale è importante che l'insegnante scelga un copione che dia l'opportunità di non fermarsi alle informazione spicciole che il copione scelto dà ma di generare domande che possano arricchire di particolari il concetto che si sta costruendo. Ad esempio scegliere il copione *"Vendere gli schiavi nei mercati degli antichi Greci oppure dei Romani"*, consente di costruire nella mente dello studente una rappresentazione che fa pensare che implicato nella schiavitù, oltre alla perdita della libertà di una persona, c'è un commercio e, quindi, che una persona diventava merce e veniva venduta in un mercato; che c'era un mercante che gestiva la vendita; che c'erano compratori che acquistavano; che tutto questo avveniva in luoghi appositamente attrezzati per mostrare la merce e evitare la fuga; che c'erano tempi stabiliti di vendita; e un valore monetario. Scegliere la vendita offre anche l'opportunità di sapere che c'erano schiavi che lavoravovano nelle miniere, schiavi impiegati in agricoltura, ma anche schiavi che svolgevano diverse mansioni nelle case. Si crea così un copione mentale che consente la formazione del concetto base di schiavitù antica. Tale concetto dovrà essere ristrutturato quando gli studenti dovranno capire la tratta degli schiavi e la schiavitù in età moderna. Nello sviluppo curricolare la schiavitù serve a dare informazioni sull'aspetto dell'**organizzazione sociale** nei quadri di civiltà del passato antico, ad avere i concetti base sugli schiavi delle piantagioni di canna da zucchero o di cotone nelle Americhe quando affronteranno i processi di trasformazione della espansione europea o della mondializzazione dell'economia e poi quelli dell'abolizione della schiavitù e della guerra di secessione americana. Attrezzati di tali copioni gli studenti potranno problematizzare le informazioni mediatiche su situazioni assimilabili alla schiavitù anche nel presente.

Altri esempi di copioni da inserire nel curricolo

Per la primaria e nelle prime classi della scuola secondaria di primo grado possono essere proposti copioni già rappresentati utili a formare copioni mentali del passato che sono basilari per formare i concetti interpretativi:

• fondare una colonia da parte di Cretesi o di Fenici o di Greci o di Romani.

• Fondare una città al tempo dell'impero Romano.

• Svolgere alcuni riti religiosi presso le civiltà politeiste.

• Svolgere riti religiosi presso gli ebrei.

• Svolgere riti religiosi presso i cristiani antichi.

• Diventare re presso le civiltà antiche.

- Essere cittadini durante la democrazia di Atene.
- Essere cittadini romani.
- ...

Nella secondaria di primo e secondo grado
- Essere coloni americani nel ...
- Essere schiavi nelle piantagioni americane.
- Essere artigiani tessili nel periodo pre industriale in Inghilterra del...
- Essere operai di fabbriche tessili in Inghilterra o in Belgio o in Francia nel periodo della prima industrializzazione.
- ...

Sono alcuni copioni che messi in relazione ai concetti interpretativi facilitano la costruzione dei quadri di civiltà e la loro configurazione collocata all'inizio e alla fine di un grande processo di trasformazione e rende più agevole la comprensione del processo stesso, dando senso a parole come "rivoluzione", spesso usata dagli storici per designare mutamenti radicali in qualche settore delle attività umane.

Il metodo

Il metodo applicato a questa didattica prevede al centro un bambino o un ragazzo ricco di copioni vissuti che l'insegnante deve assumere allo scopo di:
- far fare operazioni di riflessione;
- far basare la conoscenza di sé e degli altri;
- per saper ipotizzare come comportarsi;
- per impostare i percorsi adeguati ad imparare a far domande per conoscere meglio il presente e il passato.

Il risultato che si otterrà alla fine del percorso è una ricostruzione che si realizza a partire da informazioni superficiali e sfilacciate già presenti nella memoria di ogni studente e che consentono una prima ricognizione e un primo riconoscimento di ciò che stanno leggendo o osservando.

Per arrivare a costruire il concetto devono prima di tutto fare operazioni di smontaggio e di individuazione degli elementi utili a estrapolare il copione dal testo proposto dall'insegnante che può essere il sussidiario, il libro di testo, un testo storico, una fonte museale, filmati o racconti di finzione.

Innanzitutto è fondamentale partire da ciò che gli studenti, di ogni età dall'infanzia alle superiori, sanno sul tema che proponiamo:

«L'apprendimento scolastico richiede[...] l'incorporazione di nuovi concetti e informazioni nella cornice cognitiva esistente e stabilita, dotata di particolari caratteristiche di strutturazione.»[18]

Questo per dare continuità all'apprendimento degli studenti facendo interagire le nuove conoscenze con quelle preesistenti, trasformandole in una sorta di palinsesto su cui sviluppare i processi cognitivi che si vogliono attivare.[19]

Lo schema riassume gli elementi costitutivi che guidano ad identificare le componenti utili a:

1. Analizzare un copione,
2. raccontare il copione stesso.

Con lo schema 6 l'insegnante può avere gli indizi sia nella fase iniziale della rilevazione delle preconoscenze che in quella finale della configurazione per una possibile valutazione del percorso fatto dallo studente.

18. Ausubel (ricavata da Goodwin e Klausmeier, 1975) "Rappresentazione schematica dei tipi di apprendimento", p.197.
19. L. Coltri, "Didattica delle preconoscenze, in Modelli progettuali e valutativi per l'intervento didattico", in *Quaderni di laboratorio per la formazione degli insegnanti*, a cura di E. Felisatti, Cluep, Padova, 2005.

Questo processo prevede l'utilizzo e lo sviluppo delle operazioni cognitive, cioè, di saper: tematizzare, individuare le informazioni coerenti al tema, ordinare le informazioni secondo molteplici temporalità, cogliere le relazioni e le funzioni tra diversi ambienti, saper comunicare con diverse modalità. Che si manifestano grazie a rappresentazioni schematiche come mappe semantiche o concettuali, grafici temporali o grafici per evidenziare la procedura delle azioni.

Va ricordato che l'azione di far configurare un copione deve essere breve, non disperdersi in tempi troppo lunghi, in questo caso entra in gioco la tematizzazione e occorre saper essere coerenti con il tema. Un copione si definisce con un titolo in cui il verbo guida la configurazione stessa della sequenza delle azioni.

	Luoghi	Dove si svolgono le azioni del copione?In quale parte del mondo?
Spazi	Territori	In quale territorio?Come si chiama?
	Ambienti	Come vengono chiamati gli ambienti?Come sono arredati?
Agenti	Ruoli	Chi sono?Come vengono nominati?Cosa fanno?
	Segni di riconoscimento	Hanno abbigliamenti o oggetti o segni particolari?
Tempi	Periodo	**Inizio**: con quale azione inizia il copione?**Fine**. con quale azione termina?In che periodo accade?
Azioni	Sequenza delle azioni	Come si concatenano le azioni?Quale viene prima e quale dopo?Quali sono contemporanee?Ogni quanto tempo si ripete?

Ne consegue

Scopi	Perché si realizza il copione?

Per finire...quando iniziare

È davvero importante che i bambini o i ragazzi conoscano tutto questo? La risposta è sì: innanzitutto per conoscere il mondo in cui vivono, ma soprattutto per saper dare il giusto significato a ciò che leggono nei libri di storia.

È quindi importante iniziare fin dalla primissima infanzia, quando i bambini sono nell'età in cui si formano i primi nuclei concettuali, quando manifestano un'alta curiosità sul mondo e hanno la necessità di sapere come agire.

Partendo dall'idea che è la continuità del pensiero che dà sistematicità alle nostre reazioni emotive, è determinante immaginare un curricolo in continuo divenire, che si faccia carico di costruire il pensiero e arricchisca l'immaginazione alimentata da una conoscenza sempre più ampia del mondo. Un curricolo di copioni che consente di formare cittadini di un mondo in continua trasformazione.

Come ti disegno la storia...

di *Antonina Gambaccini e Ciro E. J. Saltarelli*

1.Il progetto didattico: motivazioni e caratteristiche

Il progetto *Come ti disegno la storia*... prende forma dalla riflessione pedagogico-didattica portata avanti durante la Scuola Estiva di Arcevia del 2015 sulle rappresentazioni artistiche del passato nella didattica della storia,[1] e ne rappresenta un tentativo di applicazione pratica fondata su di una concezione interdisciplinare e inclusiva della didattica. Alla sua realizzazione hanno contribuito in maniera determinante l'esperienza pedagogica e la passione professionale del gruppo di Storia in Rete di Corinaldo e della dirigenza dell'Istituto Comprensivo di Corinaldo. Ideato in memoria del professor Lorenzo Mancinelli, il progetto si è distinto per l'assunzione dell'esperienza diretta e cooperativa quale canale privilegiato per l'apprendimento della storia locale attraverso il *medium* del linguaggio fumettistico. Un simile orizzonte progettuale ha richiesto fin da subito agli alunni l'utilizzo di competenze pluridisciplinari acquisite durante la scuola primaria e ha permesso di rendere operative singole attitudini personali come quelle del disegno, della scrittura e del "pensare storicamente".

---

1. P. Lotti, E. Monari (a cura di), *Incroci di linguaggi. Rappresentazioni artistiche del passato nella didattica della storia*, Mnamon, Milano 2016.

La trasversalità del linguaggio fumettistico è stata alla radice della costruzione di un "progetto ponte", che ha visto il mutuo coinvolgimento delle ultime classi della scuola primaria e le prime di quella secondaria dell'Istituto Comprensivo. L'ideazione, l'attuazione e la valutazione del progetto hanno richiesto il contributo di un team di lavoro numeroso e dotato di competenze specifiche per ciascun ambito d'interesse. È risultata altresì importante la formazione dei docenti a coordinamento delle attività didattiche: una formazione che è venuta a rappresentare anche un'opportunità di accrescimento professionale e culturale per l'intera comunità scolastica.

Sotto la guida degli insegnanti, gli alunni hanno realizzato una narrazione fumettistica incentrata su alcuni episodi storici locali, sensibilizzandosi ad alcuni aspetti della ricerca storica e della ricostruzione di un dato contesto del passato.

Alcuni numeri per contestualizzare meglio: il progetto ha interessato un totale di 127 alunni, 9 classi (5 prime scuola secondaria di I grado e 4 quinte della primaria) dislocate in tre plessi scolastici dell'Istituto Comprensivo di Corinaldo. Hanno attivamente partecipato al progetto 34 insegnanti di varie discipline che hanno interagito costantemente con esperti di fumetto, didattica del fumetto, storia locale e archeologia. Come si può immaginare dalla varietà delle specializzazioni coinvolte, il lavoro didattico si è aperto ad un contesto di riferimento più ampio in grado di conferire una significativa concretezza alle attività svolte in classe. Inoltre, sempre per seguire la linea dell'apertura delle discipline a un pubblico più vasto, la cittadinanza e le famiglie degli alunni sono stati chiamati a condividere l'esperienza di narrare la Storia attraverso l'arte del fumetto. All'interno del Palazzo comunale è stata allestita ed aperta al pubblico una mostra del fumetto *Metauro*, che gli alunni hanno visitato. La presentazione della mostra, con la presenza dell'autore Michele Petrucci, è stato un momento di condivisione del progetto didattico con la cittadinanza.

Fondamentale è stata anche la cooperazione tra le varie istituzioni territoriali (comune e scuola) che hanno condiviso i principali obiettivi di questo progetto contribuendo alla sua riuscita. Questa coralità è stata la cifra distintiva del progetto e ha permesso la realizzazione delle numerose attività didattiche progettate. L'organizzazione del lavoro è stata strutturata per fasi consequenziali che possono essere riassunte in otto sessioni fondamentali:

1. formazione dei docenti con interventi di esperti in didattica del linguaggio fumettistico, didattica sperimentale, storia locale, archeologia e condivisione degli obiettivi d'apprendimento e delle competenze da raggiungere;
2. allestimento della mostra fumettistica *Metauro. Genius Loci* di Michele Petrucci sulla seconda guerra punica;
3. selezione e presentazione da parte dei docenti dei testi storiografici da trasporre e reinterpretare nel linguaggio fumettistico;
4. costruzione dello *storytelling* all'interno del gruppo classe;
5. incontro con fumettista e docente specializzato per la costruzione dello *storyboard* – definizione delle sequenze narrative all'interno di gruppi di pari;
6. ultimazione grafica e narrativa delle rappresentazioni finzionali;
7. valutazione dei prodotti artistici realizzati dagli alunni da parte di una commissione di esperti;
8. condivisione del lavoro con le famiglie e con le altre classi.

2. Quale storia raccontare? Perché la storia locale? Scelte di trasposizione didattica

Uno degli elementi comuni a tutte le classi coinvolte è stato quello della scelta di un argomento e di un testo di storia locale. Certamente la vicinanza geografica ai luoghi, che furono teatro delle vicende storiche oggetto di trasposizione fumettistica, ha permesso agli alunni un maggior grado di immedesimazione, conferendo allo stesso tempo, come si è detto, una reale concretezza alle conoscenze apprese. Determinante è stato il supporto di storici locali che hanno saputo indirizzare docenti ed alunni alla formazione di una sensibilità verso il "pensare storicamente" mettendo in luce di volta in volta le incongruenze e gli anacronismi emersi. Le tematiche, dunque, sono state selezionate secondo un criterio territoriale dei plessi scolastici e per ciascun argomento sono stati forniti agli insegnanti precisi riferimenti bibliografici:

• l'assedio di Corinaldo del 1517[2] (plesso di Corinaldo);

• movimenti migratori nel comune di Montenovo nel basso medioevo (plesso di Ostra Vetere);[3]

• La battaglia del *Sentinum* (o delle Nazioni) combattuta nel 295 a.c. (plesso di Castel Leone di Suasa).[4]

Pur non potendo operare un'analisi completa del testo storiografico, gli alunni si sono soffermati su alcune parti, precedentemente selezionate dai docenti, dalle quali hanno tratto conoscenze storiche fondamentali per l'impostazione del

2. M. Carofoli, *Corinaldo l'assedio del 1517*, Cassa rurale e artigiana, Corinaldo 1984. Per una versione più aggiornata e d esaustiva delle vicende storiche prese in considerazione si veda: Libro di Dario.
3. A. Fiorani, P.M. Maffoli, *Il processo del 1252 per l'incastellamento di famiglie barbaresi all'interno di Montenovo*, Centro Cultura Popolare Ostra Vetere 1981.
4. M. Astracedi, U. Barlozzetti, *Sentinum 295 a.C.*, la battagli delle Nazioni, Sopraintendenza per i Beni Archeologici delle Marche, Ancona 2006.

lavoro. Un'adeguata analisi del testo storiografico è risultata indispensabile per una corretta trasposizione storico-fumettistica. Altresì importante è stata la possibilità degli alunni di visionare e confrontarsi con materiale iconografico del passato, operando talvolta una selezione di elementi anacronistici da non riportare nella rappresentazione grafica di quel particolare passato preso in considerazione. Ciò ha potenziato il lavoro didattico quotidiano inteso a insegnare a pensare storicamente ogni realtà, contribuendo a formare negli alunni un pensiero critico capace di comprendere e interpretare le tracce del passato che quotidianamente si palesano davanti ai loro occhi.

3. Scelte metodologiche e strumenti didattici

Le attività didattiche sono state strutturare all'interno delle seguenti metodologie didattiche tra loro combinate:

- apprendimento cooperativo;
- apprendimento per scoperta;
- *co-teaching*.

Ad un preliminare lavoro in classe da parte degli insegnanti volto a presentare agli alunni il progetto, le specificità del linguaggio fumettistico e le vicende storiche oggetto di trasposizione, è seguita la suddivisione delle classi in gruppi costituiti da 4-5 alunni. All'interno di ciascun gruppo sono stati assegnati ruoli precisi (sceneggiatura, rappresentazione grafica, approfondimenti storici), oltre ad esporre le varie fasi di realizzazione del progetto. I docenti delle classi hanno individuato all'interno di ciascun gruppo di pari, secondo le attitudini precedentemente osservate, i ruoli da assegnare a ciascun alunno. Solo la costruzione dello *storytelling* è stata fatta all'interno di ciascuna classe in modo che ciascun alunno acquisisse le conoscenze generali della narrazione, propedeutiche allo svolgimento di ciascun ruolo. L'organizzazione del lavoro è stata flessibile e ha cercato di rispondere alle esigenze contestuali e di personalizzazione didattica. Tutti i plessi si sono differenziati per strutturazione del prodotto finale. Alcuni hanno adottato una linea di lavoro che prevedeva una forte collaborazione tra i vari gruppi facendo realizzare a ciascuno una sequenza della narrazione; altri hanno preferito far replicare a ciascun gruppo l'intera storia proposta; altri ancora hanno optato per una soluzione intermedia lavorando per piccoli gruppi in classe. La versatilità del progetto ha permesso di individuare in tutte e tre le modalità organizzative particolari punti di forza. La scelta della narrazione corale ha sviluppato la capacità cooperativa degli alunni nel creare una sequenza che costituisse una parte, non esaustiva ma tuttavia fondamentale, della narrazione generale creando al contempo le condizione per la cura dei particolari. La ripetizione della stessa storia, in versione sempre differente e ricca di spunti di riflessione, ha creato invece le condizione per far riflettere gli alunni sulla soggettività della narrazione storica e sulle infinite possibilità dell'espressività umana.

Gli strumenti didattici utilizzati sono stati numerosi e hanno interessato ambiti disciplinari differenti: LIM, materiale iconografico multimediale, testi storiografici, siti e reperti archeologici e strutture architettoniche cittadine. Oltre a questi strumenti, sono stati utilizzati quelli che quotidianamente sono presenti nelle aule didattiche come il sussidiario, le mappe concettuali e materiale audiovisivo. È stato proposto agli studenti anche l'utilizzo di software per produrre fumetti in formato multimediale, non trovando riscontro principalmente a causa della mancanza di tempo da dedicare alla formazione degli alunni e alla realizzazione del prodotto didattico.

4. La realizzazione del progetto

La realizzazione ha richiesto la costante supervisione e organizzazione del lavoro da parte dei docenti curricolari, sempre coordinati dalla docente responsabile del progetto (Antonina Gambaccini). L'avvio delle attività, sia per i docenti che per gli alunni, ha corrisposto all'incontro con l'autore di fumetti Michele Petrucci e il consulente in didattica del fumetto Ciro Elio Junior Saltarelli. Il primo ha seguito con gli alunni le fasi di realizzazione della narrazione fumettistica fornendo indicazioni e suggerimenti determinanti per la realizzazione grafica della storia, mentre il secondo si è occupato di affiancare in particolar modo i docenti nelle diverse fasi d'impostazione delle attività didattiche. Dopo questi incontri preliminari, i docenti hanno lavorato in maniera collegiale all'interno delle ore di didattica ordinaria. Infine, la valutazione di vari esperti dei lavori prodotti dai ragazzi è stata la certificazione della positività dell'esperienza didattica intrapresa e della buona qualità dei prodotti didattici. Proprio per questo motivo è stato deciso dalla commissione giudicatrice di premiare tutti e tre i plessi scolastici per i lavori presentati, ciascuno per particolari caratteristiche storico-fumettistiche e metodologiche. Il premio che hanno ricevuto gli alunni è consistito in una selezione di *graphic novel* storiche, [5] nel tentativo di rendere ancor più familiare ai ragazzi il racconto grafico di carattere storico.

5. Conclusioni

Un lavoro, dunque, denso di significato e con potenzialità davvero corpose riguardo la didattica. Procedure didattiche interessanti che richiamano le attuali indicazioni pedagogiche

5. Lista libri.

sull'utilizzo in ambito scolastico delle T.I.C. (Tecnologie dell'Informazione e della Comunicazione) e sulle competenze digitali e trasversali.[6]

Inoltre, l'utilizzo di più linguaggi comunicativi ha permesso maggiore espressività e partecipazione da parte di ciascun alunno. L'impostazione interdisciplinare ha avuto il merito di rendere significative le esperienze fatte e le conoscenze apprese, percependo le differenti implicazioni disciplinari che le attività proponevano di volta in volta. Tuttavia, per la realizzazione di progetti transdisciplinari così articolati *la conditio sine qua non* è la relazione umana, che lega le scoperte e i contenuti appresi ad afflato comunicativo. Maestri, professori, esperti, alunni tutti impegnati insieme a produrre cultura geo-storica ed artistica collaborando divertendosi e scambiando spesso i propri ruoli.

La positività e la fecondità di una simile impostazione metodologica, sia per i docenti che per gli alunni, è testimoniata dalla continuità progettuale del Gruppo Storia in rete di Corinaldo, che ha proposto e realizzato un progetto similare per comprendere meglio le procedure che intessono tra loro testi storiografici, *storytelling* e linguaggio fumettistico. Il Corso realizzato, intitolato *Come ti accendo la Storia...*, è stato incentrato su: fonti storiche, testi storiografici e sito archeologico della miniera di zolfo di Cabernardi; all'interno delle attività di formazione i docenti stessi hanno lavorato in gruppi per produrre storie a fumetti con le stesse modalità esperite dagli alunni in *Come ti disegno la storia*.

---

6. Cfr. Piano Nazionale Scuola Digitale (PNSD) contenuto nella legge 107/2015 e stato presentato dal Ministero il 28 ottobre 2015 come documento per guidare le scuole in un percorso di digitalizzazione e innovazione.

Figura 1: narrazione a fumetti realizzata dalla classi del plesso di Castel Leone di Suasa (I_C: Corinaldo) all'interno del progetto **Come ti disegno la Storia**...

*Figura 2: la narrazione a fumetti realizzata da classi del plesso di Ostra Vetere (I.C. di Corinaldo) all'interno del progetto **Come ti disegno la Storia**...*

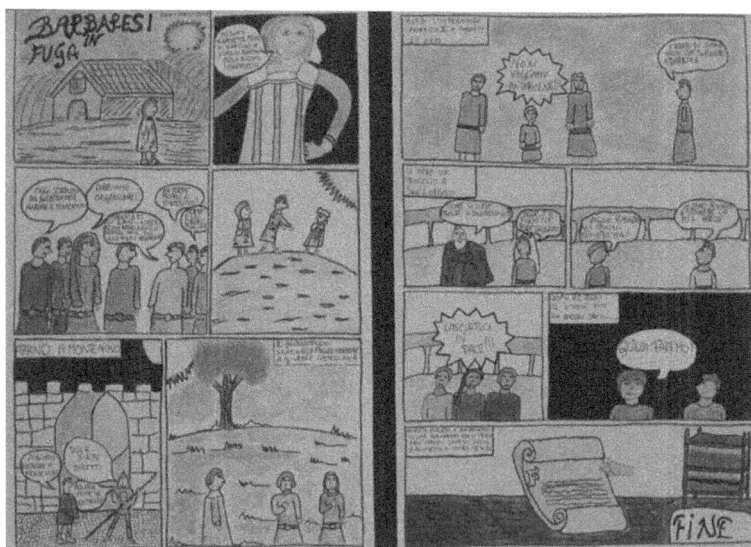

*Figura 3: la narrazione a fumetti realizzata da classi del plesso di Ostra Vetere (I.C. di Corinaldo) all'interno del progetto **Come ti disegno la Storia**...*

Laboratorio. Il fumetto storico nel processo di apprendimento: costruzione dello storyboard a partire dal testo storiografico

coordinato da *Antonina Gambaccini* e *Ciro E. J. Saltarelli*

1. Il laboratorio

Il laboratorio è stato progettato per docenti di scuola primaria e secondaria con particolare riferimento alle discipline storiche, letterarie ed artistiche. Ha partecipato una sola insegnante della scuola primaria[1] che si è mostrata subito interessata all'utilizzo didattico della narrazione fumettistica. La corsista ha condiviso preliminarmente con i coordinatori l'importanza di metodologie e strumenti didattici dotati di un approccio interdisciplinare, inclusivo e corale all'apprendimento e allo sviluppo di conoscenze, abilità e competenze. Il ristretto numero di adesioni ha imposto una metodologia di lavoro realmente laboratoriale, all'interno della quale i due coordinatori (un docente della scuola secondaria di secondo grado e una docente di scuola primaria) si sono cimentati nelle attività cooperando attivamente con la corsista e partecipando alla produzione del prodotto finale. L'obiettivo del laboratorio è stato quello di creare un fumetto

1. Liuba Pizzimenti.

partendo dalla lettura e dall'analisi di un testo storiografico precedentemente selezionato dai coordinatori.

Dopo un approfondimento iniziale sulle specificità del linguaggio fumettistico è stato presentato all'interno del gruppo di lavoro il testo storiografico dal quale si è partiti per la costruzione di uno *storyboard*. I coordinatori hanno guidato la docente alla selezione dei contenuti storici e degli elementi grafici richiesti per un'efficace trasposizione didattica, focalizzando l'attenzione sulla necessità d'individuare con chiarezza il messaggio oggetto della narrazione. L'articolazione del lavoro è stata la seguente:

1. scelta dell'ambientazione storica e dei personaggi (possibilmente significativi);
2. strutturazione dello *storytelling* (facendo attenzione all'eventuale presenza di anacronismi);
3. impostazione grafica del lavoro: scelta della suddivisione in sequenze della pagina, modalità espressive (disegno, collage, software);
4. consultazione di materiale iconografico di carattere storico per trarre modelli o esempi necessari alla rappresentazione;
5. realizzazione grafica e definizione della sceneggiatura e delle didascalie narrative.

È stato molto importante all'interno del gruppo di lavoro l'individuazione, fin da subito, dei diversi ruoli da parte di coordinatori e corsista (elaborazione grafica, elaborazione narrativa, selezione e analisi delle fonti, revisione degli anacronismi). Replicando l'impostazione metodologica dei piccoli gruppi di lavoro, consigliata per questo genere di attività, i docenti hanno potuto sperimentare in prima persona le potenzialità e la criticità di questa proposta didattica. Parallelamente è stato possibile registrare entusiasmo e partecipazione da parte di tutti e tre i docenti impegnati nel laboratorio.

La modalità cooperativa è stata restituita anche in sede di presentazione dei risultati finali del laboratorio davanti alla platea di docenti della Scuola Estiva di Arcevia, poiché è stata la corsista stessa ad esporre i punti di forza e le criticità del lavoro laboratoriale svolto con i coordinatori.

2. Strumenti utilizzati

Gli strumenti utilizzati dai partecipanti sono stati: testi storiografici, materiale iconografico storico, fonti scritte e fonti iconografiche, fumetti e *graphic novel* del periodo storico prescelto. Relativamente agli strumenti teorici utilizzati per una corretta trasposizione fumettistica di vicende storiche si vedano le indicazioni presenti negli Atti della Scuola Estiva di Arcevia del 2015.[2]

Vista la ristrettezza del tempo a disposizione la corsista ha optato per una soluzione grafica che integrasse la tecnica del disegno a mano libera con quella del collage.

3. Conclusioni

All'interno del laboratorio s'è creata la possibilità di sperimentare concretamente le potenzialità didattiche della narrazione grafica, facendo interagire direttamente i docenti con il linguaggio fumettistico. I partecipanti hanno preso altresì coscienza dell'importanza di una trasposizione didattica ben strutturata e progettata per la realizzazione di un prodotto finale

---

2. P. Lotti, E. Monari (a cura di), *Incroci di linguaggi. Rappresentazioni artistiche del passato nella didattica della storia*, Mnamon, Milano 2016. In particolare il saggio di C.E. Saltarelli, "Il *graphic novel* storico: dalla produzione all'insegnamento", pp.178-180.

realmente significativo per l'apprendimento della storia e per la costruzione delle competenze chiave di cittadinanza attiva. Una delle criticità emerse è stata la necessità di molto tempo per realizzare queste tipologie di progetti in classe, arginabile, in parte, attraverso una progettazione svolta sulla base delle indicazioni fornite dagli esperti del settore. Tuttavia, il riscontro generale da parte della corsista è stata più che buono e all'interno del gruppo è stato creato un clima collaborativo e costruttivo che ha permesso la sostanziale riuscita del laboratorio.

4. Materiali utilizzati e prodotti

Riportiamo di seguito le schede di analisi del testo storiografico[3] proposta alla corsista.

Parte seconda: soggetti sociali
Studenti a Roma durante l'Impero
Paul Veyne

Il testo presenta alcuni aspetti della educazione scolastica dei ragazzi romani nel periodo dell'Impero

Testo	Questioni
Era l'alfabetizzazione un privilegio delle classi elevate? [...] In un romanzo un antico schiavo è orgoglioso di saper leggere le maiuscole; non poteva dunque leggere il corsivo dei libri, delle carte private, dei documenti, ma poteva decifrare le scritte delle botteghe o dei templi, e i manifesti relativi alle elezioni, agli spettacoli, alle case da affittare o alle vendite all'asta, per non dire delle epigrafi.	
D'altro lato, se è vero che i precettori privati erano accessibili solo alle famiglie molto ricche, c'erano "nelle città e nei villaggi", dice Ulpiano, "dei maestri che insegnavano i rudimenti della scrittura";	

3. Tratto da M.T. Rabitti, G. Brioni, E. Farruggia, *Descrivere le civiltà. Repertorio di testi descrittivi per costruire i quadri di civiltà del Mondo Antico*, Quaderni operativi dell'Istituto Pedagogico di Bolzano, n.22, Junior Edizioni, Bergamo 2008.

la scuola è un'istituzione riconosciuta; delle vacanze scolastiche decideva il calendario religioso e gli scolari andavano a lezione la mattina.

Abbiamo scoperto una quantità di documenti scritti di mano di gente semplice: conti di artigiani, lettere ingenue, graffiti murali, tavolette con sortilegi...

Ma scrivere per sé è una cosa, saper scrivere per gente più colta è un'altra: per questo bisogna conoscere le regole di stile e, prima di tutto, l'ortografia (che i graffiti ignorano). Cosicché, per redigere un documento pubblico, un placet, anche un semplice contratto, persone che, alla lettera, sapevano leggere e scrivere si sentivano "illetterate" e si rivolgevano a uno scrivano pubblico (notarius).

Una parte più o meno notevole dei piccoli Romani nondimeno era andata a scuola fino a dodici anni, le bimbe come i ragazzi (lo conferma il medico Sorano); meglio ancora, le scuole erano miste.

A dodici anni i destini dei maschi e delle femmine si separano, come quelli dei ricchi e dei poveri. I soli maschi, se sono di famiglia agiata, continuano gli studi: sotto la frusta di un "grammatico" o professore di letteratura, studiano i classici e la mitologia (di cui non si credeva nemmeno una parola, ma che faceva riconoscere la persona colta); in via eccezionale, qualche ragazza veniva posta dal padre sotto la guida di un precettore che le insegnava i classici.

Ma va detto che a dodici anni una ragazza è in età di marito, che certe, fin da questa giovane età, venivano maritate o il matrimonio consumato;; comunque, a quattordici anni una ragazza è adulta [...]. Se una donna si fa una cultura d'ornamento, sa cantare, ballare e suonare uno strumento (canto, musica e danza procedevano insieme), sarà lodata, si apprezzeranno i suoi talenti, ma ci si affretterà ad aggiungere che, nondimeno, ella è una donna perbene.

Laboratorio per scuola secondaria
Il fumetto storico nel processo di apprendimento
A cura di Antonina Gambaccini e Ciro Elio Junior Saltarelli

Si esamini il testo "Studenti a Roma durante l'Impero", riduzione di Paul Veyne *L'Impero romano* (tratto da *Descrivere le civiltà*, a cura di M. T. Rabitti, G. Brioni, E. Farnuggia, Ediz. Junior.

Analisi della struttura linguistica

1. Prevalenza di coordinate/subordinate...
....
....
....

169

2. Tipologie testuali utilizzate nelle parti iniziale-centrale-finale......................

....

....

....

3. Struttura semantica (esame termini sconosciuti-individuazzioni di parole chiave-
eventuale creazione di glossario..

....

....

....

....

....

....

4. Eventuale ricostruzione di significato...

....

....

....

....

....

....

Riportiamo anche lo *storyboard* prodotto dal gruppo di lavoro.

Facciamo finta che...
Imparare con la fantasia

di *Mattia Scacchi* e *Marco Tibaldini*

Da principio l'idea di applicare la fantasia ad un contesto di apprendimento può sembrare un poco strana, oltre che completamente estranea alla tradizione filosofica e scientifica occidentale, la quale individua le basi dell'epistemologia in una rigorosa applicazione del pensiero scientifico. La creazione e lo sviluppo della conoscenza appare quindi dominio esclusivo del *Lógos* (il ragionamento), come dimostrato anche dall'utilizzo del suffisso – *logia* di cui è etimo, per indicare la validità scientifica di una disciplina: ad esempio lo ritroviamo nelle parole "biologia", "archeologia", "psicologia".

La fantasia si pone invece all'antitesi del *Lógos*, del pensiero scientifico e della logica ed il suo utilizzo in ambito epistemologico rischierebbe di compromettere l'effettiva validità di un pensiero. Potrebbe tuttalpiù avere un ruolo all'interno del subconscio e della parte irrazionale dell'essere umano, nella quale la rigidità del pensiero logico sembra venir meno e nella quale concetti ed idee vengono accostati secondo modalità differenti.

Secondo questa prospettiva la fantasia risulterebbe un argomento di interesse esclusivamente psicologico, con particolare riferimento all'età infantile, uno stadio dello sviluppo in cui il pensiero logico e critico sono in fase di formazione e presentano quindi molte lacune che vengono colmate dal bambino facendo ricorso ad espedienti fantasiosi.

Analizzando la questione in modo più approfondito e considerando la presenza di un pensiero di tipo fantastico all'interno dei meccanismi, processi e schemi cognitivi, la situazione risulta molto più complessa.

Fantasia ed immaginazione

Iniziamo, quindi, ad inquadrare l'oggetto della nostra riflessione: il termine *fantasia* deriva dal Latino *phantasīa*, il quale a sua volta deriva dal greco φαντασία (phantasia), termine che trova le sue radici nella parola φαίνω (phaino = mostrare), ed indica la facoltà della mente umana di creare immagini, di rappresentarsi cose e fatti corrispondenti o meno alla realtà.

L'etimologia della parola *fantasia* ci riporta quindi all'epoca degli antichi filosofi greci, i quali avevano già sviluppato delle proprie considerazioni circa la natura di questa facoltà della mente umana: secondo Platone la sede dell'immaginazione si trovava nel fegato, il quale, con la sua superficie liscia rifletteva le immagini.[1] Per il filosofo ateniese l'immaginazione e la fantasia erano quindi poste in relazione con la percezione visiva del mondo, resa possibile grazie alla luce che illumina i corpi e ne consente la vista. Le immagini così acquisite attraverso gli occhi si depositavano presso un organo interno al corpo umano, per l'appunto nel fegato.

Un'analisi più strutturata dell'argomento venne invece elaborata da Aristotele. Il filosofo di Stagira considera la fantasia un'attività riferita alla ragione discorsiva e conoscitiva (nella morale aristotelica era detta "dianoetica"), atto intellettivo

1. Platone, *Timeo*, pp. 71a sgg.

ma non percettivo che quindi si differenzia da altre facoltà quali la Sensazione, l'Opinione, la Scienza e l'Intelletto:

«La fantasia, invero, è distinta dalla sensazione e dalla riflessione, tuttavia essa non nasce senza sensazione e senza di lei non vi è nozione. [...] Poiché la vista è il senso per eccellenza, la Fantasia ha tratto il suo nome dalla luce: senza luce infatti non ci è concesso vedere.»[2]

Come Platone, anche Aristotele individua, quindi, una relazione fra la parola *phantasia* ed il termine *phàos*, che significa "luce", poiché grazie alla luce è possibile vedere delle immagini, le quali restano poi impresse nella nostra memoria e vengono rielaborate dalla nostra mente in modo spontaneo soggettivo e personale, senza bisogno di stimoli esterni.

In ambito filosofico si sviluppò un dibattito piuttosto intenso ed appassionante circa la natura dell'immaginazione e della fantasia, attraversando i secoli e coinvolgendo importanti pensatori di diverse epoche, aree geografiche e tendenze filosofiche. Dalla speculazione filosofica emerse in complesso una sostanziale sfiducia nelle potenzialità epistemologiche della fantasia, ma le venne riconosciuta una certa valenza cognitiva, anche se completamente priva di logica:

«Tutti infatti sanno che quante sono le teste, tanti sono i pareri; che ognuno stima d'aver ragione anche più del necessario; che ci son tante differenze fra le idee quante ce ne sono fra i gusti: detti, questi, che mostrano a sufficienza come gli umani giudichino delle cose secondo la disposizione del loro cervello, e come le immaginino più che comprenderle. Se infatti gli umani comprendessero mediante l'intelletto le cose nella loro realtà (come testimonia la Matematica) potrebbero magari non attrarre tutti, ma almeno convincere tutti alla stessa maniera.»[3]

---

2. Aristotele, *Sull'anima*, Libro III, 428 b-429.
3. Baruch Spinoza, *Ethica more geometrico demonstrata*, Appendice.

Da queste parole di Spinoza emerge piuttosto bene la contrapposizione fra il pensiero logico e la fantasia, in una partita che si gioca completamente all'interno della mente umana. Spesso in ambito filosofico i termini di Immaginazione e fantasia sono stati utilizzati come sinonimi, tuttavia la psicologia cognitiva e le neuroscienze contemporanee hanno introdotto una significativa differenziazione tra due processi mentali, denominati in inglese *imagery* e *imagination*.

Viene definito *Imagery* (immaginazione) il processo di produzione di immagini mentali, generate all'interno della mente senza una fonte esterna di stimolazione. Il termine *Imagination* (fantasia) indica invece il processo di combinazione creativa delle immagini: un insieme di operazioni mentali implicate nella produzione artistica, ma anche in quelle forme di attività mentale (inclusi il pensiero infantile, il pensiero magico e il pensiero schizofrenico) che deviano dal pensiero discorsivo fondato sulle leggi della logica.[4]

Oggi, la fantasia e l'immaginazione vengono quindi considerati come due processi distinti, che utilizzano dei diversi meccanismi cognitivi per svolgere funzioni differenti, ma entrambe utili allo sviluppo di competenze e conoscenze.

La fantasia in una prospettiva pedagogica

Un riconoscimento del valore cognitivo di questi due processi mentali è presente anche nel pensiero di Piaget, secondo il quale il bambino è un costruttore di teorie *trial'n error* che compie delle generalizzazioni, applica dei copioni ed ama fare narrazioni. In tutte queste attività la fantasia gioca un ruolo importante, in particolare portando alla rielaborazione

---

4. Luciano Mecacci, *Enciclopedia Treccani*, voce "Fantasia e immaginazione", VII Appendice, 2007.

delle informazioni in modo personale. Attraverso l'utilizzo di una forma di pensiero fantastico le esperienze concretamente vissute dal bambino vengono processate e portate da un livello materiale ed esperienziale ad uno astratto. Vengono poi esplorate nelle loro potenzialità attraverso la domanda che il bambino si pone implicitamente chiedendosi: "e cosa sarebbe successo se...?".

Infatti, sempre secondo Piaget, i bambini di 4 anni dimostrano la capacità di elaborare spiegazioni complesse dei comportamenti degli altri, il che significa riuscire inconsciamente a mettersi nei panni degli altri e pertanto utilizzare la fantasia per esplorare una realtà ipotetica. Secondo la tabella dello sviluppo cognitivo di Piaget, nello stadio dell'infanzia definito pre-operatorio (2-7 anni) si fa largo uso della fantasia:

- il bambino è in grado di utilizzare dei simboli e quindi di astrarre delle informazioni;
- aumenta le proprie competenze linguistiche e quindi è in grado di gestire correttamente il rapporto fra significante e significato;
- sviluppa la memoria e l'immaginazione;
- presenta delle capacità intuitive di soluzione dei problemi, competenza possibile grazie ad un'applicazione di un pensiero ipotetico che sfrutta il processo cognitivo della fantasia, infatti a 5 anni i bambini sono in grado di dire bugie complesse ed intenzionali al fine di perseguire uno scopo.

Oltre al pedagogista svizzero altri psicologi si sono dedicati allo studio di questa facoltà dell'intelletto umano, arrivando a definire l'immaginazione e la fantasia come dei processi cognitivi di base, che consentono di acquisire delle informazioni dall'ambiente circostante e di rielaborarle attraverso una forma di pensiero che non segue legami logici, ma che si presenta come riproduzione ed elaborazione libera del contenuto di un'esperienza sensoriale.

In prospettiva pedagogica la Fantasia appare, quindi, come uno strumento attraverso il quale l'intelletto umano districa la complessità della realtà e:

- ne esplora le potenzialità effettive ed ipotetiche;
- suggerisce interpretazioni metafisiche in grado di motivarne o spiegarne i fenomeni;
- suggerisce relazioni fra concetti e nozioni;
- consente di modificare virtualmente la realtà per ipotizzare nuove possibili soluzioni, prevenire situazioni di rischio, oppure a scopo lusorio;
- porta ad una personale rielaborazione delle informazioni.

La fantasia ed immaginazione come strumenti per strutturare la conoscenza

Studi recentemente svolti nell'ambito della psicologia cognitiva, principalmente in area anglosassone, hanno portato la discussione ad un livello successivo, domandandosi se la fantasia e l'immaginazione, come processi cognitivi, intervenissero solamente nella fase di modifica e rielaborazione delle informazioni, oppure se in qualche modo concorressero anche alla fase di acquisizione. Secondo lo psicologo della percezione Kevin O'Regan ed il filosofo Alva Noe, [5] la percezione delle informazioni visive non è una sorta di fotografia del mondo esterno ottenuta passivamente dal discente per poi essere rielaborata, ma un processo attivo di ricognizione e individuazione di informazioni anche in funzione degli

5. J.K. O'Regan, A. Noë, "A sensorimotor account of vision and visual consciousness", in *Behavioral and brain sciences*, 2001, 24, pp. 939-103. Documento reperibile sul sito dell'ateneo: http://nivea.psycho.univ-paris5.fr/Manuscripts/ORegan;Noe.BBS.pdf.

interessi dell'osservatore. La fantasia e l'immaginazione entrerebbero in azione direttamente in questa fase suscitando un senso di interesse, orientando lo sguardo e l'attenzione, contribuendo a creare quello che O'Regan e Noe chiamano il «quadro di un'esperienza visiva» proprio mentre questa si sta compiendo.

Quindi, non vi sarebbe prima un'attività di percezione e poi una rielaborazione, ma già durante la fase di acquisizione ciò che viene percepito al contempo viene anche filtrato e selezionato in base alle aspettative del soggetto. L'attenzione guiderebbe l'esplorazione del mondo esterno e verrebbe percepito solo ciò che corrisponde agli schemi e alle aspettative. Gli schemi cognitivi conservati nella memoria per esplorare determinate figure o scene nella realtà, vengono attivati anche quando queste sono solo immaginate. L'immaginazione influisce quindi sulle nostre possibilità e capacità di apprendere ciò che esperiamo nella realtà, suggerisce ipotesi, propone interpretazioni ed orienta i collegamenti fra le nozioni proprio mentre queste vengono acquisite.

La fantasia entra in azione quando, ad esempio, ci dedichiamo ad attività di carattere creativo, come ad esempio comporre un dipinto o un disegno, portandoci a scegliere accostamenti di forme e colori secondo un procedimento non sempre decifrabile sotto il profilo logico. I meccanismi cognitivi che utilizziamo per dar sfogo alla nostra creatività hanno un tale impatto emotivo su di noi da indurci ad utilizzarli anche in altre occasioni, portandoci a vedere solo ciò che vogliamo vedere ed a conoscere solo ciò che corrisponde alle nostre aspettative, oppure ad interpretare i fatti accaduti proprio come vorremmo che fossero andati.

In conclusione, possiamo dire che la fantasia gioca complessivamente un ruolo importante nell'acquisizione di nuove informazioni e soprattutto nella loro rielaborazione, ma anche che può influenzare in modo negativo questo processo poiché non è sempre facilmente gestibile in modo razionale e che può inibire il nostro pensiero critico. Inoltre, la fantasia viene spesso utilizzata per colmare i buchi di un quadro di informazioni, retaggio dell'età infantile che ci porta ad inventare là dove non sappiamo ed a credere per vere delle congetture che non sono altro che nostre ipotesi.

Fantasia ed apprendimento della Storia

La storia è uno degli ambiti più frequentati dalla fantasia umana, come testimoniano le numerose produzioni a carattere fanta-storico realizzate in ambito artistico, cinematografico, letterario ed anche ludico.[6] Tali realizzazioni risultano spesso di successo, probabilmente per via dell'effetto verosimile che se ne ottiene ed il loro elevato grado di diffusione fa sì che diventino strumenti attraverso i quali viene rielaborata la percezione personale e collettiva della storia. Leggendo un romanzo, guardando un film o giocando ad un videogioco storico ci si immerge in un contesto passato ricreato in modo virtuale, fittizio e fantasioso, ma tuttavia in grado di agevolare un processo di elaborazione delle informazioni.

Quando scegliamo di intraprendere un'esperienza di questo tipo siamo sospinti dalla necessità di acquisire o processare una conoscenza storica esplorandone le potenzialità, quandanche questa risultasse già acquisita e consolidata. Un esempio noto è il testo di Robert Cowley *La storia fatta con i se – Se Napoleone*

6. J. M. Cuenca, "Los juegos informáticos de simulación en la enseñanza y el aprendizaje de las Ciencias Sociales", *in Iber. Didáctica de las Ciencias Sociales, Geografía e Historia*, n. 30, 2001, pp. 69-81. Una sintesi dello studio di Cuenca Lopez è stato pubblicato da Mundus sul sito http://www.mundusonline.it/PDF/53.pdf.

avesse vinto a Waterloo ed altri eventi che avrebbero potuto cambiare il mondo, nel quale si esplorano le possibili storie alternative e gli eventi mai accaduti che queste avrebbero potuto contenere. In un certo senso, anche da adulti utilizziamo la fantasia in modo ludico per esplorare delle possibilità irrealizzabili, per "far finta che" e cercare di capire meglio gli eventi passati realmente accaduti inventandone di falsi, ma che rispondano sempre alle medesime dinamiche storico-sociali.

L'utilizzo della fantasia e dell'immaginazione all'interno di una specifica epistemologia disciplinare non ha però uno scopo meramente lusorio, poiché il pensiero fantastico può essere abbinato ad un percorso di ragionamento di carattere logico.

L'immaginazione è una particolare forma di pensiero che non segue regole fisse né legami logici, ma si presenta come riproduzione ed elaborazione libera del contenuto di un'esperienza sensoriale,[7] mentre la logica è lo studio del ragionamento e dell'argomentazione, in particolare dei procedimenti inferenziali, rivolto a chiarire quali procedimenti di pensiero siano validi e quali non validi. Sembrerebbero apparentemente inconciliabili, ma in realtà la mente umana per formulare una teoria utilizza entrambi questi procedimenti alternandoli nella creazione di un'idea fondata su ipotesi, congetture, speculazioni o supposizioni, anche astratte rispetto alla realtà. Questo processo si sviluppa unendo la capacità di raffigurarsi nella propria mente delle situazioni in modo completamente astratto e virtuale con la capacità di svilupparle secondo dinamiche razionali e frutto di esperienza reale; se ne ottiene una competenza indispensabile alla formazione di un pensiero critico ed alla formulazione di ipotesi e teorie.

Nello specifico, la fantasia e l'immaginazione sono fondamentali nello sviluppo del processo inferenziale di tipo

---

7. Dizionario Treccani, definizione.

abduttivo, il quale ci consente di inferire a ritroso, ossia di osservare un effetto e, grazie ad esso, di ricavarne la causa attraverso la formulazione delle ipotesi. Tale processo inferenziale è il cardine del Paradigma Indiziario delineato dallo storico Carlo Ginzburg il quale è:

«un metodo interpretativo imperniato sugli scarti, sui dati marginali, considerati come rivelatori [...] tracce infinitesimali consentono di cogliere una realtà più profonda, altrimenti inattingibile.»[8]

Secondo Ginzburg il lavoro dello storico consiste spesso nel ricavare un quadro unitario a partire da una serie di elementi apparentemente scollegati fra loro e pertanto ad utilizzare in egual misura un processo cognitivo di tipo logico ed uno in grado di elaborare delle ipotesi: la fantasia.

Possiamo quindi concludere dicendo che la fantasia è una facoltà della mente umana che concorre in diverse attività cognitive fondamentali per la creazione di un sapere storico: la possiamo utilizzare nella creazione dei copioni, nella tematizzazione e nella localizzazione, così come anche nella strutturazione di un contesto storico e di un quadro di civiltà. In complesso appare quindi come un processo cognitivo di base che è strutturale alla creazione ed acquisizione di competenze storiche, indispensabili in un contesto didattico nel quale:

«L'educazione storica non può essere considerata più come semplice fornitrice di conoscenze strutturate entro lo schema manualistico. L'insegnamento storico è l'ambito disciplinare più adatto a costruire la specifica tecnica di pensiero (schemi operativi mentali + abilità operatorie) che serve per comprendere il nostro rapporto col passato, per attribuire significati ai fatti del passato, per capire connessioni tra di essi, per reagire alle interpretazioni altrui, per capire il rapporto tra uso delle fonti e

8. C. Ginzburg, "Spie. Radici di un paradigma indiziario", in *Miti, emblemi, spie. Morfologia e storia*, Einaudi, Torino, 1986, par. 4. Disponibile online sul sito http://dasservizi.uniroma1.it/pdf/dispense/quarenghi_0607/spec/3_ginzburg.pdf.

ricostruzione del passato, per comprendere la funzione della storiografia
[…].»[9]

Forse, l'idea che la fantasia non possa avere un ruolo in un processo epistemologico scaturisce dal fatto che si è sempre puntata l'attenzione sui contenuti anziché sulle competenze: certamente non può fornirci delle informazioni che non abbiamo, non può diventare una scorciatoia per evitare di studiare, ma se viene utilizzata in modo consapevole ed appropriato può certamente aiutarci ad apprendere.

9. I. Mattozzi, "Che il piccolo storico sia", in *I viaggi di Erodoto*, 16 (aprile 1992), p. 168.

Bibliografia

C. Ginzburg, "Spie. Radici di un paradigma indiziario", in *Miti, emblemi, spie. Morfologia e storia*, Einaudi, Torino, 1986. http://dasservizi.uniroma1.it/pdf/dispense/quarenghi_0607/spec/3_gi nzburg.pdf.

J. M. Cuenca López, *Storia e videogiochi. Un'analisi didattica, in Mundus Online*, http://www.mundusonline.it/PDF/53.pdf

I. Mattozzi, "Che il piccolo storico sia", in *I viaggi di Erodoto*, 16 (aprile 1992

J. Kevin O'Regan e A. Noë, "A sensimotor account of vision and visual consciousness", in *Behavioral and brain sciences journal*, 24, 939-1031, 2001, http://nivea.psycho.univ-paris5.fr/Manuscripts/ORegan;Noe.BBS.pdf

L. Mecacci, "Fantasia e Immaginazione", in *Enciclopedia Italiana*, VII Appendice, 2007, http://www.treccani.it/enciclopedia/fantasia-e-immaginazione_%28Enciclopedia-Italiana%29/

Laboratorio
Inventare giochi didattici da utilizzare in classe

coordinato da *Mattia Scacchi* e *Marco Tibaldini*

Il nostro laboratorio è stato finalizzato alla creazione di giochi didattici pensati appositamente per essere utilizzati in classe.

Poiché nel mercato dell'editoria scolastica non sono disponibili molti giochi didattici in grado di stimolare i bambini all'acquisizione di competenze, soprattutto quelle necessarie all'apprendimento della storia, abbiamo iniziato la nostra attività mostrando e facendo provare alcuni giochi didattici realizzati dal gruppo di ricerca di cui facciamo parte: un memory storico ed un gioco dell'oca sull'ominazione.

Cimentandosi in questi giochi, i partecipanti al nostro laboratorio si sono "difesi" piuttosto bene ed hanno ottenuto dei risultati invidiabili.

Una volta terminata questa fase di gioco, abbiamo messo brevemente a fuoco i passi fondamentali da seguire per creare un gioco didattico. Abbiamo poi diviso i partecipanti in due gruppi in modo da lavorare in parallelo sulla creazione di due giochi.

I gruppi di lavoro hanno iniziato questa fase scegliendo la tematica da trattare; hanno dovuto quindi scegliere un argomento del programma che generalmente risulta difficile trattare e far apprendere, perché ricco di dinamiche storiche.

Successivamente hanno dovuto pensare quali processi cognitivi fossero richiesti per la comprensione di quell'argomento e individuare un gioco da tavolo tradizionale, quindi già dotato di un proprio regolamento, che contenesse lo stesso tipo di procedimento cognitivo, in modo da risultare un efficace veicolo per l'attivazione di competenze. Si sarebbero potuti scegliere, ad esempio, dei giochi di carte tradizionali ai quali sostituire i simboli ed i disegni, oppure utilizzare il gioco dell'oca sostituendo le caselle con degli eventi storici.

Dopo aver scelto l'argomento ed il gioco da modificare in senso didattico, i due gruppi di lavoro hanno dovuto pensare ad un'attività successiva da realizzare in classe per fare un de briefing, durante il quale far meglio mettere a fuoco gli aspetti didattici insiti nel gioco appena concluso. È questo il momento in cui i bambini compiono un'attività metacognitiva e prendono consapevolezza di quali operazioni hanno compiuto nel corso di quello che poteva sembrare un semplice gioco di società.

Entrambi i gruppi hanno scelto di espandere il lavoro svolto, ed in un caso addirittura di proseguirlo con un altro gioco di classe utile per far emergere più informazioni e mettere in moto competenze più articolate.

Riportiamo di seguito quanto emerso dopo due giorni di lavoro.

Gruppo 1

Il Primo gruppo era composto da Romana, Gabriella, Stefania ed Ilaria, che hanno scelto l'argomento "*le professioni legate alla storia*" ed hanno nominato il loro gioco di classe "*history jobs*".

Dopo una breve brainstorming, durante il quale il gruppo ha elencato numerosi giochi da tavolo tradizionali o molto noti, è stato scelto come "gioco modello" il famoso "*gioco del tappo*". In questo gioco bisogna abbinare una serie di carte, riconoscendole come parte dello stesso gruppo. Il processo cognitivo che viene messo in atto, seppure in modo molto basilare, è quello della tematizzazione. In questo caso è necessario riconoscere dei tratti di similarità fra diversi oggetti e ricondurli tutti ad un'unica area semantica o concettuale.

Una volta scelto l'argomento ed il gioco tradizionale da utilizzare come modello, ha preso il via una vera e propria fase creativa. È stato quindi inventato un gioco didattico per la classe terza, grazie al quale mettere a fuoco quelle che sono le professioni e le competenze dell'archeologo, del paleontologo, del geologo e dello storico. Per questo tutte le carte utilizzate nel gioco rappresentavano degli oggetti utilizzati in uno di questi quattro lavori. Accanto a questo mazzo di carte ne è stato preparato un altro nel quale sotto ad ogni immagine era riportata una piccola didascalia con il nome dell'oggetto rappresentato.

Questi due mazzi di carte, quasi identici, sono stati pensati per dar vita ad un momento di gioco libero grazie al quale i bambini possano iniziare a familiarizzare con le immagini. In questo caso specifico i bambini dovrebbero usare le carte per giocare al *memory*, dividendosi in piccoli gruppetti.

Una volta terminata questa fase di gioco libero, i bambini dovrebbero essere divisi in quattro squadre ad ognuna delle quali andrebbero consegnati quattro cartelloni raffiguranti un archeologo, un paleontologo, un geologo ed uno storico.

A questo punto, dopo aver mescolato le carte usate precedentemente, si è pensato di far distribuire sei carte per ogni giocatore, che, a turno, dovrebbe scartarne una e passarla al compagno posto alla propria sinistra. In questo modo i giocatori dovrebbero cercare di raccogliere tutte le carte riferite ad una delle quattro professioni mostrate sui cartelloni.

Quando un giocatore fosse riuscito nell'impresa, dovrebbe dichiararlo mostrando le carte e esplicitando la relazione tra ciascuna di esse e la professione.

In caso di errore, le carte andrebbero rimescolate.

La difficoltà di questo gioco sta nel fatto che i bambini, non conoscendo ancora quali siano gli oggetti riferiti a ciascuna professione, dovrebbero seguire il loro intuito ed attivare tutte le loro funzioni cognitive.

Infine, questo gioco è stato sottoposto all'altro gruppo che, dopo aver giocato, l'ha trovato divertente ed efficace. Un insegnante che ha partecipato al nostro laboratorio ha poi scelto di utilizzarlo nella propria classe nel corso dell'anno scolastico 2016-2017.

Gruppo 2

Il secondo gruppo era composto da Lorena, Cristina, Sofia, Maria Grazia e Francesca, che si è aggiunta il secondo giorno. L'argomento che hanno scelto di trattare riguarda il programma della classe prima: il tempo, le stagioni, la ciclicità e linearità del tempo nel corso dell'anno.

Dopo aver elencato una serie di giochi tradizionali, il gruppo ha scelto di adattare il gioco di carte "UNO" a questo tema. In questo gioco vince il giocatore che riesce a scartare tutte le carte che ha in mano, sulla base delle attinenze trovate fra le proprie e le carte già sul banco di gioco.

Anche in questo caso il processo cognitivo che viene messo in atto è quello della tematizzazione. Nel gioco realizzato dal secondo gruppo, le carte rappresentano gli elementi caratterizzanti le diverse stagioni: un cibo tipico di quel periodo, vestiti, tradizioni e festività, mutazioni del clima ed attività umane. Anche in questo caso la classe va divisa in piccoli gruppi.

All'interno del mazzo ci sono anche carte estranee al tema che hanno un ruolo puramente funzionale alla partita: turno doppio, inverti il turno, fai saltare il turno al giocatore successivo, eccetera. In questa fase di gioco libero, per poter scartare le carte che hanno in mano, i bambini opereranno sull'associazione di idee, sulla loro gerarchizzazione e categorizzazione.

Dopo aver concluso questa fase, gli insegnanti hanno ipotizzato una fase di *debriefing* per esaminare con la classe tutte le carte e far emergere le motivazioni con le quali, durante la partita, i bambini le hanno intuitivamente collegate le une alle altre.

Il gioco rappresenta una diversa modalità con cui avviare l'unità di lavoro relativa alle stagioni facendo emergere le conoscenze pregresse dei bambini, costruite direttamente a partire dalle loro esperienze personali. Stabilire un collegamento fra l'argomento spiegato in classe ed il vissuto reale dei bambini, risulta particolarmente efficace poiché consente di collegare delle conoscenze astratte a delle conoscenze concrete, rendendole molto più solide e durature. Trattandosi della classe prima non è stata preparata alcune attività successiva, ritenendo che questo semplice gioco avrebbe potuto "offrire il destro" per realizzare molte altre attività come ad esempio un cartellone dedicato alle quattro stagioni, oppure altre iniziative a discrezione del docente.

Predatori di un tempo perduto. Come raccontare l'archeologia attraverso il cinema

di *Lucio Tribellini*

Premessa

Questo contributo [1] è il tentativo di tradurre in chiave didattica un argomento che avevo illustrato, in corsi di università degli adulti del territorio anconitano, nell'anno precedente.

Il contenuto con cui avevo imbastito il canovaccio iniziale era di taglio più cinematografico, pur non essendo io esperto di cinematografia. [2] Per specificare meglio, affiancavo la storia dell'archeologia a quella della cinematografia, cercando di cogliere le influenze e le suggestioni che dal campo dell'archeologia potevano essere trasferite in quello della cinematografia.

1. La relazione è stata tenuta il 26 agosto, in apertura della sessione conclusiva del corso. Voglio ringraziare Ivo Mattozzi e tutto il gruppo di lavoro di Clio '92 per l'interesse dimostrato per la mia proposta e per l'opportunità offertami di inserire questa relazione quando il programma era già stilato. Il sottotitolo che avevo a suo tempo scelto era "Come il Cinema rappresenta l'Archeologia", ma riflettendoci meglio trovo più pertinente allo sviluppo dell'argomento quello che ho adottato in questa sede.
2. L'intervento faceva parte del programma del corso di Cinema della Luas di Senigallia coordinato da Roberto Ferretti, che qui ringrazio sia per avermi proposto il tema, sia per essere stato l'inventore del titolo *Predatori di un tempo perduto*, che trovo azzeccato e suggestivo.

Ad Arcevia si è trattato di rivedere il tutto in chiave di didattica della storia e la relazione che ne è seguita (alla quale il presente contributo cerca di essere fedele) ha proposto una selezione di temi e materiali per una possibile attività scolastica finalizzata a raccontare la storia dell'archeologia attraverso il contributo della "settima arte", intesa come fonte nella didattica interdisciplinare della storia.

A questa premessa occorre aggiungerne un altro paio. La prima riguarda **cosa intendo per archeologia**. Nel corso dei secoli l'uso e il significato stesso di questa parola sono cambiati frequentemente. Mi riferisco al significato corrente, cioè quello di lavoro per la ricostruzione degli eventi e delle civiltà del passato, applicato generalmente a contesti dalla preistoria al medioevo. E la ricostruzione si esplica in primo luogo (anche se non unicamente) con l'opera dello scavo. L'archeologia è una disciplina ausiliaria della storia ed allo stesso tempo un metodo. Così l'**archeologo** è colui che coltiva una disciplina e utilizza un determinato metodo. Nello sterminato mondo della cinematografia sono quindi andato a cercare archeologi e scavi, non film di finzione storica in costume, siano essi le vecchie pellicole di genere *peplum* o i più patinati e computerizzati prodotti digitali contemporanei, che sono a loro volta utili come fonti di didattica della storia ma in ambiti diversi. Mi interessava ciò che contenesse una trattazione visiva dell'archeologia in quanto disciplina e dell'archeologo al lavoro.

La seconda specifica da fare riguarda il mezzo utilizzato: ho scelto il **grande schermo**, tralasciando quindi tutto ciò che è stato prodotto per la televisione, sia esso *fiction* o documentaristica di vario tipo. Cinema, quindi, nel senso più tradizionale del termine, che forse è ancora lo strumento più suggestivo per colpire l'immaginario collettivo.

Il cinema è una delle arti già indagate e utilizzate come fonti nella didattica interdisciplinare della storia nei corsi della Scuola estiva di Clio '92 e questo mio contributo tiene conto di quanto già pubblicato al riguardo.[3] Vorrei specificare che il mio approccio all'opera d'arte (in questo caso, il cinema) è ispirato ad una forma di **convenzionalismo relativo**: ossia, l'arte come rappresentazione e interpretazione polisemica di aspetti di realtà. Perché il rapporto tra arte (cinematografica) e archeologia lo trovo carico di tensione vitale. Un alludere alla realtà che rifugge da una pedissequa imitazione, pur essendovi, come vedremo, da parte della cinematografia tentativi più seri ed altri più superficiali di confrontarsi con la "materialità" dell'archeologia. Per raccontare il lavoro dell'archeologo, e l'archeologo stesso, attraverso opere di finzione cinematografica ho proposto in primis la visione di spezzoni di film, per poi narrare, anche tramite immagini significative, il potenziale di vicende e di scoperte dell'archeologo ad essi collegato. In considerazione dei ristretti margini temporali disponibili, ho operato una selezione estrema di film, personaggi e vicende archeologiche che permettesse comunque di cogliere le potenzialità del metodo e della "materia".

L'archeologia tra Spielberg e Rossellini

a. Archeologi-avventurieri

Iniziamo da Indiana Jones, non può essere altrimenti, dal "papà cinematografico" di tutti noi che abbiamo iniziato ad interessarci all'archeologia negli anni '80 del secolo scorso.

---

3. Mi riferisco agli atti della Scuola estiva di Arcevia 2015, che mi sono stati molto utili. Ci tornerò in seguito ed anche in bibliografia, specificando da quali articoli ho cercato di trarre maggior profitto.

I predatori dell'arca perduta è un film del 1981 con la regia di Steven Spielberg talmente noto che forse è anche superfluo fornire una sinossi della trama, però i tempi cambiano e nulla può essere del tutto scontato. Otre ad essere il fondatore di una saga,[4] che offrì molto carburante anche al resto dell'industria hollywoodiana di stampo storico-avventuroso, questo film è un condensato di virtù, vizi, curiosità e luoghi comuni che possono raccontare i vari aspetti della figura dell'archeologo e del suo operato, almeno per come sono percepiti nell'ambito degli appassionati non specialisti. Ambientato nel 1936, il film narra le avventure di un rispettabile professore dell'università di Princeton (Henry Jones Jr., per tutti Indiana, interpretato da Harrison Ford) che per recuperare preziosi reperti non esita ad indossare i panni dell'avventuriero, con tanto di frusta, cappello e pistola. L'arca in questione è quella dell'Alleanza, in cui il biblico Mosè avrebbe custodito i frammenti delle Tavole della Legge. Il misterioso reperto, cui la tradizione attribuisce poteri sovrannaturali, è stato nascosto nella città di Tanis, in Egitto, e sulle sue tracce c'è un gruppo di spietati nazisti guidati dall'archeologo francese Belloq, acerrimo nemico del nostro eroe che si opporrà con ogni mezzo al loro sconsiderato piano.

Il frammento de *I predatori* col quale inizio è quello che si può scaricare da youtube sotto il titolo di "I love you". Si tratta della scena in cui un compito Harrison Ford si trova in un'aula universitaria ad illustrare lo scavo di una tomba preistorica di fronte ad un pubblico in prevalenza composto di studentesse, di cui almeno una con una cotta per il proprio professore. Sostituendo oggi lavagna e gessetto con pc e proiettore, l'immagine dell'archeologo che ne risulta è quella di un

---

4. Comprende *Indiana Jones e il tempio maledetto* (1984), *Indiana Jones e l'ultima crociata* (1989), *Indiana Jones e il regno del teschio di cristallo* (2008), tutti con la regia di Steven Spielberg.

tranquillo e forse un po' timido docente universitario alle prese con la narrazione di uno scavo ad un pubblico di studenti, cosa piuttosto vicina alla realtà quotidiana ma piuttosto lontana dalle esigenze cinematografiche, romanticismo a parte.

Dopo aver commentato brevemente questo esempio di "luogo comune", passo a proiettare un'altra sequenza del film, questa volta proprio quella iniziale, facilmente reperibile sul solito canale con il titolo "L'idolo d'oro". Qui il prof. Jones, nei panni (è il caso di dirlo) dell'intrepido avventuriero con molto coraggio e pochi scrupoli, recupera (sottrae?) un idolo dalle fattezze precolombiane in una grotta dai mille trabocchetti che lui stesso involontariamente rimette in attività dopo secoli di quiete.

Questo mi serve per introdurre la constatazione che dopo quella del docente, l'immagine dell'intrepido avventuriero è ciò che nell'immaginario collettivo si attaglia meglio al corpo dell'archeologo. In maniera ingiustificata? Nient'affatto, come dimostrano le vicende di alcuni dei primi archeologi della storia. Ad esempio di questa categoria di personaggi, prevalentemente sette-ottocentesca, prendiamo "il grande Belzoni".

Giovanni Battista Bolzon, che mutò poi il proprio cognome in **Belzoni**, nacque a Padova nel 1778. Dopo un periodo in cui si esibì come circense in Inghilterra con l'appellativo di "Gigante patagonico", approdò in Egitto dove tentò di mettere a frutto le proprie capacità ingegneristiche, per poi dedicarsi al recupero di reperti antichi e allo scavo di tombe e piramidi. Avventuriero e cacciatore di tesori, fu protagonista del rinvenimento, tra l'altro, del sarcofago di Ramsete III, della tomba di Seti I, della camera reale della piramide di Chefren e dello scavo del tempio di Abu Simbel. Rischiò più volte la vita, come quando finì in un trabocchetto all'interno di un labirinto scavato nella roccia, tesogli dal console francese che lo vedeva come un pericoloso concorrente, dal quale si salvò in modo rocambolesco. Col tempo, i reperti recuperati non costituirono più per lui solo bottino e fu il primo ad organizzare una mostra d'antichità egizie in Europa. Morì nel 1823 mentre stava cercando di raggiungere Timbuctu.

Indiana Jones e in particolare *I predatori dell'arca perduta* potrebbero essere un modo per narrare, oltre alla figura dell'archeologo-docente, i primordi avventurosi e "pirateschi" dell'archeologia ed i pionieri della disciplina. Mi riferisco al primo episodio della quadrilogia spielberghiana perché a mio avviso è il più curato, romantico e il meno affetto dalla sindrome "sfondotutto" che emergerà nei tre episodi successivi. Non so se è vero, ma è certamente verosimile che George Lucas, ideatore del soggetto de *I predatori*, per la caratterizzazione del protagonista abbia tratto ispirazione proprio da Belzoni e dalle sue imprese, come avrebbe lui stesso ammesso in un'intervista molto citata in rete.

Rimanendo nella categoria dei cacciatori di tesori e degli avventurieri, si potrebbe allacciare a questo tipo di produzione cinematografica la narrazione di altri personaggi degli albori dell'archeologia, come Giuseppe Ferlini, che scavò (...a colpi di dinamite!) le piramidi del regno di Meroe e, perché no, il famoso e controverso Schliemann.

Julius Heinrich Schliemann è noto come colui che scoprì la città di Troia. Nato nel 1822 nel nord della Germania, grazie ad una determinazione non comune fece prima una sorprendente carriera nel mondo del commercio, per poi mettere a frutto i suoi guadagni in una serie di campagne archeologiche nei siti teatro degli eventi narrati dai poemi omerici. Scavò alacremente per un ventennio sulla collina turca da lui individuata come sede della favolosa città, alla ricerca del livello più antico, quello che lui credeva culla degli eroi. Individuò nove città sovrapposte, distrusse quello che non gli interessava, trovò nel 1873 un tesoro che credette del re Priamo e consegnò il suo nome alla storia. Non pago, spostò le ricerche anche sul suolo greco, nell'antica Micene, da dove era partito il re Agamennone, distruttore di Troia. Trovò gli edifici pubblici della città e le tombe regali, che restituirono anch'esse un enorme tesoro storico ed artistico. Quando morì, nel 1890 a Napoli, aveva già donato i suoi tesori ai musei di Berlino e Atene.

Belzoni e Schliemann sono solo due tra i numerosi cacciatori di tesori, ma sicuramente i più noti al grande pubblico, anche grazie alle loro personalità debordanti e affascinanti.

Nei film con protagonista Indiana Jones troviamo molti elementi che riconducono ad un'epoca pionieristica ed avventurosa della ricerca archeologica, fatta di esplorazioni, rischi, tesori, che oggi difficilmente potremmo non trovare terribilmente romantica, anche per un tocco di soprannaturale che in questi casi non guasta mai. I metodi che il prof. Jones usa fuori dalle aule universitarie certamente sono tutt'altro che canonici, ma il fine è sempre nobile: sottrarre i reperti dalle mani dei cattivi di turno (spesso nazisti) che se ne vorrebbero impossessare per motivi economici o, peggio ancora, per sfruttare il potere nascosto in essi. Quello che muove "Indy" è invece l'amore per la scienza, perché ogni reperto «dovrebbe stare in un museo», come afferma lui più volte. Inoltre aggiunge: «il 70% del lavoro dell'archeologo si svolge in biblioteca, facendo ricerche», ed invita i suoi studenti a togliersi «dalla testa città abbandonate, viaggi esotici e scavi in giro per il mondo».

Invece vediamo che per lui il fine, nobile, giustifica mezzi poco ortodossi. E se nel primo episodio della saga i metodi sono discutibili, predatori, ma secondo me mai grossolani, negli episodi successivi gli sceneggiatori si fanno prendere un po' la mano e gli scrupoli del professore divengono minimi. Ma non senza quel tocco di umorismo e autoironia che permettono di assolvere l'affascinante professore-predatore. Uno dei lati migliori del personaggio sta proprio in questo.

In fin dei conti, al di là dei severi giudizi spesso espressi su personaggi come Belzoni e Schliemann, non deve essere dimenticato che la loro indole predatoria andò trasformandosi nel tempo in sincero interesse per quello che andavano riportando alla luce, finendo per comprendere che i tesori scoperti avrebbero acquisito il proprio vero senso solo una volta divenuti bene comune.

Anche per quanto riguarda le scene di scavo archeologico che si vedono ne *I predatori*, con schiere di scavatori intenti a spalare e picconare grandi aree senza un'accurata ripartizione degli spazi e attenzione alla stratigrafia, va detto che non dovrebbero essere molto dissimili da quelle cui avremmo potuto assistere in molti siti, specie in Africa e nel Vicino Oriente, sino ai primi decenni del XX secolo.

b. Sudori freddi e brividi caldi

Tuttavia a cavallo tra Otto e Novecento la ricerca archeologica iniziò ad assumere caratteri di sistematicità e rigore scientifico precedentemente sconosciuti, e lo spazio per i cercatori di tesori, più o meno romantici che fossero, si andò restringendo. Un altro film, anch'esso fortunatissimo e destinato ad annoverare numerosi rifacimenti, *sequel* e riletture, può essere utile a raccontare un archeologo, questa nuova fase della ricerca e un'altra delle scoperte destinate a lasciare un'impronta nella fantasia, oltre che nella realtà. Mi riferisco a *La mummia*, il film horror del 1932 diretto da Karl Freund con il celebre ed inquietante Boris Karloff. La storia anche in questo caso non ha bisogno di presentazioni, ma brevemente ricordiamo che protagonista della vicenda è il sacerdote Imhotep, la mummia, resuscitato dalla lettura di un antico papiro. Intenzionato a riportare in vita l'amata Anck-Su-Namun, fornisce indizi sulla sua tomba ad un gruppo di archeologi e fa di tutto per sacrificare la fidanzata di uno di essi. Il film, nel quale l'ambientazione esotica egiziana serviva a rendere inquietante il copione, si inserisce in un genere inventato in Europa nel secondo decennio del secolo ma ne accentua i connotati, tanto che mistero, magia, suspense, pericolo diverranno attributi "classici" della visione dell'Egitto antico.

Ma è stata tutta farina del sacco di un geniale sceneggiatore? No, la realtà, quando non supera la fantasia, almeno la aiuta.

Non solo i personaggi del film traggono spunto da alcuni esistiti nell'antichità, ma la vicenda in sé stessa secondo me è debitrice delle cronache della più famosa delle scoperte in terra faraonica. Il film si rivela un assist millimetrico per narrare le vicende dell'archeologo Howard Carter e della scoperta della tomba del faraone Tutankhamen, avvenuta poco tempo prima.

Howard Carter nacque a Londra nel 1874 da una famiglia aristocratica che gli permise di sviluppare la passione per l'arte e le antichità. Molto giovane, ebbe l'opportunità di partecipare come illustratore a varie campagne di scavo in Egitto al seguito di uno dei padri della moderna tecnica di scavo, Flinders Petrie. Le competenze apprese sul campo gli guadagnarono la stima del governo locale e nel 1899 si ritrovò nominato Ispettore capo delle antichità del sud dell'Egitto, coordinatore degli scavi di siti come Karnak, Luxor, la Valle dei Re e Abu Simbel. Nel 1905 la sua carriera sembrò conclusa per un incidente diplomatico, ma decise di rimanere in Egitto, dipingendo e accettando incarichi minori. Grazie all'incontro con il conte di Carnavon poté riprendere l'esplorazione nella Valle dei Re dove, dopo cinque anni di ricerche infruttuose, il 4 novembre 1922 scoprì la tomba di Tutankhamen. La ricchezza e la bellezza dei rinvenimenti resero celebre il suo nome e quello del faraone, la cui tomba Carter indagò per circa un decennio.

Il film *La mummia* è un figlio diretto dello scalpore e della curiosità suscitati dalla scoperta. L'evento, come diremmo oggi, ebbe una straordinaria eco mediatica, tanto che alcuni fatti accaduti in quel periodo furono interpretati in chiave misteriosa, paranormale e contribuirono al sorgere di leggende. Antichità, esotismo, oro e mistero, alimentati dall'interesse dei giornali, dalle pubblicazioni di Carter e da alcuni eventi luttuosi, furono più che sufficienti per imbastire un formidabile *plot*, la "maledizione di Tutankhamen" o più in generale delle mummie, che tanta fortuna portò a scrittori e cineasti.

Questa prima versione de *La mummia* si presta quindi molto bene per introdurre un discorso non solo sull'archeologia egizia, ma direi anche più in generale sulla trasmissione di modelli culturali in chiave antropologica. Nel film poi assistiamo ad una scena di scavo, nella quale si vede un gruppo di archeologi sotto un ombrellone, che dall'alto sovrintendono ai lavori condotti da una squadra di operai egiziani diretta da soprastanti. Forse una scena un po' antiquata, ma neanche più di tanto. Gli archeologi in genere intervenivano a sporcarsi le mani solo in prossimità di qualcosa ritenuto interessante, come l'apertura di una tomba. Nel film gli archeologi scendono in campo al momento della scoperta del sepolcro di Anck-Su-Namun; allo stesso modo in tante fotografie di repertorio vediamo Carter al lavoro nelle fasi di apertura delle numerose porte delle camere sepolcrali. Le tecniche di scavo e ricerca, come accennato precedentemente, si erano andate affinando, ma non è possibile documentarne i progressi con la proiezione di questo film e per parecchio tempo ancora non ne troveremo traccia nella finzione cinematografica.

La parete che divideva ricerca archeologica e *horror* era stata comunque abbattuta. Per raccontare di questo *feeling* e per parlare dei progressi della ricerca archeologica con i suoi riflessi nella produzione cinematografica ci viene in soccorso la pellicola forse più inquietante e famosa del secolo scorso. Mi riferisco a *L'esorcista*. Avete capito bene, proprio quello, il film del 1973 diretto da William Friedkin con Max Von Sydow, tratto dall'omonimo romanzo di William Peter Blatty. Forse tutti ricordate la testa della protagonista Linda Blair girare meglio di quella di un gufo, ma scommetto che pochi di voi avranno presenti i 9 minuti iniziali ambientati in Iraq, dove l'archeologo Lankester Merrin, impegnato negli scavi dell'antica città di Ninive, trova un amuleto raffigurante il demone Pazuzu.

Mistero e paura questa volta escono dall'Egitto ed invadono una nuova terra, l'antica Mesopotamia.

Ma c'è un motivo per questa localizzazione oppure si è trattato semplicemente di scegliere un sito esotico tra altri? Secondo me si è trattato di una scelta mirata, legata a precedenti letterari ed alle inquietanti scoperte effettuate da Wooley, il cd "becchino di Ur".

Charles Leonard Wolley (1880-1960), britannico, dopo aver svolto il proprio apprendistato negli scavi del forte romano di Coria (Corchester, Northumberland) fu coinvolto tra il 1912 e il 1914 nell'esplorazione dell'importante sito di Karkemish, nell'attuale Siria. Dopo una parentesi anche in Egitto, a Tell el Amarna, nel 1922 intraprese gli scavi nella città sumera di Ur (Dhi Qar, Iraq meridionale), che portò avanti sino al 1934. Qui egli cercò le tracce archeologiche del biblico diluvio universale, credendo di trovarle, ma la scoperta che stupì il mondo, sempre nel 1922, fu quella della necropoli reale, con le sue sedici tombe del III millennio a.c., che restituirono reperti chiave per la comprensione del mondo sumero insieme ad evidenze di innumerevoli sacrifici umani. Fu il primo a praticare moderni scavi stratigrafici in un sito del Vicino Oriente. Durante la seconda guerra mondiale fece parte dei monuments man, impegnato nel recupero di opere d'arte in Italia.

I dati acquisiti nei primi decenni del Novecento illuminarono la Mesopotamia di una luce un po' inquietante, come stava accadendo per l'Egitto. Sacrifici umani e divinità dai connotati maligni, accanto ai celebri tesori, attirarono la curiosità popolare tanto che il sito di Ur divenne un'importante meta turistica. La sopravvivenza di questo stereotipo è stata a mio avviso alla base della scelta dell'ambientazione dei rinvenimenti archeologici che fanno da introduzione allo svolgimento della trama de *L'esorcista*.[5]

Però, oltre a coltivare il legame archeologia – cinema *horror* e a rafforzare l'immagine inquietante della Mesopotamia, il film offre per la prima volta la visione di un cantiere archeologico realistico, specie per l'epoca in cui sono ambientati i fatti. Si

5. Pur se a margine, segnalo che anche un altro popolo in un altro contesto geografico ha suggestionato le più cupe fantasie popolari, anche al cinema. Mi riferisco agli Etruschi e, infatti, l'Etruria antica è la location di un film di Armando Crispino, *L'etrusco uccide ancora*, girato nel 1972, un anno prima de *L'esorcista*.

nota che l'area è stata divisa "in quadrati", secondo una tecnica ben nota, con l'archeologo che scava accanto agli operai. Il rinvenimento di un amuleto richiama l'attenzione del prete-archeologo che, insieme alla sua *equipe* di assistenti, valuta la collocazione dei reperti, il loro rapporto storico e stratigrafico e procede al prelievo, al collocamento in apposite cassette e all'invio in laboratorio. Qui, in un'altra scena, i reperti sono puliti, inventariati e suddivisi scientificamente. I tempi del cinema sono quello che sono, ma questa volta con pochi tratti ci troviamo di fronte ad una messa in scena fatta con cura e scrupolo, probabilmente con l'ausilio di un esperto del settore. Anche la divinità dell'amuleto, Pazuzu, è la fedele riproduzione di una divinità assiro-babilonese, dai tratti di portatore di morte e distruzione, ma anche di protettore delle partorienti.

L'impostazione dello scavo archeologico che si scorge nel film può offrire un prezioso spunto per illustrare le tecniche di ricerca archeologica inventate negli anni '30 del Novecento e che si diffusero nei decenni successivi. E questo può essere fatto parlando di due dei protagonisti di questa evoluzione metodologica, Mortimer Wheeler e Kathleen Kenyon.

Robert Eric Mortimer Wheeler (1890-1976) può essere considerato uno dei fondatori dell'archeologia moderna. Scozzese, alternò l'attività di docente e conservatore museale a quella di scavatore. Famosi sono i suoi scavi a *Verulamium* e soprattutto a Maiden Castle, sito fortificato dell'età del Ferro nel Dorset. Qui iniziò a praticare quello che sarebbe diventato noto come il metodo di scavo per quadrati. Consiste nell'organizzare l'area d'intervento come una griglia, rendendo il sito archeologico una sorta di grande scacchiera; si procede poi a scavare nei quadrati della griglia, lasciando tra l'uno e l'altro un muro di terreno chiamato testimone. Ogni quadrato di terreno viene scavato stratigraficamente, ovvero rimuovendo e analizzando la terra secondo la consistenza e il profilo di giacitura. Il suo metodo fu quasi universalmente adottato e solo di recente sostituito da quello per grandi aree. Importante il suo contributo per lo sviluppo delle ricerche in India e Pakistan, dove affrontò lo scavo di importanti siti come Harappa e Mohenjo Daro, creando anche locali scuole di archeologia che perpetuarono il suo metodo.

Kathleen Mary Kenyon (1906-1978), anche lei britannica, è stata una delle prime archeologhe e sicuramente la più prestigiosa, formatasi sul campo negli scavi dell'insediamento romano di *Verulamium* (St. Albans, Hertfordshire) sotto la guida di Wheeler. Tra il 1931 e il 1934 scavò Samaria in Palestina, tagliando profonde trincee sul tell della città che le permisero di evidenziarne la complessa stratigrafia dall'età del ferro a quella romana. Alternò scavi su siti romani in Inghilterra e nord Africa a quelli preistorici nel Vicino Oriente. Tra il 1951 e il 1958 condusse il suo scavo più famoso, Gerico (Tell es-Sultan, Cisgiordania), la "città più antica del mondo", come ebbe a definirla. Qui acquisì dati fondamentali per lo studio delle culture neolitiche della mezzaluna fertile, approfondendole ulteriormente nel decennio successivo con lo scavo nel sito del nucleo originario di Gerusalemme. Molto importante fu il suo contributo allo sviluppo della metodologia di scavo, perfezionando il metodo Wheeler con una maggiore attenzione all'individuazione e alla rimozione della stratigrafia archeologica.

Parlare di figure come queste, pionieri dell'archeologia moderna, può a sua volta aprire altre possibilità di approfondimento. Ma più si scende nel dettaglio meno sostanzioso diventa l'ausilio offerto dalla cinematografia. A titolo di esempio, per quanto riguarda il cantiere archeologico e le sue tecniche di scavo, possiamo ricordare il film *Emanuelle nera. Orient reportage* (1976, regia di Joe D'Amato, con Laura Gemser), dove il "fidanzato" della protagonista della pellicola erotica è un archeologo che viene mostrato al lavoro su uno scavo.

Oppure, per quanto riguarda la presenza e il contributo femminile alla materia, potremmo citare il personaggio di Lara Croft, eroina di *Tomb raider* (2001, regia di Simon West),[6] che nella sua biografia viene descritta come archeologa, chiaramente ispirata all'aspetto più avventuriero e spregiudicato di Indiana Jones. Ma risulta piuttosto arduo parlare della Kanyon attraverso Angelina Jolie…

6. Il film ebbe un sequel dal titolo *La culla della vita* (2003), girato da Jan de Bont sempre con la Jolie. Si annuncia un terzo episodio, questa volta con protagonista Alicia Vikander.

c. Archeologia dei sentimenti

Ho provato ad offrire sin qui un excursus con taglio cronologico sulle trasformazioni dell'archeologia e sui personaggi che ne sono stati protagonisti. Un altro film ci può permettere di ambientare le nostre riflessioni in Italia e contemporaneamente di tornare a parlare di un pioniere della ricerca e di un carismatico protagonista del panorama culturale italiano dell'ultimo secolo.

Il film in questione si discosta dalle tipologie sin qui elencate. Dopo il genere avventuroso, *horror* e addirittura erotico, approdiamo al drammatico, genere in cui l'interazione tra le vicende emotive dei personaggi può essere sviluppata anche attraverso eventi esterni, come nel nostro caso: uno scavo archeologico. Quello che ho selezionato è un film d'autore, *Viaggio in Italia* (1954) di Roberto Rossellini, con Ingrid Bergman e George Sanders. La trama racconta di una borghese coppia inglese, lui piuttosto arrogante, lei molto sensibile, che arriva a Napoli per sistemare una questione di eredità. Alex e Katherine Joyce sono due persone che non hanno più nulla da dirsi, due estranei che reagiscono in maniera differente agli eventi ed anche rispetto al paesaggio che li circonda. Decidono di conoscere la città e alcuni luoghi caratteristici, così vengono accompagnati a Pompei, dove assistono al rinvenimento di corpi sepolti sotto ai lapilli vulcanici dell'eruzione del 79 d.C. Davanti ai loro occhi gli archeologi colano gesso liquido nelle cavità lasciate dai corpi ormai decomposti all'interno della lava solidificata, rivelando le sagome di un uomo e di una donna, sorpresi dalla morte mentre cercavano di mettersi in salvo. La visione di questa coppia unita nel momento estremo sconvolge Katherine, come un messaggio giunto da un'altra dimensione.

Si vedono poi i due coniugi aggirarsi tra le rovine della città, come se si stessero aggirando tra le rovine del proprio amore.

Gli scavi di Pompei e il lavoro degli archeologi sono quindi lo scenario di un dramma sentimentale, di cui i protagonisti possono prendere coscienza solo lì. Il set cinematografico fu allestito proprio nel sito, mostrando la tecnica realmente messa in atto per recuperare quanto di organico (non solo esseri umani, ma anche animali, oggetti in legno, ecc.) venne seppellito dalla lava. Il film offre l'occasione di parlare di questo eccezionale sito archeologico e di due dei protagonisti della sua ricerca, Giuseppe Fiorelli ed Amedeo Maiuri.

Giuseppe Fiorelli (1823-1896) si dedicò dapprima alla numismatica. Dal 1853 cominciò ad occuparsi di ricerca archeologica, grazie alla collaborazione con il conte Leopoldo di Borbone, a Cuma e Sorrento. Nel 1858 concepì un metodo per organizzare gli scavi di Pompei ancora in uso: suddivise il sito in *regiones* (quartieri) ed *insulae* (isolati), numerando ciascun edificio. Intuì anche la possibilità di ottenere dei calchi dalle vittime dell'eruzione colando gesso liquido nel vuoto lasciato dai loro corpi nella cenere. Alla costituzione del Regno d'Italia divenne direttore di Pompei, dove condusse gli scavi con sistematicità e rigore scientifico, aprendoli al pubblico o fissando un biglietto d'ingresso. Fece stilare un nuovo inventario degli oggetti suddiviso per categorie e classi di materiali, che è quello tuttora in vigore presso la Soprintendenza. Nel 1876 fondò la rivista di archeologia *Notizie degli scavi*, il principale strumento italiano di informazione scientifica, attivo ancora oggi.

Amedeo Maiuri (1886-1963) tra il 1913 e il 1924 fu incaricato di una missione nell'Egeo, assumendo la carica di direttore del museo di Rodi e sovrintendente agli scavi nel Dodecanneso. Rientrato in Italia, fu nominato sovrintendente di Napoli e del Mezzogiorno, nonché direttore del museo archeologico di Napoli. Durante la Seconda guerra mondiale si prodigò per mettere in salvo le collezioni dai bombardamenti e salvaguardare gli scavi di Pompei da attività militari. Grande divulgatore, alternò la docenza universitaria allo scavo. Nei Campi Flegrei esplorò Cuma dove, sotto l'Acropoli, credette di identificare l'antro della Sibilla, e Baia, con l'avvio delle esplorazioni subacquee delle costruzioni sommerse dal bradisismo. Altri scavi li condusse a Capri, sulla *Villa Jovis* e sul Palazzo a Mare. A Pompei ed Ercolano, di cui fu direttore per ben 37 anni, abbandonò il metodo settecentesco di scavo per cunicoli, dedicandosi intensamente ad esplorarne i confini, svolgendo anche una preziosa attività di bonifica. Alla fine del suo lavoro, solo un terzo della città rimaneva non scavato.

In questo film il lavoro dell'archeologia assume in maniera potente una connotazione psicologica intimista, riuscendo a comunicare più di quello che potrebbe fare un documentario sui sentimenti. Ma c'è voluto uno dei grandi maestri della cinematografia. Un numero, ristretto, di pellicole ha tuttavia colto la potenzialità della materia di operare uno "scavo dell'anima", ma non posso in questa occasione scendere maggiormente nel dettaglio.

Qui termina questa sintetica escursione su quella sottile striscia di terreno che unisce i campi del cinema e dell'archeologia. La scelta dei film e dei personaggi è stata indubbiamente parziale oltre che ridotta, ma potrebbe essere utile per riflettere su una possibile collaborazione tra le due discipline.

Conclusioni

Proviamo a porci alcune domande. Può il cinema essere d'ausilio nella didattica della storia e in particolar modo dell'archeologia? A mio avviso, sì. Come ho cercato di argomentare, vi sono pellicole che, utilizzate da un esperto d'archeologia che si è documentato in cinematografia, possono fornire spunti ed appigli utili. **La cinematografia come icebreaker**, un rompighiaccio dotato di sinteticità ma evocativo, motivazionale e, perché no, proiettivo.[7]

Ma di quanti film possiamo parlare? Purtroppo, pochi. A differenza di altre figure o categorie professionali, l'archeologo sinora ha riscosso poco successo o, per meglio dire, ha avuto molta meno visibilità. Pensiamo a quanti poliziotti, avvocati, medici, ecc. popolano il mondo della celluloide, che ne racconta

---

7. Ho fatto mie le parole che Maurizio Gusso utilizza in uno dei suoi interventi negli atti della Scuola estiva di Arcevia 2015; vedi bibliografia.

le vicende professionali e umane. Gli archeologi spesso compaiono come figure secondarie, poche volte vengono mostrati al lavoro, nel loro lavoro vero, in situazioni realistiche. Anche scene di cantiere archeologico sono rare. Al di là di quelle che ho raccontato nel presente contributo, che ripercorre fedelmente l'impianto dell'intervento alla scuola estiva, ve ne sono (poche) altre che per motivi di tempo non ho potuto presentare. Finora ho individuato una decina di pellicole, mentre un altro nucleo di film, se ne valorizziamo l'aspetto evocativo, potrebbe essere utile per narrare di archeologi e scoperte, ma parliamo comunque in tutto di poche decine di titoli. Il mio tuttavia è un lavoro in fieri, senza alcuna pretesa di sistematicità, perciò altri titoli potrebbero aggiungersi, portando magari qualche piacevole sorpresa.

Sinora ho osservato che, nella maggior parte dei casi, sceneggiatori e registi mostrano di non conoscere l'archeologia, o non si dimostrano interessati ad una sua narrazione realistica. Un uso didattico documentario della cinematografia è, dunque, limitato nella quantità e nella qualità, ma possibile.

Come ho cercato di argomentare, ritengo però che una piccola quantità di pellicole, adeguatamente analizzate, possano prestarsi ad essere utilizzate con finalità didattica. Con un vantaggio non da poco: a mio avviso, è divertente. Ad esempio, in me scatta quel meccanismo di **immedesimazione proiettiva**, di cui parlano Mattozzi e Gusso,[8] che diventa motivazionale, tanto da desiderare di approfondire sia l'aspetto storico, sia la conoscenza della fonte artistica utilizzata.

Però mi sorge un'altra domanda: i giovani cui ci dovremmo rivolgere trovano ancora così coinvolgenti i film che colpirono

8. Anche in questo caso, rimando alla citazione degli atti della Scuola estiva presente in bibliografia.

e colpiscono l'immaginazione del sottoscritto, quasi cinquantenne? Oppure i codici nel frattempo sono cambiati?

Evito di provare a rispondere a questa (angosciante) domanda e proseguo dicendo che l'uso della cinematografia per parlare di archeologia potrebbe rivelarsi utile per ognuna delle tre fasi sull'utilizzo delle opere finzionali descritte da Mattozzi:

- per introdurre la storia da studiare;
- per andare oltre le conoscenze manualistiche;
- per criticare le opere finzionali stesse, separando le informazioni storiche dalla trama inventata dallo sceneggiatore.

Adottare un "metodo contrastivo" inoltre può essere utile per intervenire nel campo stesso delle informazioni, andando a "separare il grano dalla pula", ponendole cioè al vaglio di autenticità, permettendo così di approfondire ulteriormente il bagaglio di informazioni da trasmettere allo studente.

C'è, infine, la domanda di fondo: ciò che ho esposto può essere utile nello svolgimento del normale curricolo di studi scolastico e, semmai, quanto?

A questo io non so rispondere, non facendo parte del mondo dell'insegnamento. Ipotizzo che potrebbe trattarsi di un'attività extracurricolare, magari per gli studenti dell'ultimo anno della scuola secondaria di primo grado o per i primi anni della scuola superiore. Però ignoro quali margini di "libertà didattica" siano riservati ai docenti dagli attuali programmi educativi. Non ne potrei escluderne un utilizzo anche universitario, per introdurre gli studenti alla conoscenza della storia della disciplina e delle metodologie in un contesto interdisciplinare, che tuttavia "ai miei tempi" non c'era.

Bibliografia

L'avvio di questa ricerca è stato reso possibile solo grazie alla lettura di: C. De Mitri, *L'archeologo di celluloide*. *Presenze archeologiche nel cinema occidentale del XX secolo*, scaricabile in formato pdf all'indirizzo http://www.academia.edu/1980890/Larcheologo_di_celluloide._Presenze _archeologiche_nel_cinema_occidentale_del_XX_secolo; si tratta di un interessante contributo che analizza la trattazione visiva cinematografica dell'archeologia, provvisto di una qualificata bibliografia, impostato però a partire dalla storia del cinema. Mentre esistono numerosi studi sulla storia della cinematografia di ambientazione storica in costume, altre ricerche relative all'archeologo, al suo lavoro e all'influenza delle scoperte archeologiche sulla cinematografia sembrano assenti, almeno in italiano. L'unica riflessione che ho rintracciato su questi argomenti e la possibilità di veicolare saperi didattici è: C. Lugi, "E la chiamano archeologia...", in *Primissima scuola magazine*, a. 15, n. 2, 2008, scaricabile on line all'indirizzo https://www.yumpu.com/it/document/view/15568598/e-la-chiamano-archeologia-fogli-e-parole-darte.

Per l'inquadramento metodologico del presente contributo, a proposito di un possibile uso didattico del cinema, mi sono servito degli atti della Scuola estiva di Arcevia 2015: Paola Lotti ed Elena Monari (a cura di), *Incroci di linguaggi. Rappresentazioni artistiche del passato nella didattica della storia*, Mnamon, Milano, 2016; in particolare dei contributi di M. Gusso, "Le opere d'arte come fonti. Alcuni esempi: testi letterari, film e canzoni", pp. 15-34, e di I. Mattozzi, "Che cosa si può fare apprendere con la storia rappresentata artisticamente? Tre esempi", pp. 53-82.

Sulla biografia e le scoperte degli archeologi citati è stato scritto molto; mi limito a ricordare pochi titoli divulgativi, di vasta diffusione e facile reperibilità. Il primo è: P. Vandenberg, *Avventure archeologiche*, SugarCo, Milano 1980, in cui si possono trovare notizie su Belzoni, Schliemann, Woolley, Carter e molti altri pionieri del settore, testo che ha contribuito a corrompere per sempre i miei interessi adolescenziali. Invece di fare causa a Vandenberg, ricorderò altri suoi titoli che narrano alcune delle più affascinanti scoperte, come *L'Ellade sepolta* (1984), *Tutankhamen, il faraone dimenticato* (1992), *Alla scoperta del tesoro di Priamo* (1996).

Altri testi fondamentali, veri e propri "classici" del genere, sono quelli di C. W. Ceram, *Civiltà sepolte. Il romanzo dell'archeologia*, Einaudi, Torino, 1952; *I detectives dell'archeologia*, Einaudi, Torino, 1968.

Belzoni è stato recentemente riscoperto e rivalutato anche in Italia, con studi e mostre a lui dedicate; in rete si può scaricare questo contributo: https://www.academia.edu/4236904/D._Picchi_M._Tinti_Presentazione _alla_mostra_Giovanni_Battista_Belzoni._Un_Indiana_Jones_alla_risco perta_dell_antico_Egitto; è poi diventato protagonista di un romanzo a fumetti: W. Venturi, *Il grande Belzoni*, Sergio Bonelli, Milano, 2013.

Su Fiorelli e Maiuri, ho consultato le relative voci presenti nel *Dizionario biografico degli italiani*, Istituto della Enciclopedia italiana, Roma, rispettivamente al vol. 48 (1997) e al vol. 67 (2006), redatte l'una da G. Kannes e l'altra da P. G. Guzzo, scaricabili anche dal sito Treccani. Maiuri scrisse anche un'autobiografia che ha avuto molta popolarità: *Vita d'archeologo. Cronache dell'archeologia napoletana*, Montanino, Napoli, 1959 (rist. Rusconi, 1992).

A proposito di Wheeler, Kenyon e la trasformazione dei metodi di ricerca, si possono trovare notizie nei principali manuali di metodologia archeologica: P. Barker, *Tecniche dello scavo archeologico*, Longanesi, Milano, 1981; E. C. Harris, *Principi di stratigrafia archeologica*, Nis, Roma 1993; A. Carandini, *Storie dalla terra*, Einaudi, Torino, 1991; C. Renfrew, P. Bahn, *Archeologia: teorie, metodi, pratica*, Zanichelli, Bologna, 1995.

Su tutti quanti, molto materiale è comunque possibile rintracciarlo in rete, digitando semplicemente nome e cognome.

I film citati consiglio di procurarveli in versione integrale. Su youtube di ognuno di essi (a parte *Emanuelle nera...*) è possibile reperire vari spezzoni, compresi quelli citati nel presente contributo, ma spesso la qualità di video e audio è bassa ed in dvd è tutta un'altra cosa.

PARTE TERZA
Altri laboratori

Laboratorio
Mettere in scena un quadro di civiltà

coordinato da *M. Giuseppina Biancini*

Lo scopo del laboratorio era quello di costruire conoscenze significative su una civiltà (o più civiltà a confronto) attraverso la ricerca e lo studio delle fonti per poi abbozzare il copione di uno spettacolo teatrale sugli aspetti più importanti che caratterizzano le civiltà prese in esame.

Hanno partecipato a questo laboratorio dodici insegnanti di scuola primaria, molto motivate, attive e pronte a mettersi in gioco in ogni modo. Dopo una breve conoscenza delle partecipanti e delle loro esperienze, ho illustrato cosa avremmo fatto insieme e come avremmo lavorato. Abbiamo visionato alcune scene della rappresentazione teatrale *Il treno del tempo* realizzata da una mia classe terza, sulla storia generazionale, ponendo l'attenzione sulle differenze tra la civiltà dei bisnonni e la civiltà di oggi.

Le corsiste si sono divise in gruppi e, dopo aver ricercato varie fonti (iconografiche, materiali, scritte,...), hanno individuato gli aspetti più significativi della civiltà contadina marchigiana al tempo dei bisnonni per poi confrontarli con quelli della vita di oggi. Quindi, hanno costruito il grafico spazio-temporale.

Non avendo a disposizione molto tempo, si è deciso di prendere in considerazione il tema dell'**alimentazione** con la consapevolezza che gli indicatori di civiltà si intrecciano, si collegano, per esempio l'alimentazione è collegata con gli indicatori tematici: la famiglia, (ieri: famiglia patriarcale, il ruolo della donna "*vergara*" e del "*capoccia*"), l'abitazione, il lavoro, il territorio.

Dopo aver individuato il piatto tipico della civiltà dei bisnonni, cioè **la polenta**, ho proposto al gruppo di provare a costruire il *copione* su come si prepara la polenta.

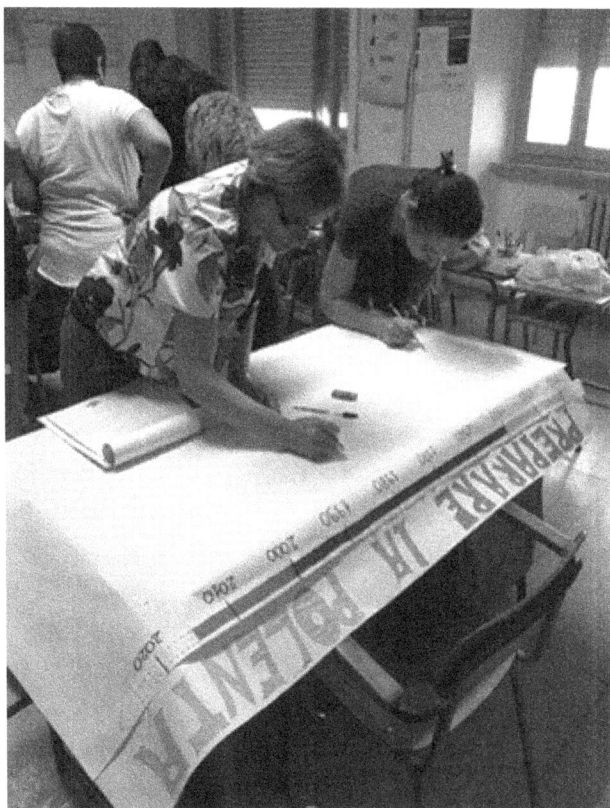

Foto 1. La costruzione del grafico spazio-temporale

Anche chi non aveva mai lavorato secondo la didattica dei *copioni* non ha trovato difficoltà a capire la loro importanza e l'efficacia che ha nella costruzione delle conoscenze. Insieme abbiamo costruito la mappa e realizzato i copioni "**Preparare la polenta.** *Ieri e Oggi*".

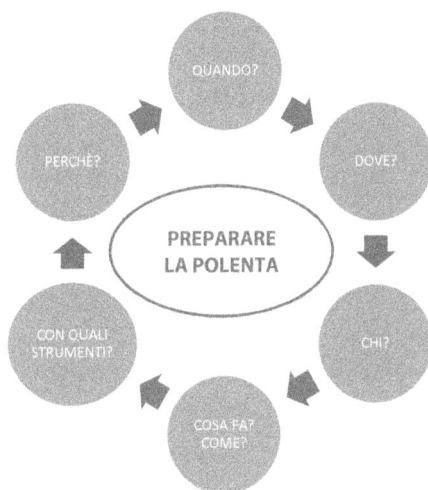

Schema 1. Gli indicatore del copione

Foto 2. Prima organizzazione tematica delle informazioni per il confronto

	Periodi	
Indicatori	**Ieri** **(1930-1950)**	**Oggi** **(2000-2016)**
Chi?	Il nonno, la *vergara*, il *capoccia*, la nuora	La mamma
Con quali strumenti?	Focolare, catenaccio con caldaio "caldaro", orcio per attingere l'acqua alla fontana, brocca, mortaio, sacco di farina di granoturco e di grano	Cellulare per ordinare il pranzo. Forno a microonde
Cosa fa? Come?	La polenta veniva cotta nel caldaio appeso con il catenaccio sopra il fuoco, nel camino. La polenta si mangiava sulla spianatoia.	Riscalda la polenta comperata al supermercato.

Tabella 1. Raccolta di informazioni per il confronto

Dal confronto del copione *"Preparare la polenta"* riferito a due epoche diverse sono emerse le principali trasformazioni avvenute nel tempo.

A questo punto le corsiste hanno trasposto le conoscenze in una rappresentazione teatrale. Divise in due gruppi (un gruppo ha lavorato sulla civiltà dei bisnonni e l'altro sulla civiltà dell'oggi) hanno steso i canovacci, scelto i personaggi e gli interpreti, progettato le scenografie. Nel realizzarle hanno tenuto conto di quali elementi di conoscenza a cui erano giunte fossero fortemente connotanti il periodo preso in esame e, quindi, fossero essenziali.

Le corsiste sono state molto abili, in un baleno si sono trasformate in regista, costumiste, scenografe, attrici straordinarie!

Il fine che mi ero prefissata per questo laboratorio è stato raggiunto con grande soddisfazione.

Trasporre le conoscenze storiche in una rappresentazione teatrale, oltre che far comprendere meglio la Storia, è risultato molto divertente!

Laboratorio
Racconti horror al sapore di zolfo

coordinato da *Ombretta Bucci* e *Maria Cristina Petronilli*

Ai corsisti del laboratorio sono stati illustrati i vari step del progetto *La miniera di Cabernardi. Il suolo: un paesaggio da scoprire.* È stato un percorso interdisciplinare sullo studio scientifico e socio-storico del territorio, che ha coinvolto gli alunni di una classe quarta della scuola primaria "A. Anselmi" di Arcevia. Il percorso con i bambini è culminato con la stesura di racconti di finzione, in cui la realtà (riferita alla conoscenza storica di un periodo solo apparentemente dimenticato dalla memoria collettiva) e l'immaginazione si sono fuse.

I corsisti sono stati accompagnati alla scoperta di quello che oggi è un sito archeo-minerario, ma che circa 60 anni fa era una dei più grandi siti di estrazione dello zolfo d'Europa: la Miniera di Cabernardi, situata nel comune di Sassoferrato confinante con Arcevia.

Finalità

Fornire ai corsisti un esempio di metodo della didattica della storia che:

• offra esperienze concrete di cittadinanza attiva, approfondendo le conoscenze sul territorio e dando la possibilità di comprendere le relazioni tra i vari elementi, naturali e artificiali, che costituiscono il paesaggio;

• favorisca la scoperta del territorio e dei beni culturali per promuovere l'educazione ambientale;

• promuova la motivazione e lo sviluppo di nuovi interessi attraverso la conoscenza del territorio;

• incentivi la partecipazione attiva nella costruzione di abilità, conoscenze e competenze;

• favorisca la costruzione dell'identità attraverso lo sviluppo del senso di appartenenza ad una comunità.

Obiettivi

Il metodo proposto e le attività previste si prefiggono il raggiungimento dei seguenti obiettivi:

• comprendere le trasformazioni del territorio nel corso della storia attraverso l'analisi di varie fonti;

• comprendere le fasi di una ricerca storica;

• comprendere i fenomeni migratori conseguenti a mutate condizioni economiche;

• ricercare, confrontare e verificare la correttezza delle informazioni ricorrendo a fonti diverse;

• sintetizzare le informazioni trovate in uno schema o in un testo;

• collaborare con i compagni, imparando ad ascoltare ed a condividere le idee;

• sviluppare la capacità di progettare e realizzare un prodotto finale condiviso;

• utilizzare le tecnologie per cercare informazioni e presentare un argomento;

- ampliare le fonti e le occasioni per crescere le competenze nell'apprendere;
- stimolare la motivazione attraverso attività laboratoriali, esperienze concrete e osservazioni dirette, oltre che con strumenti digitali e l'uso delle nuove tecnologie.

Le fasi del laboratorio

1. Presentazione del Progetto "La miniera di Cabernardi"

Ai corsisti è stata illustrata tutta la documentazione prodotta con la classe:
- presentazione della ricerca scientifica e socio-storica;
- visione del Tgino con un'intervista ad un ex minatore realizzata dagli alunni;
- presentazione in Ppt dei racconti horror creati dagli alunni ambientati in miniera;
- presentazione della linea del tempo sulla storia della miniera.

Dopo aver presentato il lavoro svolto, ai corsisti sono state riproposte le varie fasi che le insegnanti avevano seguito in classe durante la realizzazione del percorso educativo e didattico:
- visita guidata al Parco Archeominerario di Cabernardi e al Museo del parco della miniera per reperire informazioni da varie fonti storiche;
- organizzazione delle informazioni raccolte attraverso un lavoro di gruppo;
- ricerca scientifica sullo zolfo (definizione, usi, metodi di estrazione) attraverso fonti bibliografiche e digitali;
- lettura di testimonianze fornite dalle responsabili del corso.

I temi della ricerca sono stati principalmente:
- la storia della miniera (in relazione anche alle guerre mondiali);
- la vita dei minatori (in particolare il lavoro in miniera);
- le fasi del processo di estrazione dello zolfo.

I prodotti

I corsisti, divisi in gruppi, hanno realizzato una presentazione sul cloud Google Drive, avendo così la possibilità di lavorare contemporaneamente sullo stesso file, ottenendo rapidamente un prodotto compiuto frutto di un lavoro collettivo. I corsisti sono stati invitati ad inventare testi poetici e narrativi che facessero riferimento alle conoscenze acquisite in seguito alle attività laboratoriali.

La stesura di questi testi di finzione è valsa come modalità di consolidamento degli apprendimenti e, allo stesso tempo, come un momento di verifica.

Dal progetto "La miniera. Ricerca scientifica socio-storica"

Una donna come minatore e il delitto vendicato
Testo prodotto dagli alunni della classe 4° A-Plesso A. dell'I.C di Arcevia.

"Chi può essere stato?" – si ripeteva Barbara, dal giorno in cui il suo povero marito era stato rinvenuto privo di vita.
"Ti ammazzerò con le mie stesse mani!" – diceva fra sé e sé.
Marcello nutriva lo stesso sentimento. Taciturno, introverso, ma freddamente maturo per i suoi vent'anni, indagava, chiedeva a tutti possibili notizie o indizi che potessero condurlo alla verità.
Nessuno, però, aveva visto nulla, nessuno sapeva...
Nel paese, tutti si conoscevano: Leonardo, Giuseppe, Giorgio, Achille e Sebastiano. Questi...tutti gli amici di Giovanni.
Marcello, dunque, restrinse la ricerca nel gruppo di questi stessi amici del povero genitore.
La sera in cui era avvenuto il delitto, gli amici avevano un alibi perfetto. Erano stati tutti nella piccola osteria del paese, fino a tarda notte.
Dunque, chi poteva essere stato?

Marcello, senza farne parola, aveva rivolto i suoi sospetti su Achille che era stato il primo a lasciare l'osteria.

Nulla si sapeva su di lui. Era un uomo che parlava poco di sé, faceva lo spillatore: aveva il compito d'inserire la canaletta per indirizzare la colata dello zolfo liquido.

Non sopportava quel lavoro, ma era l'unico che aveva trovato in miniera e che dava sostentamento a sé ed alla sua famiglia.

Achille uscì, frettolosamente, dalla sua abitazione. Il delitto e troppi furti si erano verificati negli ultimi tempi; nessuno aveva scoperto il colpevole.

Marcello sorvegliava l'amico del padre.

"Dove vai Marcello? Vieni qui! Non ti esporre ad altri rischi!" – gridò la madre. Ma Marcello non l'ascoltò e s'avviò verso Achille, senza farsi notare.

Il bosco di Cantarino non costituiva più un nascondiglio proficuo per i malfattori, però, vi era un grotta, nascosta alla vista d'estranei, ma ben nota ad alcuni abitanti del luogo...

Achille, guardandosi attorno, svicolò poi dietro ad un cespuglio.

"Mi sono presa la mia rivincita!" – disse, a bassa voce.

In un antro d'una cavità, sollevò un sasso e prese qualcosa...

Marcello riconobbe il berretto del proprio genitore e subito disse, sommessamente: "Maledetto, vendicherò mio padre!".

Il giorno dopo Marcello e la madre s'avviarono verso la miniera.

"Siamo stati fortunati! Tutti hanno creduto alla storia del lontano parente, venuto qui, in cerca di lavoro!".

Come avremmo fatto altrimenti a sfamare la nostra famiglia?" – così disse la madre, rivolgendosi, in questo modo, a Marcello che, quel giorno, era restato muto e pensoso. Achille, intanto, prese a lavorare nella sua postazione, respirando quell'aria puzzolente e fetida.

Quel giorno avrebbe dovuto effettuare anche il turno di notte.

Il buio scese a coprire la miniera, un'atmosfera che incuteva paura, un silenzio interrotto dal lavoro dei soli minatori: caricatori, manovali, scaricatori...

"Ahhh!Chi é?" – urlò Achille, Interrompendo le sue consuete mansioni.

Una figura misteriosa, dietro alle sue spalle, si proiettava, nettamente, su di un fianco della parete del calcarone.

"Chi è? Chi é? – ripeteva spaventatissimo.

La figura misteriosa sparì senza lasciare traccia.

Achille continuò a vedere quella figura irriconoscibile per molti giorni.

"Perderai il posto di lavoro!" – gli ripeteva uno dei sorveglianti.

"Maledetto! Chi può avermi fatto questo? Chi può aver scoperto il mio segreto? – pensò Achille.

I giorni successivi, intanto,Marcello ritornò nell'antro e rinvenne non solo il berretto del padre, ma anche del denaro, quello sottratto ad alcuni degli abitanti di Cantarino.

Achille, frattanto, per non essere licenziato, fu costretto a lavorare nella profondità della miniera.

Caldo, aria fetida e buio erano mal sopportati dai minatori e perciò anche da Achille.

Quella notte, la stessa figura misteriosa si stagliò sulla parte della galleria illuminata da flebili luci interne.

Un rumore di ferraglia proveniva da un carrello ormai pieno di pietre e zolfo.

"Non mi fare del male! Chi sei? Cosa vuoi da me?" – urlava Achille.

"Mi riconosci?" – disse quella figura misteriosa che si fece avanti con un coltello stretto nel pugno della mano.

Era proprio Giovanni...

"Ma come? Non è possibile! Ti ho ucciso! Come diav...?" – gridava terrorizzato Achille.

Le sue gambe tremavano, gli occhi erano rossi, cerchiati, infuocati...

"Maledetto!" Volevi prendere il mio posto! Io, però, ho finto di morire e con l'aiuto di Sebastiano che, prontamente, si fece avanti, in aiuto di Achille, ho voluto renderti la cortesia...!".
Achille rovesciò il carrello e gli attrezzi dei due compagni ed iniziò a correre per la galleria della miniera.

Marcello, nascosto, dietro ad un altro carrello, esterrefatto, avendo ascoltato e visto tutta la scena, nel buio della miniera, agguantò Achille e lo spinse proprio nell'angolo in cui gli altri compagni minatori stavano per deflagrare la zona...
La vendetta era stata compiuta...

La donna del minatore
Testo prodotto dalle corsiste Silvia Allegrezza, Simona Galeotti, Antonella Tafani

---

Come é duro essere la moglie del minatore
aspettarlo sempre...per ore e ore.
Quando il sole non si fa ancora vedere,
mentre nella terra buia e grigia c'è un incessante brulichio di vita,
lei si appresta a preparare un adeguato ristoro
per il suo uomo stanco del lavoro.
E quando chiude quel freddo contenitore
avverte una stretta al cuore
e col pensiero accompagna il suo uomo ogni giorno
nella discesa con l'ascensore.
Mentre intreccia le ciocche in una morbida conocchia
vede il suo viso sudato,
i suoi capelli gocciolanti,
il dorso nudo, asciutto,
le mani callose che colpiscono la dura roccia.
La sua preghiera vola a Santa Barbara
affinché il suono cupo della sirena
non si oda nella vallata
e termini serena anche questa giornata.
Tra le risa gioiose dei bambini
le mani attente curano le viti nei filari
che affondano le radici nella terra bruna e fertile...
il pensiero va al minatore.
Come in un grande formicaio
gli uomini si adoperano per portare il pane alla propria famiglia:
chi con la barramina fora la roccia...
chi accende l'esplosivo...
chi trasporta i carrelli carichi di roccia
lungo i binari fino al calcarone...
chi spilla tra letali esalazioni il prezioso minerale...
Lei alza lo sguardo al passaggio della teleferica
con occhi incantati
segue il suo carico di pani dorati.
Dagli stradelli le sembra di sentire
l'odore acre e familiare dello zolfo
spinto dal rotante ventolone
e il fischietto del minatore
che della dura giornata si asciuga il sudore.

Mi chiamo Pietro Zolfino e ho sempre fatto il minatore. Negli anni '50 vivevo con mia moglie e i miei cinque figli nel villaggio di Cantarino. La mia casa era nella "cattedra", un grande palazzo che degli architetti milanesi hanno progettato nel 1917. Ci conoscevamo tutti a Cantarino, poiché gli uomini e alcune donne lavoravano nella miniera di zolfo di Cabernardi.

Il 28 maggio 1952 dovevo fare il turno delle 22. Avevo la fortuna di avere il lavoro poco distante da casa; dovevo percorrere a piedi un sentiero di soli 2 chilometri. Uscii di casa e incontrai un mio amico minatore.

"Ehilà, Peppe! Finito il turno?"

"Ciao Pietro, sì. Invece tu devi sbrigarti, oggi sei in ritardo. Ricordati la parola d'ordine di stasera: *Coppi maglia gialla*".

Arrivai alla miniera, ritirai la medaglietta col mio numero e presi al volo una lampada in lampisteria. Scesi sottoterra dal pozzo Donegani con i miei compagni. Faceva un gran caldo, perciò mi tolsi la maglietta e iniziai a trapanare la roccia.

Dopo la solita notte trascorsa tra l'odore dello zolfo, il caldo opprimente e il forte rumore degli esplosivi, arrivò sottoterra il vagone con la parola d'ordine: *Coppi maglia gialla*. Questa scritta non indicava la fine del turno, ma l'inizio di una vera e propria protesta: io e gli altri minatori volevamo occupare la miniera per manifestare il nostro dissenso alla prossima chiusura, decisa dalla società proprietaria Montecatini. Volevamo stare lì, finché non saremmo stati ascoltati e ci avrebbero garantito il lavoro.

Trascorrevano i giorni e all'aria aperta molta gente si recava in miniera per trasmetterci la forza di continuare questa protesta. Mia moglie mi mandava ogni giorno del cibo racchiuso in un telo, dal cui odore riconoscevo il profumo di casa. Passò un mese, eravamo sfiniti. Improvvisamente, nei buoi della miniera, vedemmo in lontananza una luce accecante. Come mai una luce sottoterra? Da dove proveniva? Cosa era? Quel bagliore durò solo alcuni secondi, poi scomparve nel nulla. Ci sentivamo storditi; non abbiamo avuto il tempo di comprendere cosa era successo quando al mio amico Gino accadde qualcosa di straordinario: un topo stava passando vicino a lui, quando dagli occhi di Gino partì un potente raggio che uccise il roditore all'istante. Incredibile, Gino aveva un superpotere! Non solo Gino, tutti noi minatori da quel bagliore avevamo ricevuto la capacità di emettere dei raggi assassini.

Al quarantesimo giorno della nostra occupazione, noi minatori decidemmo di tornare in superficie; avevamo ricevuto risposte positive dalla Montecatini.

Entro un mese la società si impegnava a riprendere le trattative con i lavoratori e i sindacati. Prima di risalire, ci confrontammo su come gestire il nostro nuovo potere. Dovevamo rivelarlo subito? Oppure potevamo tenerlo in segreto come ultima possibilità per far valere le nostri ragioni? Scegliemmo di aspettare la fine della trattativa con Montecatini.

All'uscita dalla miniera indossammo tutti degli occhiale da sole; la luce del giorno sarebbe stata troppo forte per i nostri occhi ormai abituati al buio completo. Inoltre, con gli occhiali potevamo controllare il nostro raggio assassino e non far del male a nessuno.

Una grande folla ci attendeva fuori; tutti noi eravamo felici e potevamo finalmente riabbracciare le nostre famiglie. Ma questa felicità durò ben poco: ad agosto Montecatini dichiarò la chiusura definitiva della miniera di Cabernardi. Nonostante questa delusione, noi eravamo soddisfatti poiché eravamo stati trasferiti in un'altra miniera; avevamo conservato il nostro lavoro. L'unico arrabbiato era Gino, lui voleva a tutti costi rimanere a Cabernardi e non accettava la chiusura. Un giorno si recò nell'ufficio dei tre dirigenti di Montecatini e scatenò il suo superpotere: si tolse gli occhiali e scaglio il raggio... assassino? Non più! Il raggio di Gino aveva perso la sua forza iniziale e davanti a lui comparvero tre grossi muli. Dove erano finiti i dirigenti? Questo non lo potremo mai sapere... Sappiamo però che fine fecero i tre muli: Gino riprese il lavoro con me in un'altra miniera a Ferrara, dove ci portammo come aiutanti le tre bestie.

Laboratorio
Entrare nella storia attraverso realtà e finzione

coordinato da *Gabriella Bosmin*

Introduzione

Il percorso del laboratorio di quest'anno si innesta sul lavoro effettuato durante la Scuola estiva di Arcevia dello scorso anno, che prevedeva una relazione e un laboratorio sul "racconto di finzione": che cos'è, da che cosa è composto, come si costruisce e come si usa.

Il laboratorio di quest'anno si è basato sulla progettazione di un'UDA attorno al racconto di finzione.

Per meglio comprendere il percorso del laboratorio è necessario un piccolo passo indietro e rivedere alcuni cenni sul racconto di finzione.[1] È una metodologia di approccio ai temi storici, un veicolo importante nel coinvolgimento degli alunni attraverso la narrazione.

Il presupposto è che in ogni luogo vi siano tracce del passato recente o remoto da individuare e interrogare pronte ad essere trasformate in fonti.

---

1. Gabriella Bosmin, "Mettere in racconto tracce museali", in Paola Lotti ed Elena Molinari, *Incroci di linguaggi. Rappresentazioni artistiche del passato nella didattica della storia*, Associazione Clio '92-Mnamon, 2016, p. 107.

Ogni fonte contiene in sé informazioni che possono "raccontarci" qualcosa. Siano oggetti di uso quotidiano, edifici, opere d'arte, documenti scritti, fotografie del presente e del passato. La costruzione del racconto di finzione ruota attorno alle fonti sotto un duplice aspetto: la realtà e la fantasia. E si è rivelata un'ottima strategia per entusiasmare gli alunni, coinvolgerli e interessarli alla ricerca storico/geografica. Infatti, mentre gli alunni assaporano il racconto in sé, opportunamente guidati dall'insegnante, sapranno discernere la realtà dalla finzione e individuare la natura e le informazioni veicolate dalle fonti inserite nel racconto in modo più o meno esplicito.

Nel laboratorio *Insegnare a scrivere storie al museo,*[2] le corsiste visitarono il Museo Archeologico Statale di Arcevia (AN). Ciò permise loro di individuare i reperti utili alla progettazione e ideazione di due racconti di finzione: uno sui Galli Senoni di Montefortino nelle Marche (seconda metà del III a. C.), l'altro sulla Fossa di Conelle (periodo eneolitico fra il 3600 e il 2650 a. C.). Proprio quelli usati nel laboratorio *Entrare nella storia attraverso la realtà e la finzione.*

Il laboratorio

Il laboratorio è stato diviso in tre fasi.

Prima fase

1. Presentazione del racconto di finzione
Prima di procedere nelle attività laboratoriali vere e proprie ho ritenuto utile fornire alcune indicazioni per la costruzione del

---

2. Gabriella Bosmin, "Insegnare a scrivere storie al museo", in Paola Lotti ed Elena Molinari, *Incroci di linguaggi. Rappresentazioni artistiche del passato nella didattica della storia,* Associazione Clio '92-Mnamon, 2016, p. 133.

racconto di finzione, affinché potessero essere usate con cognizione di causa al momento dell'analisi per la progettazione dell'UDA.

Ecco alcuni dei punti esposti:

• Scelta degli obiettivi da raggiungere attraverso il racconto di finzione, anche in riferimento alle competenze culturali e di cittadinanza da costruire.

• Individuazione delle fonti da inserire nel racconto (è più opportuno considerare innanzitutto quelle locali).

• Ricerca della documentazione pertinente alla ricostruzione del contesto (epoca storica, paesaggio, tipologia e utilizzo dei materiale da costruzione...)

• Scelta dell'ambientazione e *del paesaggio* da inserire nel racconto.

• Scelta dei personaggi (i protagonisti in questa fascia d'età siano soprattutto bambini) e dei fatti in sintonia con le fonti e l'epoca.

Esempio: costruzione del racconto "sulla torre, vicino al cielo"

Obiettivi: introdurre gli alunni delle prime classi della Scuola Primaria alla storia della Torre dell'Orologio (storia locale), ai concetti di piazza e mercato e loro utilizzo (storia generale).

Luogo: Mestre (Venezia)

Fonti locali:
• La Torre dell'Orologio (medioevale).
• La piazza Ferretto e i mercati.

Altre fonti: alcune fotografie che riproducono la torre in epoche diverse; un dipinto di Gavagnin Piazza di Mestre, (1885 circa) che rappresenta Il mercato nella Piazza Maggiore (oggi p. Ferretto) di Mestre (fine XIX sec.); alcune incisioni di Zompini (sec. XVII) che rappresentano i mestieri antichi a Venezia.

Protagonisti:
• Due gemelli di 8 anni circa, Falco e Aurora.
• Lula, un'apprendista maghetta.
• I venditori del mercato.

I fatti:
Prima parte: I due gemelli trovano un passaggio per entrare nella torre dove incontrano Lula, l'apprendista maghetta che racconta loro la storia delle torri e delle mura di Mestre.
Per sbaglio vengono chiusi nella torre e vi passano la notte.

Seconda parte: Dalla torre i gemelli vedono la piazza ed assistono a vari episodi divertenti all'arrivo dei venditori e all'allestimento del mercato con tutte le merci dell'epoca.

2. Presentazione di alcune parti di attività già svolte

Il lavoro condotto in varie classi da insegnanti della scuola primaria, che hanno utilizzato il racconto di finzione in modo differenziato rispetto alle diverse età, mostra varie modalità per l'avvio alla ricerca storica, alla lettura e all'analisi delle fonti.

Alcuni esempi:

• osservazione collettiva/individuale di un dipinto o di una fotografia nelle sue parti e confronto presente/passato;

• lettura, comprensione e analisi delle parti del racconto;

• individuazione del reale e del fantastico;

• individuazione delle parti scritte corrispondenti alla fonte usata.

Ogni tipologia di approccio è guidata da consegne precise, preparate dall'insegnante, scritte e orali, che sostengano le operazioni cognitive richieste.

Seconda fase

Divisione delle corsiste in due gruppi secondo il periodo storico da analizzare, in riferimento alle loro classi.

Attività preliminari alla formulazione delle UDA:

• lettura dei due racconti di finzione creati durante la sessione SEA 2015 e presentazione dei documenti usati per la loro realizzazione;

- visita al Museo Archeologico Statale di Arcevia (AN) per individuare i reperti inseriti nei racconti;
- in base alle esigenze delle insegnanti, formulazione di alcuni obiettivi da raggiungere in classe attraverso l'attività proposta;
- scelta degli aspetti su cui documentarsi e quali approfondire;
- individuazione delle schede di lavoro da predisporre per l'attività in classe, che comprendano, per esempio: consegne per la comprensione del testo, l'individuazione di reale/finzione, il confronto presente/passato, costruzione di un grafico temporale, osservazione di un reperto museale... Suggerimento: è meglio che la tipologia delle schede sia varia (schemi, tabelle, risposte aperte /chiuse, interpretazioni grafiche, ...) per non favorire automatismi e atteggiamenti mentali rigidi;
- progettazione di un'UDA, o parte di essa, sul racconto di finzione, considerando i documenti forniti e le schede opportunamente predisposte.

Terza fase

Presentazione delle UDA, o parte di esse, da parte dei gruppi: discussione, difficoltà, criticità, suggerimenti.

Bilancio del laboratorio

Si è creata un'ottima atmosfera di collaborazione e condivisione. Le insegnanti attraverso discussione, domande e chiarimenti hanno lavorato ed espresso entusiasmo e soddisfazione.

L'approccio alla storia attraverso il racconto di finzione, fino ad ora mai praticato dalle insegnanti del laboratorio, è risultato molto stimolante per arricchire e cambiare le modalità di insegnamento e per offrire agli alunni un approccio alternativo alla ricerca storico-geografica.

Le difficoltà emerse

- Il tempo limitato per poter concludere la produzione.
- Dove/come l'insegnante può trovare le fonti relative all'argomento che le interessa trattare?
- La complessità/difficoltà di documentarsi da parte dell'insegnante prima di presentare l'attività gli alunni.

I prodotti del laboratorio[3]

Si tratta di appunti che le corsiste, dopo un lavoro "di getto", hanno cercato di ordinare il più chiaramente possibile secondo il tempo a disposizione. Naturalmente non sono da considerarsi né completi, né definitivi, ma un buon avvio.

Vedi allegati A e B.

Allegato A

Tre insegnanti hanno lavorato per le classi 4° e 5° sul racconto "*La corona rubata*" basato sulle conoscenze relative alla civiltà dei Galli Senoni presenti nel marchigiano nel III secolo a.C.

---

3. https://www.icarcevia.gov.it/storia/materiali16/B-%20LAB%20Bosmin.pdf.

Obiettivi:
Storia
- saper collocare nel tempo una civiltà;
- saper distinguere gli elementi di realtà e finzione presenti nel racconto;
- saper trarre inferenze dalle fonti;
- saper costruire un quadro di civiltà.

Geografia
- desumere informazioni sulle caratteristiche morfologiche del territorio;
- comprendere che il paesaggio cambia nel tempo (mutamenti e permanenze).

Attività 1
- lettura del testo;
- sottolineare le parti che possono ricondurre alle fonti e alle informazioni di carattere storico;
- rispondere a domande per la comprensione del testo.

Lavoro individuale, collettivo o a piccoli gruppi?

Scheda 1
Comprensione del testo
1. Titolo:
2. Ipotesi sul contenuto del testo
3. Tipo di testo:
narrativo / descrittivo /argomentativo
4. In quale tempo si svolgono le vicende?
nel presente / nel passato / a.C. / d.C.
5. In quale luogo si svolge il racconto?
villaggio / città / accampamento
6. Qual è il nome del luogo?
7. In quale ambiente geografico è collocato?
montagna / collina / pianura / mare
8. Quale piante e animali vengono nominati?
Sono gli stessi di oggi?
sí / no / in parte
9. Qual è il nome del popolo che viveva in questo territorio?
10. Quali attività lavorative svolgevano?
11. Cosa coltivavano?
12. Cosa bevevano?
13. Quali erano le classi sociali e come erano organizzate? da cosa lo puoi capire?
14. Che tipo di religione praticavano?
monoteista / politeista
15. Quali erano i luoghi di culto?
16. Di quali riti si parla nel testo?
17. Quali monili indossavano le donne nei giorni di festa?

I bambini non hanno già letto il testo? Se sì, non si tratta di ipotesi. Se no, aggiungerei alla domanda 2 "desunta dal titolo".

Completerei con: puoi indicare una data precisa?

Presuppone una conoscenza di fauna e flora attuali: o gli alunni l'hanno già acquisita o si prevede un'attività parallela.

18. Liuti, flauti e tamburi... a che cosa ti fanno pensare?

19. In base alle risposte che hai fornito prova a distinguere ed elencare in tabella gli elementi di realtà e finzione presenti nel racconto.

Realtà	Finzione

Attività 2

Elenca le fonti materiali indicandone le caratteristiche e le funzioni.

Oggetto	Caratteristiche	Funzione

Attività 3 (in piccoli gruppi)

Ad ogni gruppo assegnare un indicatore che guiderà gli alunni alla costruzione delle categorie relative al quadro di civiltà.

1° Gruppo: TEMPO
Costruite un grafico temporale e collocate in esso la durata delle civiltà dei Celti

2° Gruppo: SPAZIO
- Leggete le foto, fornite dall'insegnante, del paesaggio coltivato e boschivo e individuate quale delle due foto potrebbe corrispondere al paesaggio descritto nel racconto (passato).
- Rappresentate graficamente l'ambiente descritto nel racconto, aiutandovi anche con la foto individuata.

L'insegnante definisce già delle date di riferimento da inserire nel grafico temporale.

L'attività previste per i primi 2 gruppi le proporrei a tutta la classe individualmente.

III sec. a.c. (disegno)	oggi (disegno)

- sistemate in una tabella i disegni e rilevate i mutamenti e le permanenze.

Mutamenti

Permanenze

3° Gruppo: ATTIVITÀ LAVORATIVE
Sottolineate con il rosso le parti del testo in cui si parla delle attività lavorative.

Da qui attività a piccoli gruppi.

230

4° Gruppo: SOCIETÀ
Sottolineate con il verde le parti del testo in cui si parla della società, prestando particolare attenzione ai gruppi sociali non esplicitati.

5° Gruppo: ALIMENTAZIONE
Sottolineate con il giallo le parti del testo in cui si parla dell'alimentazione.

6° Gruppo: ABBIGLIAMENTO sottolineate con il blu le parti del testo in cui si parla dell'abbigliamento. **7° Gruppo: ABITAZIONE** Sottolineate con l'arancione le parti del testo in cui si parla delle abitazioni. (l'insegnante fornisce una scheda di approfondimento). **8° Gruppo: RELIGIONE** Sottolineate con il marrone le parti del testo in cui si parla della religione. **9° Gruppo: ARTE E CULTURA** Sottolineate con il viola le parti del testo in cui si parla di arte e cultura.	*Stanno lavorando sul testo di finzione. La scheda di approfondimento dovrebbe arrivare dopo che gli alunni si sono resi conto che non compaiono informazioni sulle abitazioni.* È stata predisposta una mappa a ganci con le caselle vuote.
Attività 4 Fase di inter-gruppo per socializzare i lavori	
Attività 5 Inserite nel quadro di civiltà dei Celti i dati rilevati e cercate i collegamenti interni (schema)	
Attività 6 • Visita al museo per cercare i reperti nominati nel testo e loro analisi attraverso scheda di osservazione fornita dall'insegnante. • Scegliete un reperto tra quelli nominati; indicatene nome, periodo, forma, materiale, uso.	*Da preparare* Queste informazioni si possono desumere dall'osservazione diretta dei reperti e dai cartellini informativi scritti accanto alle vetrine o ai reperti del museo.

Allegato B

Una corsista ha lavorato per la classe 3° sul racconto ambientato nel periodo eneolitico nel marchigiano 3000/2600 a.c.: *Gork, il cacciatore.*

1. Alcune idee sulle possibili attività che possono prendere avvio dal racconto di finzione
Testo: *Gork, il cacciatore*

Per gli alunni
1. Leggere il testo, eseguire le schede di comprensione preparate dall'insegnante

Per l'insegnante
1. Dividere il testo in tre sequenze narrative; in ogni sequenza dare domande aperte per la comprensione:
* chi sono i protagonisti
* quali sono i personaggi secondari
* quando si svolge il fatto
* dove si svolge il fatto
* cosa accade

Per gli alunni
2. Sottolineare in verde le informazioni storiche e in rosso le informazioni inventate

Per l'insegnante
2. Dopo una discussione collettiva, sollecitare i bambini chiedendo dove si possono trovare le informazioni storiche necessarie (libri, internet, film). L'insegnante si rende disponibile a trovare il materiale in cui si parla dell'argomento (partire da internet e stralciare solo le parti interessate, scrivendo alla fine: testo............ ridotto da........).
Preferire testi con la citazione dell'autore e del titolo.
3. Produrre un testo "Questo testo mi parla di..." in cui inserire più argomenti, alcuni intrusi, fra i quali i bambini scelgono quelli esatti.

Per gli alunni
3. sottolineare con la matita le parti descrittive di personaggi e ambienti
4. mettere in tabella oggetti e armi nominati e confrontali con quelli di oggi (disegno e verbalizzazione)

Gli alunni si possono dividere in gruppi che si occupano di argomenti diversi per poter rispondere alle seguenti domande.
* Quali erano le attività lavorative di uomini, donne, bambini?
* Come si realizzavano i vasi di terracotta? Come venivano decorati?
* Quali materiali venivano usati per la costruzione di armi e utensili?
* Quali erano gli animali del periodo eneolitico?
* Quali erano gli strumenti di caccia e di difesa?
* Quali erano le piante?
* Di quale cibo si nutrivano?

- A chi rivolgevano le loro preghiere?

N.B. Per la classe III sono preferibili domande a risposta chiusa (crocette)

Altre attività
- Disegnare gli oggetti nominati nel testo con l'uso di foto di reperti simili agli originali.
- Con le informazioni ottenute completare il quadro di civiltà riassuntivo del periodo eneolitico: ambiente, economia, abitazioni (nel testo di finzione non se ne parla, quindi approfondire), società, cultura (alimentazione), tecnologia, religione.
- Visita al museo (a conclusione).
- Visita al fossato di Conelle (Arcevia).

2. Obiettivi e fasi dello sviluppo didattico

Storia
Periodo eneolitico nelle Marche

1. Conoscere gli utensili: materiali, modi di realizzazione, usi.
2. Conoscere le attività lavorative: caccia, agricoltura, artigianato (produzione di vasellame, produzione di frecce e armi...).
3. Conoscere le diverse tecniche di lavorazione della terracotta e di decorazione.
4. Conoscere la religiosità.
5. Conoscere l'alimentazione e la conservazione dei cibi: cereali, carni, uova, latte, bacche.
6. Conoscere gli strumenti di difesa: archi, frecce, lance, fionde.
7. Confrontare tipi diversi di periodizzazione: ciclo lunare, inverni, mesi, anni.
8. Conoscere la vita sociale ed economica: baratto, divisione del lavoro tra uomini donne e bambini, ingresso nella vita adulta da parte dei bambini, il lavoro dei bambini senza la scuola.

Geografia-scienze
- Rappresentare graficamente il territorio del villaggio con gli elementi inseriti nel testo (fiume, fossato, bosco).
- Conoscere flora e fauna del territorio considerato presenti nel periodo eneolitico.
- Conoscere la funzione e l'attività nel fiume: pesca, navigazione, difesa.
- Conoscere le fasi lunari del mese.

233

Laboratorio
Menù per usi didattici dei testi divulgativi e di finzione di storia

coordinato da *Monica Bussetti* e *Elena Monari*

Prima di entrare nel vivo dei Menù di apprendimento, abbiamo percorso insieme alle corsiste un breve itinerario per chiarire i cardini teorici dell'elaborazione di Clio '92, sia che si tratti della scuola primaria che di quella secondaria di secondo grado, che sono i due ordini di cui si è occupato il nostro laboratorio, anche per avere una base e un linguaggio comuni. Abbiamo quindi parlato rapidamente di:

* copioni
* tematizzazione
* linee del tempo
* quadri di civiltà
* problematizzazione
* processi di trasformazione
* carte geografiche, geostoriche, tematiche.

Nel corso di questa nostra esposizione è scaturita una conversazione riguardante le nostre pratiche didattiche e i dubbi o le certezze rispetto al curricolo verticale e alle metodologie da adottare.

I menù/agende di apprendimento

Cosa sono e a cosa servono

Secondo la definizione che ne dà Carol Ann Tomlinson, i Menù di apprendimento (anche chiamati *agende di apprendimento*) sono una delle strategie per rendere la classe sempre più inclusiva. Sono pensati per dare agli studenti la **possibilità di scegliere tra diversi compiti**, assicurandosi tuttavia che ognuno si concentri sulle conoscenze, comprensioni e abilità ritenute essenziali dall'insegnante. Sono adatti a tutte le classi e a tutte le materie.[1]

Come sono costruiti

Di solito il menù, costruito proprio come un menù da ristorante, include:

- un **primo piatto** (o **piatto principale** alla maniera americana) o **imperativi**, che gli studenti devono completare interamente e autonomamente; è quello che permette loro di imparare i concetti base dell'argomento;
- un **secondo piatto** o **negoziabili** con uno o più **contorni**: il secondo piatto può essere obbligatorio e nei contorni, invece, i ragazzi devono scegliere fra un certo numero di opzioni; se non ci sono contorni, il secondo piatto può essere o no obbligatorio;
- i **dessert** o **opzioni** che sono espansioni opzionali o compiti di arricchimento. Solitamente vi sono le attività più accattivanti (fumetti, film, cartoni...).

---

1. C. A. Tomlinson, *Adempiere la promessa di una classe differenziata*, LAS, Roma, 2006.

Come organizzare il lavoro agli alunni

A seconda dell'età degli studenti, si può scegliere fra:

- lavoro a coppie
- lavoro a gruppi
- lavoro individuale
- flipped classroom

Perché farli?

Cosa danno in più agli alunni?

La possibilità, programmata con cura dal docente, di scegliere, a seconda delle loro curiosità e potenzialità, che tipo di lavoro fare per giungere alla conoscenza di un determinato argomento. Il menù li stimola a lavorare sulla loro area di sviluppo prossimale e "sfrutta" i loro interessi per tenere alta la motivazione.

A nostro parere questo soddisfa quanto auspicato dal professor Ivo Mattozzi quando afferma:

«Gli studenti inclini ad impegnarsi nella comunicazione storica hanno diritto ad avere occasioni e sfide per provare le loro abilità e per migliorarle. Richiedono stimoli e le loro produzioni devono essere trattate con cura da noi insegnanti».[2]

Un esempio di Menù per la scuola primaria (maestra Monica Bussetti)

Il Menù, proposto ad una classe V di scuola primaria, aveva come titolo: *Menù per lo studio degli antichi romani: il periodo della repubblica.* Di seguito riportiamo esattamente il

2. I. Mattozzi, 2016.

pieghevole (per riprendere la forma del menù di un ristorante) dato agli alunni.

Primo piatto

Roma è stata considerata la città più popolosa, grande, ricca e potente di tutta la storia antica. Simbolo delle civiltà romana. Quali sono gli aspetti che l'hanno resa tale e quali invece i suoi punti di debolezza?

1. A coppie, leggete le parti del sussidiario riguardanti:
   * Roma repubblicana
   * Le lotte fra patrizi e plebei
   * I Gracchi e la riforma agraria
   * Roma conquista l'Italia.
   * L'espansione nel Mediterraneo.
   * Le conseguenze dell'espansione.
   * Le guerre civili e la crisi della repubblica.
   * Caio Giulio Cesare.

Poi, fate gli esercizi che vi assegnerà l'insegnante seguendo le sue indicazioni.

2. Individualmente, leggi le parti del sussidiario riguardanti:
   * La casa patrizia e la casa plebea
   * La religione

Dopo aver letto, esegui per iscritto gli esercizi che trovi sulle schede che ti darà l'insegnante.

3. Individualmente leggi le schede su:
   * Vita quotidiana
   * Cultura
   * Attività

Dopo aver letto, esegui per iscritto gli esercizi che trovi sulle schede.

Ora sei pronto per:
   a.   completare lo schema del quadro di civiltà che ti darà l'insegnante (se per te è troppo piccolo, puoi rifarlo sul quaderno);
   b.   fare una linea del tempo con le date principali della storia di Roma al tempo della repubblica;
   c.   colorare con diversi colori le tappe dell'espansione romana sulla carta che ti darà l'insegnante;
   d.   rispondere alla domanda iniziale, scrivendo un breve testo.

Secondo piatto

Scegli una di queste attività (o la n. 1 o la n. 2...) da fare individualmente:

1. Esercito e accampamento romano:
   - Leggi i libri proposti dall'insegnante, impara vocaboli nuovi e fai gli esercizi (chiedi la scheda alla maestra).
   - Sei un legionario. Scrivi una lettera a tuo padre per descrivergli la tua vita nell'accampamento e nelle trasferte.

2. Il calendario romano
   Leggi la scheda che ti darà l'insegnante ed esegui i seguenti esercizi:
   - rispondi sul quaderno alle domande
   - cerca le parole chiave e scrivile in uno schema
   - ripeti usando lo schema

3. Le guerre puniche
   Leggi le schede che ti darà l'insegnante ed esegui i seguenti esercizi:
   - metti le date delle guerre puniche su una linea del tempo
   - completa una mappa
   - leggi e rispondi sul quaderno.

4. Le strade
   - Leggi sui libri proposti dell'insegnante tutte le informazioni che riguardano le strade costruite dai Romani.
   - Chiedi all'insegnante la scheda con i seguenti esercizi:
   - rispondi sul quaderno alle domande.
   - osserva la mappa e rispondi.
   - costruisci un grafico con Excel
   - guarda il filmato su Internet.

Dessert

Se vuoi saperne di più, scegli tra una o più delle seguenti attività che ti aiuteranno a capire meglio la vita al tempo degli antichi Romani:

1. Guarda il film su Caio Giulio Cesare per "vedere" com'era Roma, come vestivano... e cosa succedeva quando un generale tornava vincitore:
http://www.youtube.com/watch?v=AxJ-cgRRJRY&list=PLpo13BS2uoWz6T8KkXuWzUvsfkPdA8bOK&hd=1

Ora prova a compilare una tabella sulla vita di ieri e di oggi, fai un confronto e cogli le differenze.

2. Guarda il film riguardante Caio Giulio Cesare sull'assedio e la battaglia di Alesia: ti mostrerà alcune caratteristiche di Cesare:
http://www.youtube.com/watch?v=Qei0i2kDefo&hd=1

Ora fingi di essere Cesare e scrivi una pagina di diario su ciò che sta succedendo ad Alesia.

3. Leggi tre fumetti di Asterix (chiedili alla maestra) per capire come sono i personaggi e come raccontano le loro storie, poi disegna e scrivi tu un fumetto in cui Asterix racconta i Romani; se lo preferisci, puoi scaricare delle immagini del fumetto da Internet e con quelle scrivere il fumetto, magari facendo un PowerPoint.

4. Leggi il testo sugli schiavi che ti darà l'insegnante e immagina di essere un antico liberto che alla fine della sua vita scrive le sue memorie.

Un esempio di Menù per la scuola secondaria di secondo grado (professoressa Maria Elena Monari)

Il Menù, proposto ad una classe V di scuola secondaria di secondo grado aveva come titolo: **Menù per lo studio della prima guerra mondiale.**

Imperativi/Primo piatto

Risolvi il seguente problema: come si può raccontare la prima guerra mondiale?

• Leggi il manuale[3] e fai una linea del tempo che rappresenti i fatti accaduti.
• Leggi nel manuale *La guerra vissuta*, p. 57-60 e rispondi brevemente alle domande poste alla fine di ogni intervento storiografico.
• Partecipa ad almeno una delle conferenze proposte dall'Archivio storico e preparati a sintetizzarne (scritto e oralmente) il contenuto ai tuoi compagni che ne hanno sentite altre.
• Contestualizza almeno un brano tra i *Canti di guerra* di Jahier, Gui[4] e preparati ad eseguirlo per farlo sentire alla classe e metterci in grado di sceglierlo o scartarlo per lo spettacolo.
• Alla fine devi essere in grado di fare una tua proposta per la realizzazione di uno "spettacolo-lezione" che verrà presentato ad altre classi quinte.

---

3. Fossati, Lupi, Zanette, *Parlare di storia*, Pearson, 2012.
4. Jahier, Gui, *Canti di soldati*, Casa musicale Sonzogno, 1919.

Negoziabili/Secondo piatto

Guarda almeno uno dei seguenti film, che ti faranno capire meglio le tematiche legate alla Grande guerra puoi scegliere tra:

- *Fango e gloria*, di Tiberi
  https://www.youtube.com/watch?v=zblb2aPew9s.
- *Torneranno i prati*, di Olmi
  https://www.youtube.com/watch?v=SXPGZcNz5RE.
- *Uomini contro*, di Rosi (dvd prof).
- *Niente di nuovo sul fronte occidentale*, di Delbert Mann (sul drive).

Opzioni/Dessert

Scegli tra una delle seguenti attività per consolidare quanto appreso. Lavora con i compagni che hanno scelto le tue stesse attività.

- Leggi il libro di Boyne, *Non all'amore né alla notte*.[5] Preparati a raccontare alla classe di cosa parla e cosa hai imparato di nuovo dalla lettura di questo libro.
- Leggi il libro di Englund, *La bellezza e l'orrore*.[6] Preparati a raccontare alla classe di cosa parla e cosa hai imparato di nuovo dalla lettura di questo libro.
- Guarda il video di Rumiz, *L'albero tra le trincee*[7] e produci una sintesi video per illustrarne il contenuto ai compagni.
- Guarda gli interventi di Rumiz su Repubblica e sintetizzane almeno una decina. Mettiti d'accordo con un compagno o due, in modo che la classe possa avere una sintesi di tutti gli interventi di Rumiz. Sono a questo indirizzo: www.repubblica.it/argomenti/grande%20guerra.
- Leggi il libro di A. Cazzullo, *La guerra dei nostri nonni*.[8] Preparati a raccontare alla classe di cosa parla e cosa hai imparato di nuovo dalla lettura di questo libro.

Attività di laboratorio

Utilizzando sussidiari, manuali, testi storiografici e di divulgazione, romanzi storici, film e documentari e lavorando

5. J. Boyne, *Non all'amore né alla notte*, Rizzoli 2011
6. P. Englund, La bellezza e l'orrore, Einaudi, 2012.
7. *L'albero tra le trincee. Paolo Rumiz nei luoghi della Grande Guerra*. Artemide film e distribuito da Repubblica, 2013. www.repubblica.it/argomenti/grande%20guerra.
8. A. Cazzullo, *La guerra dei nostri nonni*, Mondadori, 2014.

in gruppo le insegnanti della primaria hanno iniziato a preparare un menù per la classe 5°: *l'espansione di Roma dalle origini all'impero*.

Non essendo presenti docenti di scuola secondaria di secondo grado, l'unica insegnante di secondaria di primo grado, insieme alla tutor, ha fatto una riflessione sull'eventuale utilità di un menù per la classe 3° sulla prima guerra mondiale. Poiché la preparazione di un menù è un compito lungo e complesso, le colleghe si sono cimentate soprattutto nel confronto sulle diverse attività didattiche da proporre.

La discussione è stata lunga e fruttuosa e ha dato luogo a riflessioni su diverse pratiche didattiche da attuare in classe per concludere il lavoro.

Conclusioni

Alla fine del laboratorio le colleghe hanno concordato che individualizzare l'apprendimento e rendere la storia più vicina ai bisogni educativi e agli interessi dei ragazzi sono necessità che l'insegnante di storia deve soddisfare. Con i menù di apprendimento l'insegnante organizza la didattica in modo da dare ad ogni alunno la possibilità di apprendere secondo il proprio ritmo e seguendo il proprio stile, facendo inoltre scegliere ai ragazzi di approfondire lo studio di ciò che più interessa loro e di personalizzare il proprio percorso di apprendimento a partire dai nuclei irrinunciabili della storia che tutti devono acquisire. Se il tutto si avvale dell'ausilio di testi divulgativi e di finzione, che sono un ottimo strumento per appassionare gli studenti, per rendere la storia più "viva" e vicina alla loro esperienza, il risultato è assicurato.

Laboratorio
Insegnare a scrivere racconti storici di finzione

coordinato da *Carla Salvadori*

Il tema del laboratorio nasce da una constatazione e da una consapevolezza. La constatazione è che spesso gli insegnanti propongono in classe la produzione di scritture creative collegate agli apprendimenti di storia, coscienti della sua validità formativa oltre che motivazionale. La consapevolezza pone il raccontare tra le operazioni complesse, ancor più se la narrazione si vuole collocata in un contesto storico e basata su informazioni documentate.

L'obiettivo del laboratorio era dunque smontare tale complessità per analizzarne i principali componenti da utilizzare poi come ingredienti nella progettazione di un'unità di insegnamento e di apprendimento che accompagni gli studenti e le studentesse in un'esperienza di produzione narrativa coinvolgente, efficace e formativa.

Al laboratorio hanno partecipato nove docenti (otto di scuola secondaria di primo grado e una di liceo) provenienti da diverse regioni italiane; tutte avevano già sperimentato in classe la produzione di narrazioni in cui elementi immaginari e creativi interagiscono, in modo coerente, con informazioni storiche.

Le attività di laboratorio si sono svolte in tre sessioni per complessive 11 ore, in un'aula dell'I.C. di Arcevia utilizzando la LIM e le schede fornite in fotocopia; nella fase del lavoro di gruppo le corsiste hanno utilizzato i propri dispositivi personali, l'accesso a internet e una piattaforma cloud per la condivisione in tempo reale dei materiali forniti dalla conduttrice e di quelli reperiti e prodotti dalle partecipanti stesse.

Nella fase iniziale di conoscenza reciproca, vi è stato un ricco scambio di esperienze che ha fatto emergere perplessità e punti di forza inerenti scelte didattiche che intendono sostenere l'apprendimento tramite l'intreccio di attività di studio e produzioni creative, ma che spesso sono affidate all'improvvisazione e alla spontaneità. Tutte le docenti ribadiscono l'opportunità di elaborare una progettazione più articolata che consenta di condurre le attività in classe con maggior consapevolezza, così da prevenire le criticità ed esplicare le potenzialità di un percorso che si vorrebbe al contempo rigoroso e creativo.

Si discutono le singole fasi della progettazione per mettere a fuoco i punti che le docenti ritengono più interessanti e che vengono esaminati in modo più dettagliato: l'uso delle fonti, la produzione narrativa, la generalizzazione e la post-produzione.

1. Come lavorare in classe con le fonti.
Dalla relazione di Mattozzi riprendiamo l'idea che le tracce storiche siano come porte da aprire: se presentate e accostate in modo opportuno possono condurre al mondo del passato. Un po' come il vecchio stivale che all'inizio del film *Harry Potter e il calice di fuoco* funziona da insospettabile "passaporta" per viaggiare nello spazio. Non è però sufficiente riconoscere la traccia e darle un nome, è necessario anche trasformarla in fonte

interrogandola e producendo informazioni. L'insegnante può valorizzare la carica emotiva che l'oggetto del passato riesce a trasmettere e accompagnare poi gli studenti ad osservare, schedare, ricavare informazioni, produrre inferenze, formulare ipotesi, mettere in relazione con altre fonti.

È importante che il docente abbia sperimentato tali operazioni cognitive e fornisca agli allievi l'esempio e gli strumenti adeguati per cimentarsi a loro volta con soddisfazione in tali attività.

2. Come insegnare a narrare

In questa fase l'insegnamento della storia e quello della lingua si intrecciano e si valorizzano a vicenda. L'analisi linguistica individua gli elementi e la struttura narrativa che l'immaginazione concretizza in un vero e proprio racconto con l'aiuto delle informazioni e delle suggestioni ricavate dallo studio del passato. È importante che gli studenti siano consapevoli degli elementi che pongono in essere (personaggi, luoghi, tempi, azioni) e della composizione che vanno costruendo (trama, svolgimento, punto di vista, stile, ...) per poterne controllare la coesione, la coerenza e l'intento comunicativo. D'altra parte i vincoli dati dalla verosimiglianza stimolano una modalità di scrittura più esperta che si concretizza in processi circolari e ricorsivi (progettazione, scrittura, rilettura, auto-valutazione, revisione, riprogettazione, riscrittura...).

3. Come ricostruire il contesto storico

Il lavoro con le fonti non è sufficiente per scrivere un racconto: per descrivere i luoghi, i personaggi, le loro azioni bisogna conoscere il mondo in cui vivevano ed è necessario integrare l'enciclopedia personale con informazioni extra-fonte ricavabili dal manuale scolastico, ma anche da altri testi, da immagini, dal web. Anche in questa fase l'intervento dell'insegnante è decisivo per selezionare i materiali informativi più adatti ed aiutare a ricostruire il contesto in cui si colloca la narrazione e, più in generale, il quadro complessivo del periodo storico raccontato. Gli studenti possono anche essere spronati alla ricerca autonoma che dovrà tuttavia essere sostenuta perché siano in grado di valutarne la pertinenza e l'adeguatezza.

4. Perché è importante la fase di post-produzione
La distribuzione del prodotto finale è essenziale per chiudere in modo significativo l'intero percorso di ricerca-azione. Portare la propria produzione al pubblico incoraggia la revisione del lavoro svolto, esercita al rispetto delle scadenze prefissate, favorisce attività di riflessione sull'esperienza svolta, genera processi metacognitivi e fornisce feedback esterni preziosi per lo sviluppo della consapevolezza e dell'autostima. Infine è un modo efficace per attivare le interrelazioni tra la scuola e il territorio.

Nella seconda fase del laboratorio, si concorda la seguente scaletta da usare nella progettazione:
1. individuazione del tema;
2. scelta della tipologia testuale;
3. allestimento di un piccolo dossier di fonti;
4. selezione di testi e materiali utili a ricostruire il contesto;
5. istruzioni per produrre la narrazione;
6. progettazione della post-produzione;
7. valutazione.

L'attività di progettazione

All'interno del laboratorio si sono quindi formati due gruppi di lavoro, ciascuno dei quali ha elaborato la progettazione di un'intera Unità di Insegnamento e di Apprendimento finalizzata alla produzione in classe di un narrazione storica finzionale. Vengono riportate di seguito le due progettazioni.

Il trionfo della morte
UDIA per la classe 1a della scuola secondaria di 1° grado
Marta Benato, Chiara Lenarduzzi, Barbara Lo Tartaro e Alessia Travaglini

---

Il tema è l'impatto della peste del 1348 sulla vita quotidiana, nelle varie classi sociali. La fonte storica è costituta da uno dei tanti affreschi del XV sec. che rappresentano danze macabre, cioè cortei in cui sono raffigurati degli scheletri che accompagnano persone diverse per genere, età, mestiere, classe sociale verso la tomba. Si tratta di presentare agli alunni una immagine dell'originale. Le partecipanti al gruppo hanno scelto l'affresco del 1474 che si trova nella cappella del cimitero di Vermo/Beram nell'Istria croata.

Gli alunni dovranno produrre dei monologhi (di cinque personaggi e della morte) finalizzati ad una eventuale rappresentazione teatrale. Un gruppo dovrà immaginare un discorso in cui la Morte/Peste si presenta, gli altri gruppi scriveranno ciascuno la perorazione di un personaggio (colto tra quelli raffigurati nell'affresco *Il trionfo della morte*, che si trova nella chiesa del cimitero del paese) per cercare di convincere la morte a non prenderlo.

Il monologo di ogni personaggio dovrà soffermarsi sui seguenti punti: presentazione (età, famiglia, ambiente), giornata tipo, lavoro o attività svolte e soprattutto perché è indispensabile alla società. La Peste/Morte, invece, dovrà spiegare quando è arrivata in Europa, come si è diffusa, quali sono i sintomi e il decorso della malattia.

Alla fine la Peste prenderà tutti, proprio perché fu un fenomeno trasversale che decimò la popolazione.

In un secondo momento si potrà pensare di mettere in scena questi monologhi, che possono evolvere in dialoghi tra personaggi.

Agli alunni verranno presentati gli affreschi e saranno invitati, attraverso schede predisposte con domande guida, a leggerli e interpretarli individuando i diversi personaggi presenti. Agli alunni verrà affidato un apparecchio fotografico, con il quale fare foto di particolari ritenuti significativi.

In classe, in seguito, l'insegnante assegnerà ad ogni gruppo (composto da quattro alunni) delle fotografie, con la consegna di concentrare l'attenzione su una rappresentazione della morte e di cinque personaggi (l'oste, il nobile, la nobildonna, il vescovo e il giullare).

Consegnerà anche materiali extra-fonte selezionati per ricostruire il contesto generale sul tema della peste e della vita quotidiana nel Medioevo:
- breve estratto dalla puntata di Dottor House sulla peste bubbonica
- manuale scolastico
- carta geografica della espansione della peste nel trecento
- diagrammi sulla popolazione
- cornice del Decameron di Boccaccio
- video tratti dal documentario di Alberto Angela "Ulisse" sulla vita quotidiana nel Medioevo (Viaggio nel Medioevo)
- estratti sulle professioni tratti da "Il lavoro nel Medioevo" di R. Fossier, "Storia di un giorno in una città medievale" di C. Frugoni e dal "Dizionario del Medioevo".

Per esemplificare la tipologia testuale, agli alunni verrà mostrato un brano tratto da *La smorfia* in cui Massimo Troisi e Lello Arena si rivolgono a San Gennaro chiedendo di concedere la grazia a lui e non all'altro (https://www.youtube.com/watch?v=u5E9h1NHny8).

Per la produzione del testo, gli alunni sono divisi in sei gruppi composti da quattro elementi, ogni alunno ha con sé un dossier che contiene l'analisi degli affreschi e le informazioni sulla peste.

L'insegnante consegnerà la raccolta delle fonti storiografiche sui mestieri nel Medioevo.

Il gruppo cercherà le informazioni sulla vita di quel personaggio, sulle sue attività lavorative e sulla sua posizione sociale. Delle due coppie che daranno voce alla morte la prima cercherà le informazioni sulla sua diffusione nel Medioevo, la seconda sui sintomi e il decorso della malattia.

Ad ogni gruppo verrà data la scaletta del testo che dovrà produrre.

Al termine del percorso, la consegna agli studenti sarà:
Immagina di essere un uomo o una donna del medioevo e scrivi una perorazione alla morte.

Ancona, prima guerra mondiale
UDIA per la classe 3a della scuola secondaria di 1° grado
Sabrina Battistelli, Federica Bolognini, Patrizia Bottalico e Fabiana Paoloni

Il tema è la popolazione di Ancona durante il primo bombardamento su civili della Prima Guerra Mondiale in Italia.

Agli alunni sarà richiesto di elaborare una lettera immaginando le emozioni provate da un coetaneo che ha vissuto la notte dell'inaspettato bombardamento di Ancona. Il destinatario sarà un ragazzo di un'altra città, che non ha ancora vissuto in prima persona la guerra.

Gli alunni dovranno fare riferimento al contesto socio-economico del proprio ambiente (lavoro dei genitori, giochi, tempo libero, abitudini alimentari) e alle informazioni fornite dalle fonti circa la città e i monumenti colpiti, le armi utilizzate dal nemico, le posizioni ideologiche proprie o dei propri famigliari, la reazione della città all'avvenimento.

Possibili criticità del percorso sono: il rischio che l'elemento soggettivo possa prevalere sulla corretta ricostruzione storica, il passaggio da fasi di lavoro di gruppo a fasi individuali, la condivisione del momento valutativo con i ragazzi stessi.

Gli studenti costruiranno un dossier di fonti diverse (certificato di morte della prima vittima civile, su sito Storia Viva – presso l'Archivio del Comune di Ancona), foto della città bombardata a confronto con le foto di oggi, carta del porto d'Ancona, carta delle zone bombardate, immagini della vita quotidiana dell'epoca, poesia di Palermo Giangiacomi *XXIV Maggio*
(http://www.oomune.ancona.gov.it/ankonline/biblioteca/wp-content/uploads/sites/12/2015/12/GIANGIACOMI-CATALOGO-DEFINITIVO.pdf).

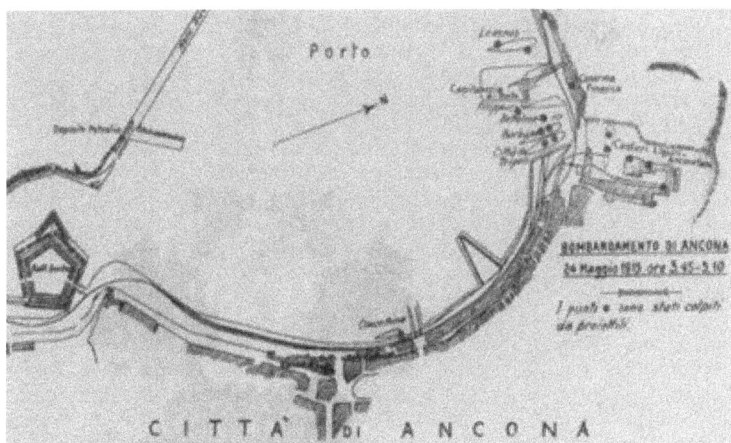

Possibili attività con le fonti:
- visita all'ufficio dello stato civile per reperire il documento (stato di famiglia) che attesta la morte di Filomena Naspetti;
- predisposizione di una scheda per la lettura di una fonte archivistica, la produzione di inferenze e la formulazione di ipotesi;
- visita ai luoghi colpiti dal bombardamento utilizzando foto dell'epoca per un confronto immediato e guidato opportunamente;
- sistemazione, in classe, del materiale e rielaborazione con tipologie di strumenti diversi, anche digitali: lettura e analisi del testo a livello formale e contenutistico;
- costruzione di un piccolo dossier di materiali extra-fonte:
- selezione parti del manuale scolastico e uso di cartine geostoriche;
- costruzione mappa concettuale di sintesi;
- brani da M. Natalucci, *La vita millenaria di Ancona*.

Tali materiali potranno essere utilizzati per collegare e contestualizzare, passando dal macro al micro e viceversa, per organizzare il lavoro per livelli e per facilitare l'inclusione.

Il punto di criticità è il rischio di dispersione. Anche per ridurre tale rischio, vengono programmate attività quali lettura e compilazione di una griglia per l'analisi del testo storiografico, costruzione di mappe concettuali e di una linea del tempo.

Progettazione delle fasi di produzione del testo

Il testo verrà prodotto individualmente e la conoscenza della tipologia testuale viene considerata come prerequisito.

Prima della scrittura gli alunni saranno guidati a creare una cartella contenente i documenti posseduti e analizzati con riferimento agli indicatori di utilizzo: tempo, spazio, vita quotidiana, aspetti socio-economici, aspetti politici e culturali.

Attività per la raccolta delle idee: riepilogo informazioni storiche (acquisite da fonti ed extra-fonti), brainstorming informazioni "finte" (fase necessaria per attivare l'immaginazione, l'esplorazione dell'ambito emotivo, il coinvolgimento personale, gli intenti comunicativi, la riflessione metacognitiva), ricerca di ulteriori informazioni "storiche" a supporto, conferma, integrazione.

La revisione del testo in itinere è svolta autonomamente e su feedback di compagni e insegnante che terranno conto dei seguenti aspetti: correttezza della ricostruzione storica, adeguatezza dell'integrazione "immaginaria", significatività della comunicazione, chiarezza e correttezza della comunicazione, corretta integrazione e reciproca valorizzazione dei canali linguistici: verbale, visivo, grafico, sonoro.

In conclusione ogni lettera individualmente prodotta da ciascun alunno viene condivisa con il gruppo. Vengono individuati i punti di forza e di debolezza rispetto alla consegna proposta, che guideranno all'elaborazione di una nuova lettera, risultato del lavoro di confronto e di cooperazione tra gli alunni. Successivamente ogni gruppo procede alla lettura del proprio testo che viene sottoposto all'osservazione critica del resto della classe, sulla base di una rubrica predisposta con gli opportuni indicatori.

La valutazione riguarderà le conoscenze e le competenze sulla base della seguente rubrica:

- conoscenze:
  - tempi, luoghi, cause, fasi, conseguenze della prima guerra mondiale;
  - aspetti di vita quotidiana, economica, culturale del periodo;
  - episodi di storia locale;
- competenze:
  - interpretare le fonti per ricostruire un periodo storico;
  - elaborare un testo storico-finzionale;
  - interagire con i pari e contribuire all'elaborazione di un progetto condiviso;
  - autovalutare il lavoro proprio e altrui in riferimento alla consegna e a precisi indicatori.

Per la fase di post-produzione verrà realizzato un blog contenente i materiali, le fonti, le extra fonti, la documentazione delle fasi progettuali e gli elaborati finali del percorso svolto.

Al termine del percorso la consegna per la narrazione storica finzionale sarà: **"Immagina di essere una ragazza o un ragazzo che vive ad Ancona nel 1915 e scrivi una lettera a un'amica o a un amico lontani"**.

Laboratorio
La storia siamo noi. I cantautori italiani raccontano la storia. De Gregori e l'emigrazione

coordinato da *Maddalena Marchetti*

Premessa

Il laboratorio è stato incentrato sull'analisi testuale delle canzoni considerate come testi letterari che ci parlano di storia, in questo caso dell'emigrazione italiana, un tema di grande rilevanza in ambito storiografico. L'approccio a questo tema tramite le canzoni di un autore contemporaneo, De Gregori, ha il vantaggio di stabilire un sentimento di vicinanza che agevola la curiosità e l'interesse dello studente, cioè attiva quella parte emozionale importante in ogni processo di insegnamento/apprendimento, sicuramente indispensabile nell'ambito storico che per sua natura parla del passato spesso percepito dai nostri studenti come "qualcosa" di lontano rispetto alle loro esperienze di vita.[1]

Inoltre, il percorso storico in note costruito da De Gregori nelle sue canzoni è fatto soprattutto di "riflessi" o meglio di

---

1. S. Pivato, *La storia leggera. L'uso pubblico della storia nella canzone italiana*, Il Mulino, Bologna, 2002; M. Peroni, *Il nostro concerto. La storia contemporanea tra musica leggera e canzone popolare*, Bruno Mondadori, Milano, 2005.

"specchi" umani nei cui volti si riflettono gli avvenimenti storici, quindi ci consente di leggere dietro il dato storico, recuperando la dimensione psicologica dell'evento e tutta una serie di elementi che permettono agli studenti di avvicinarsi più agevolmente alla complessità del fatto storico.[2] Partendo dalle canzoni, con l'ausilio di altre fonti e documenti, nel laboratorio abbiamo cercato di costruire un itinerario didattico in una prospettiva interdisciplinare, tra educazione linguistico-letteraria, storia, geografia ed educazione musicale, che tenga conto anche del tempo presente, quello del nostro Paese in bilico fra immigrazione e nuova emigrazione.

Tale percorso è stato pensato per studenti di terza media poiché i partecipanti al corso erano tutti insegnanti di scuola secondaria di 1° grado, ma è possibile proporlo agli studenti delle scuole secondarie di 2° grado, ed è stato fatto, con gli opportuni adattamenti. Il laboratorio ha rappresentato un'esperienza stimolante sia per la coordinatrice, sia per i partecipanti. Questi ultimi, infatti, avevano già partecipato ad altri corsi di aggiornamento ma non si erano mai confrontati con un percorso che partisse dall'opera finzionale per arrivare alla produzione di un testo storico, approfondendo contestualmente la conoscenza di un dato fenomeno storico, nel nostro caso la prima fase dell'emigrazione italiana transoceanica (1876-1914). Nella prima fase abbiamo ritenuto opportuno e molto utile avere uno scambio di idee sulle nostre esperienze professionali e di formazione e sulle aspettative rispetto agli esiti del laboratorio. Infatti è molto importante chiarire questo punto onde evitare delusioni in itinere che possano compromettere l'efficacia del percorso laboratoriale. La fase di autopresentazione dei partecipanti ci ha permesso peraltro di scoprire tra noi un'insegnante di educazione musicale che ci ha offerto validi

2. www.francescodegregori.net (sito ufficiale).

suggerimenti per valorizzare al meglio la canzone come strumento didattico. Più in generale possiamo dire che la conoscenza reciproca ha consentito di mettere in luce "i talenti" di tutti i corsisti e di creare un clima di scambio proficuo che è stato di grande giovamento per la progettazione della nostra unità di apprendimento.

Inoltre, in questa fase sono state poste le premesse necessarie per iniziare il nostro lavoro, cioè chiarire bene il concetto di opere finzionali e discutere sull'utilità e/o l'opportunità dell'utilizzo di quest'ultime nell'insegnamento della storia.

Svolgimento del laboratorio

Sulla base delle premesse appena illustrate la coordinatrice ha presentato i materiali selezionati per il dossier da cui partire: in primis le canzoni rappresentate dalla "trilogia" sull'emigrazione italiana tratta dall'album di De Gregori *Titanic* (1982) ed ha motivato la scelta dell'autore, un cantautore con un interesse particolare per la storia come egli stesso ha dichiarato in numerose interviste e come testimonia il suo itinerario artistico.[3] Si veda in proposito la collaborazione con Giovanna Marini, famosa musicologa con la quale ha portato a termine un ambizioso progetto per il recupero di antiche canzoni popolari italiane (*Il fischio del vapore* 2002) iniziato appunto con l'album *Titanic*, dove cantano insieme *L'abbigliamento di un fuochista*. Quindi abbiamo esaminato alcune foto e copie di dipinti raffiguranti emigranti italiani in partenza nel periodo considerato, lettere degli emigranti, soprattutto diari di viaggio e prime impressioni sull'arrivo nei paesi di immigrazione,

---

3. E. Capasso, *Poeti con la chitarra. La storia e la letteratura raccontate dai cantautori italiani*, Bastogi editrice, Milano, 2004.

documenti tratti dai siti dedicati[4] che sono stati presentati ai corsisti, tabelle e dati numerici sull'esodo a cavallo tra la fine dell'Ottocento e l'inizio del Novecento desunti da opere storiografiche, prima fra tutte il testo di E. Franzina, *Storia dell'emigrazione italiana*.[5] Abbiamo completato lo spoglio del materiale iconografico, il planisfero e una mappa geopolitica per individuare i paesi di destinazione della nostra emigrazione, i manifesti e le vignette pubblicate in America agli inizi del Novecento riguardanti la presenza italiana ed infine brevi articoli giornalistici tratti dalle maggiori testate statunitensi.[6]

Il materiale raccolto era corposo, pertanto abbiamo deciso di scegliere uno o due documenti per ogni tipologia di fonte, consci che la varietà di queste ultime consente di avere uno sguardo a tutto tondo. La scelta è stata effettuata dopo aver ascoltato le tre canzoni di De Gregori che rappresentano le opere finzionali al centro della nostra attività laboratoriale, canzoni che sono state analizzate sotto il profilo letterario (analisi del testo dal punto di vista lessicale e sintattico, individuazione delle figure retoriche, metafore, onomatopee...) storico e musicale, cercando di rintracciare nel testo gli elementi di storicità, se presenti, ad esempio una data o un riferimento ad una tecnologia che ci rimanda all'epoca di riferimento, citazioni di luoghi, porti, paesi di destinazione.

In questa fase abbiamo chiarito in che modo intendevamo utilizzare i testi finzionali, è noto, infatti, che ci sono molti modi di esaminare il rapporto storia e canzoni. Noi abbiamo deciso di

4. www.memoriaemigrazioni.it.
5. P. Bevilacqua, A. De Clementi, E. Franzina, *Storia dell'emigrazione italiana*, Roma, Donzelli, 2009.
6. G. A. Stella, *L'Orda, quando gli albanesi eravamo noi*, Rizzoli, Milano, 2002, I edizione. Le tabelle con i dati sull'analfabetismo sono rintracciabili in vari testi storiografici, per praticità abbiamo consultato quelle presenti in R. Romanelli, *L'Italia liberale*, vol. I, Il Mulino, Bologna, 1979.

considerarle come *discorso sulla storia*,[7] quindi abbiamo cercato di esplicitare, attraverso un questionario appositamente redatto dai corsisti, quali interpretazioni trasmettevano le canzoni di De Gregori sul tema in esame.

Ciò è emerso attraverso l'analisi del lessico utilizzato e delle metafore, inoltre abbiamo rilevato gli intrecci presenti in ogni testo musicale tra voce parola e musica, soffermandoci sul rapporto tra struttura ritmica e parole, è possibile fare questo tipo di riflessione senza essere esperti di musica ed è importante cogliere questi aspetti poiché essi ci aiutano a far emergere la componente "soggettiva" di cui parlavamo nell'introduzione, che è parte integrante delle vicende storiche.

Dopo l'ascolto delle tre canzoni, fase che ha suscitato una certa emozione, abbiamo definito i nostri **obiettivi generali**:

• essere in grado di riconoscere le caratteristiche di un testo finzionale, distinguendolo da un testo storico;

• essere in grado di riconoscere quali conoscenze è possibile costruire attraverso un'opera finzionale;

• riconoscere le potenzialità formative dei testi musicali nella costruzione della conoscenza storica;

• saper costruire strumenti didattici per la lettura e decodifica del testo in musica;

• saper costruire strumenti didattici per delineare il contesto storico di riferimento;

• essere in grado di redigere un testo storico partendo dalla sollecitazione di un testo finzionale.

Naturalmente prima di stendere gli obiettivi abbiamo messo in evidenza quali erano, a nostro avviso, i prerequisiti necessari che gli studenti devono possedere per intraprendere l'UDA in fase di elaborazione. A questo punto il gruppo ha ritenuto di

7. P. Brunello, *Canzoni e storia sociale*, Atti del Seminario di Formazione dell'XI Scuola estiva di Arcevia, 30 giugno-2 luglio 2005.

poter procedere alla progettazione di un'unità di apprendimento o almeno all'abbozzo di essa tenuto conto del tempo a disposizione (un giorno intero ed un pomeriggio) di cui diamo conto qui in forma schematica.

Unità di apprendimento interdisciplinare
Partenze e arrivi: l'emigrazione transoceanica dal 1876 al 1914

Destinatari: allievi classe terza scuola secondaria di primo grado.

Attori: insegnante di italiano, storia, geografia, musica, arte e immagine, tecnologia.

Itinerario: dall'opera di finzione (canzoni sull'emigrazione di De Gregori) alla stesura di un testo storico.

Fasi: *Il nostro presente*: pensiamo di introdurre l'UDA con un'immagine raffigurante lo sbarco degli albanesi nel porto di Bari (1991). Agli studenti non viene fornita alcuna puntualizzazione, mentre vengono poste delle domande volte a stimolare un dialogo tra gli allievi dal quale possano emergere una prima spiegazione sull'immagine proposta (metodo euristico) e le preconoscenze degli alunni in merito alla grande emigrazione italiana a cavallo tra la fine dell'Ottocento e l'inizio del Novecento.

Dal presente al passato

1.   Ascolto della canzone *Titanic* di Francesco De Gregori senza video di accompagnamento per non influenzare gli allievi (quest'ultimo può essere proposto alla fine come sintesi).
2.   Fase di esternazione libera delle impressioni: Che ne pensate? Quali impressioni vi ha suscitato?
3.   L'insegnante distribuisce il testo della canzone, segue la lettura silenziosa del testo da parte di ciascun allievo.
4.   Lettura a più voci per sottolineare i diversi personaggi.
5.   La classe viene divisa in gruppi e viene distribuito un questionario che è stato precedentemente preparato dall'insegnante con lo scopo di favorire la comprensione del brano.

Questionario:

Di che cosa parla la canzone? Dove si svolge la storia? In che epoca si svolge? Da quali elementi del testo lo deduci? Quante voci narranti ci sono? Indicale nel testo. Quali caratteristiche hanno? C'è una descrizione fisica? A quali classi sociali appartengono? Da cosa lo deduci?

Uso in cooperative learning del vocabolario per spiegare le parole che non conoscono (es boccaporto, cafone, marconista).

Nel testo sono presenti elementi che sottolineano le differenze sociali dei personaggi? Se sì, di cosa si tratta? Dove sono diretti i personaggi e perché? Come definiresti la musica del brano? Sai dire a che genere appartiene? Che rapporto c'è, secondo te, tra la dimensione musicale e le vicende narrate?

(Di fatto come abbiamo appurato la canzone ha una vera e propria struttura narrativa che dovrà emergere dalle risposte dei ragazzi). Quale messaggio vuole trasmetterci la canzone?

In alternativa, anche in presenza di studenti BES, la seconda parte del questionario può essere svolta in forma di tabella.

6. Segue il confronto e il dialogo per socializzare le risposte dei gruppi.
7. Analisi del testo dal punto di vista linguistico letterario, storico e musicale: attraverso l'uso di colori diversi vengono individuati i marchi di storicità e gli elementi retorici (rime, figure retoriche).[8]
8. Ascolto e analisi delle altre due canzoni L'abbigliamento di un fuochista e I muscoli del capitano che ci permettono di avere una visione completa e unitaria delle problematiche legate al grande esodo migratorio italiano nel periodo preso in esame. L'analisi di una o entrambe le canzoni potrebbe anche essere svolta come compito a casa poiché gli studenti si sono già esercitati in classe sulla prima, poi naturalmente verrà effettuato un controllo e un confronto al fine di socializzare gli apprendimenti.

La collega di educazione musicale suggerisce di dedicare alcune ore del suo programma di insegnamento all'approfondimento della dimensione sonora, distinguendo il genere musicale a cui appartengono i brani scelti e sottolineando la funzione della voce, delle pause, del ritmo e della melodia, al fine di permettere ai discenti di cogliere più in profondità i rapporti tra musica e parole.

Dal testo di finzione alla ricostruzione del contesto storico attraverso le fonti

Dopo le fasi di ascolto ed analisi, l'insegnante distribuisce un dossier costituito da tabelle, grafici, immagini, mappe geografiche, testimonianze dirette sotto forma di lettere, reportages giornalistici coevi e brevi articoli tratti dai giornali dei paesi di accoglienza all'epoca della grande emigrazione transoceanica.[9] Segue la lettura di almeno due brani storiografici che diano conto dei diversi punti di vista sui vantaggi e gli svantaggi per la società italiana di un esodo di tali dimensioni, noi abbiamo scelto un passo di G. Salvemini ed una parte di un discorso di S. Nitti[10] con opinioni diverse in merito alla emigrazione transoceanica di cui sono stati testimoni.

8. L. Coveri, "Per una storia linguistica della canzone italiana", in *Parole e musica. Lingua e poesia nella canzone d'autore italiana. Saggi critici e antologia di testi* a cura di L. Coveri, Interlinea edizioni, Novara, 1996.
9. www.memoriaemigrazioni.it.
10. G. Salvemini, *Movimento socialista e questione meridionale*, Milano, feltrinelli, 1963 e S. Nitti, *Scritti sulla questione meridionale, inchiesta sulla condizione dei contadini in Basilicata e Calabria*, Bari, Laterza, 1968.

Fase operativa

1. Gli allievi esaminano il materiale proposto in classe con la guida dell'insegnante e a casa in autonomia compiono le seguenti attività con i materiali:
   a. costruire la linea del tempo mirata a riconoscere il momento iniziale e finale del fenomeno studiato e gli elementi salienti che aiutano gli allievi a ricostruirne le cause;
   b. indicare sul planisfero i luoghi di partenza e i luoghi di destinazione dell'emigrazione italiana nel periodo esaminato;
   c. sottolineare nei testi gli elementi significativi;
   d. dalle tabelle creare istogrammi;
   e. riportare sulla carta muta dell'Italia i luoghi dell'industrializzazione italiana e i tassi di analfabetismo riferiti a ciascuna regione nel periodo esaminato.

2. Verifica intermedia: scrittura di una lettera nella quale lo studente si mette nei panni di un emigrato dell'epoca raccontando la sua esperienza di viaggio (motivazione della partenza, scelta della destinazione, considerazioni sulla traversata, accoglienza ricevuta nel paese di destinazione).

3. Verifica finale: produzione di un testo di tipo storico (testo informativo-espositivo con un avvio alla formulazione di ipotesi e tentativi di spiegazione) che delinei le caratteristiche del grande esodo degli emigranti italiani a cavallo tra Ottocento e primo quindicennio del Novecento.

Ritorno al presente

Gli studenti a questo punto dovrebbero essere consapevoli che l'Italia è stata una terra di emigrazione, è attualmente meta di immigrazione, ma anche di nuova emigrazione, per introdurre questo ultimo aspetto viene proposto un articolo tratto dal *Corriere della Sera*[11] riferito alla nuova emigrazione italiana dal 2008 in poi, a conclusione del percorso è possibile proporre la visione del film *Terraferma* di E. Crialese (2011). Queste ultime tematiche possono essere approfondite dal docente di geografia, cittadinanza e costituzione in un'altra unità di apprendimento.

Concludendo, l'esperienza del laboratorio è stata soddisfacente, sia per la conduttrice sia per i corsisti, grazie al clima collaborativo che si è instaurato tra noi e alla vivacità propositiva delle colleghe, "un capitale umano" prezioso della scuola italiana, per parafrasare il titolo di un film famoso.

In particolare, le partecipanti hanno apprezzato *l'impianto interdisciplinare* e hanno sottolineato come un lavoro così strutturato permette di far acquisire agli studenti delle conoscenze e delle competenze spendibili in altre unità di apprendimento, immaginiamo ad esempio un'UDA incentrata sul primo conflitto mondiale, oppure un'UDA incentrata sui movimenti di avanguardia del primo Novecento, in particolare il Futurismo, che costituiscono lo sfondo culturale del

11. F. Fubini, "Se gli italiani emigrano di nuovo", *Corriere della Sera*, 9 settembre 2012.

primo conflitto mondiale. A questo punto, infatti, gli studenti si trovano già in condizioni di possedere molte informazioni di tipo storico emerse dalle fonti esaminate (situazione economica dell'Italia e degli altri paesi europei ed extra europei meta degli emigranti, situazione socio-culturale del popolo italiano nel periodo di riferimento, a titolo di esempio) informazioni necessarie per comprendere i temi delle due unità d'apprendimento suggerite, con un guadagno di tempo non trascurabile.

www.ingramcontent.com/pod-product-compliance
Lightning Source LLC
Chambersburg PA
CBHW031127090426
42738CB00008B/1000